≡ 1 CORINTHIANS ≡
고린도전서 주해설교집

그래도 교회다

일러두기

1. 고린도전서의 단락구분은 개역개정판 성경을 주로 읽는 성도들을 감안하여 가능하면 개역개정판 성경의 단락구분과 소제목을 그대로 사용하였고, 꼭 필요한 경우에만 단락구분을 새롭게 하고 소제목을 붙여 보았습니다.

2. 각 장의 마지막에 있는 복습문제는 이 책을 사용하여 소그룹으로 공부하기 원하는 분들을 위해 만들어 보았습니다. 각자 책의 내용을 읽고 난 후 한 주에 한 번 모여서 복습문제를 함께 풀면서 받은 은혜를 나눈다면 소그룹 교재로도 사용하실 수 있을 것입니다.

머리말

미국에서 유학할 때 생선 매운탕을 자주 끓여 먹었습니다. 제가 공부했던 뉴올리언스는 세계 3대 어장으로 꼽히는 멕시코만 인근에 위치하고 있어서 방학이 되면 종종 바다낚시를 하곤 했습니다. 한국에 있을 때부터 요리하는 것을 좋아했던 터라 생선 매운탕을 끓이는 일은 주로 저의 몫이었습니다. 그 때 생선 매운탕을 끓이면서 매우 중요한 사실을 발견했습니다. 그것은 바로 바다에서 갓 잡은 신선한 생선으로 매운탕을 끓이면 양념을 많이 하지 않아도 개운한 맛이 난다는 사실이었습니다. 그 때 저는 원 재료의 중요성을 새삼스럽게 깨달았습니다.

설교자로 부름 받고 살아오면서 항상 제 마음에 남아 있는 숙제는 원 재료(성경)의 맛을 제대로 살려낸 설교를 하는 것이었습니다. 이 주해설교집은 그런 고민 끝에 나온 것입니다. 주해설교는 오래 전에 존재했다가 지금은 사라진 설교의 한 장르입니다. 강해설교가 본문에 나온 주제를 선명하게 드러내기 위해 설교자의 주관을 어느 정도 반영한다면 주해설교는 가능한 한 설교자의 주관을 배제하고 말 그대로 한 절씩 본문을 주해하는 방식을 따릅니다. 비록 설교자가 강조하고자 하는 주제를 선명하게 강조하기 어려운 단점이 있기는 하지만 주해설교에는 나름대로의 장점이 있습니다. 그것은 바로 원 재료인 성경의 맛을 있는 그대로 살려낸다는 것입니다. 주해설교를 하려면 설교를 듣는 회중들이 말씀을 듣고 스스로 묵상하고 적용하려는 성숙한 태도를 가지고 있어야 합니다. 감사하게도 제가 목회하는 교회의 성도들은 말씀에 대한 이런 진지하고 성숙한 자세를 갖추고 있는 편입니다. 제가 가장 선호하는 설교의 장르는 주해설교가 아니라 강해설교입니다. 그렇지만 원 재료인 성경의 맛을 그대로 살려내기 위해 종종 한 절씩 풀어내는 주해설교를 시도하곤 합니다. 하나님의 말씀 그 자체를 듣고 싶어하는 성도들을 위해 조심스럽게 이 주해설교집을 내놓습니다.

제가 고린도전서에 처음 관심을 갖게 된 계기는 미국 유학시절에 박사과정 첫 세미나로 고린도전서를 수강한 일입니다. 고린도전서 전체를 원어로 읽고 당대 최고 수준의 저명한 학자들의 주석을 읽고 토론하면서 고린도전서의 매력에 푹 빠지게 되었습니다. 고린도교회는 많은 문제를 안고 있던 교회였습니다. 그런 고린도교회의 상황 때문에 자연스럽게 고린도전서에는 여러 가지 다양한 내용의 말씀들이 있습니다. 분파, 음행, 소송, 결혼, 우상의 제물, 주의 만찬, 은사, 부활, 연보 등 고린도전서에는 목회현장에서 필요한 실제적 교훈들이 풍성하게 담겨 있습니다. 그 후 귀국하여 신학교에서 고린도전서를 여러 차례 강의하였고, 교회에서도 다양한 방식으로 반복하여 가르쳤습니다. 가만히 생각해 보니 고린도전서를 배우고 가르치기 시작한 지가 벌써 20년 정도가 되었습니다. 그 동안 그렇게 공부하고 가르쳤던 내용들을 주해설교의 방식으로 정리하여 이렇게 세상에 내놓습니다.

독자들이 읽기 편하도록 가능하면 각주는 하단에 달지 않고 본 내용에 괄호로 처리하였고, 주로 참고한 몇 권의 주석은 참고문헌란에 실어 놓았습니다. 다만 20여 년 동안 반복하여 공부하고 가르치다 보니 많은 주석적 내용들이 마치 제 것처럼 제 안에 스며들었습니다. 그렇게 이미 제가 알고 있어서 따로 책을 참고할 필요가 없는 것들은 굳이 주를 달지 않았습니다. 사실은 어느 책에서 처음 보고 안 것인지 구분이 되지 않아서 주를 달 수도 없었습니다. 그렇지만 그런 내용들도 역시 앞선 신학자들에게 빚진 것은 분명합니다. 그 외에 제가 많이 참고

한 것은 원어성경과 원어사전들입니다. 가능하면 원문을 읽고 잘 소화하여 일반 성도들도 쉽게 이해할 수 있도록 주해설교를 하려고 노력하였습니다.

　책을 출판할 때마다 많이 팔리지도 않는 무명작가의 책을 마다하지 않고 출판해 주시는 그리심어소시에이츠의 류수환 대표에게 미안하고 고마운 마음을 금할 길이 없습니다. 또한 책을 편집하고 디자인해 주신 직원들에게도 감사한 마음을 전합니다. 이번에도 역시 제 원고를 꼼꼼하게 교정하고 조언해 준 아내에게 고마운 마음을 전합니다. 무엇보다 늘 부족한 사람의 설교를 마음으로 듣고 그대로 살려고 애쓰는 사랑하는 새누리2교회 성도님들에게 감사한 마음을 전합니다. 우리 성도들이 없었다면 아마 이 책은 세상에 나올 수 없었을 것입니다. 이 책을 읽는 독자들이 그 옛날 고린도교회를 향하여 가슴으로 써 내려간 사도 바울의 설교를 각자 자신을 향한 말씀으로 들을 수 있기를 바랍니다.

새누리2교회 목양실에서, 안진섭 드림

고린도전서 주해설교집
그래도 교회다

목차

머리말	• 004
고린도전서는 어떤 책인가?	• 010
고린도전서 1장	• 015
고린도전서 2장	• 049
고린도전서 3장	• 061
고린도전서 4장	• 079
고린도전서 5장	• 099
고린도전서 6장	• 115
고린도전서 7장	• 129
고린도전서 8장	• 153
고린도전서 9장	• 165
고린도전서 10:1-11:1	• 185
고린도전서 11:2-34	• 201
고린도전서 12장	• 227
고린도전서 13장	• 243
고린도전서 14장	• 257
고린도전서 15장	• 271
고린도전서 16장	• 289
참고문헌	• 303

서론

고린도전서는 어떤 책인가?[1]

본서의 서론에서는 고린도전서를 주로 다루고, 고린도전서의 바른 이해를 위해 참고가 될 때는 고린도후서의 서론도 함께 다루도록 하겠습니다.

1. 저자 – 고린도전서와 고린도후서의 저자는 사도 바울로 알려져 있습니다. 바울의 서신 13권 가운데 고린도전서와 고린도후서는 로마서, 갈라디아서와 함께 이견이 거의 없이 가장 널리 인정받고 있는 바울의 4대 서신으로 꼽힙니다.

2. 연대 및 기록장소 – 고린도전서는 바울이 에베소에서 3년간 체류할 때(고전 16:8, 19), 그 체류기간의 끝 무렵에 기록된 것으로 알려져 있습니다(AD 54-55년).

3. 고린도의 역사 – 고린도는 상업의 중심지로서 부유한 사람들이 많이 살고 있

---

1) 고린도전서의 서론은 주로 Carson, Moo, Morris의 An Introduction to the New Testament와 필자의 침례신학대학교 강의안을 참고하였음을 밝혀 둡니다.

던 도시입니다. 성적인 타락으로 악명이 높았던 고대 고린도는 BC 146년에 로마에 의해 파괴되었습니다. 그 후 줄리어스 시이저(Julius Caesar)가 로마의 식민지로 그 도시를 재건하였습니다.

4. 고린도교회와 관련된 상황 – 바울은 2차 선교여행 때 고린도교회를 설립하였습니다(행 18:1-4). 약 1년 6개월 동안 고린도에서 사역하면서 바울은 유대인들의 극심한 반대를 받았습니다. 결국 바울은 총독 갈리오 앞에서 재판까지 받았습니다(행 18:11). 그 후 바울은 고린도를 떠나게 되었습니다(행 18:18).

5. 고린도서신들을 기록하게 된 과정 재구성 – 학자들이 고린도서신들을 재구성하려고 노력하는 이유는 고린도전서와 후서에서 현재 남아있지 않은 편지들을 언급하고 있기 때문입니다.

1) 처음에 바울은 고린도교회에 대한 좋지 않은 소식을 들었습니다. 그 내용은 분파, 주의 만찬의 오용, 성적 부도덕, 소송 등이었습니다. 그 소식을 듣고 바울은 곧 편지를 써서 보냈습니다. 이것이 첫 번째 고린도서라고 할 수 있습니다(고전 5:9-11).

2) 그 편지가 기대한 결과를 얻지 못하자 바울은 두 번째 고린도서신을 써서 디모데를 통하여 전달하였습니다. 이것이 오늘날의 고린도전서입니다. 그 후 바울은 고린도교회의 문제 때문에 갑자기 직접 고린도에 방문하였습니다. 이 때 바울을 반대하던 자가 재정문제로 바울을 공개적으로 비난하고 모욕하였습니다(고후 2:1, 5-8). 예루살렘 교회를 위해 모금한 헌금 관리 문제로 바울을 오해한 것입니다.

3) 그 사건으로 바울은 큰 충격을 받고 에베소로 돌아와 눈물로 다시 편지를 써서 디도를 통하여 보냈습니다. 이것이 세 번째 고린도서신인데 이 서신은 소실되었습니다(고후 2:4).

4) 디도를 고린도로 보낸 후 그가 돌아오기만 기다리던 바울은 디도가 빨리 오지 않자 그를 만나러 마케도니아로 갔습니다. 그 곳에서 바울은 디도를 통하여 고린도교회 성도들이 바울의 편지를 받고 회개했다는 기쁜 소식을 듣게 됩니다(고후 2:5-7). 그 후 바울은 기쁜 마음으로 마케도니아에서 네 번째 고린도서신을 기록하였는데 이것이 고린도후서입니다.

= 1 CORINTHIANS =
고린도전서

1장

1. 인사말(1:1-3)

> ¹하나님의 뜻을 따라 그리스도 예수의 사도로 부르심을 받은 바울과 형제 소스데네는 ²고린도에 있는 하나님의 교회 곧 그리스도 예수 안에서 거룩하여지고 성도라 부르심을 받은 자들과 또 각처에서 우리의 주 곧 그들과 우리의 주 되신 예수 그리스도의 이름을 부르는 모든 자들에게 ³하나님 우리 아버지와 주 예수 그리스도로부터 은혜와 평강이 있기를 원하노라

사도 바울이 활동하던 때의 편지 인사말은 매우 간단했습니다. 주로 보내는 자의 이름과 받는 자의 이름, 그리고 간단한 인사말로 이루어졌습니다. 그런데 바울은 세속사회의 인사말의 형식에 그리스도인에게 필요한 것을 일부 추가하여 기독교적인 인사말을 만들어 냈습니다.

1절 하나님의 뜻을 따라 그리스도 예수의 사도로 부르심을 받은 바울과 형제 소스데네는

바울은 고린도전서를 시작하면서 제일 먼저 자신이 하나님의 뜻을 따라 사도로 부르심을 받았다는 사실을 밝힙니다. 그 말은 곧 자신의 사역이 하나님께서 주도하신 일이라는 뜻입니다. 바울이 여기서 '사도'라는 말을 언급하는 이유는 단순히 '사도'라는 직책을 가지고 있다는 것을 강조하려는 것만이 아닙니다. '사도'라는 말은 '보내진 자'라는 뜻을 가지고 있습니다. 바울은 하나님께로부터 소명을 받아 보내진 자입니다. 바울은 그런 자신의 분명한 소명을 밝히기 위해 하나님의 뜻을 따라 사도가 되었다고 고백합니다. 또한 그는 그리스도 예수의 사도입니다. 그 말은 곧 바울이 그리스도 예수를 위해 보내진 자라는 말입니다. 바울은 자신의 뜻이 아닌 하나님의 뜻을 따라 사도가 되었고 그리스도 예수를 위하여 사도가 되었습니다.

2절 고린도에 있는 하나님의 교회 곧 그리스도 예수 안에서 거룩하여지고 성도라 부르심을 받은 자들과 또 각처에서 우리의 주 곧 그들과 우리의 주 되신 예수 그리스도의 이름을 부르는 모든 자들에게

먼저 바울은 고린도교회를 '고린도에 있는 하나님의 교회'라고 부릅니다. 여기서 우리는 '하나님의 교회'라는 말에 주목할 필요가 있습니다. 고린도교회는 하나님의 교회, 곧 하나님께서 세우셨으며 하나님께서 소유하신 교회입니다. 고린도라는 이름은 단지 지역을 가리킬 뿐입니다. 고린도교회는 분명히 하나님의 교회입니다. 당시 고린도교회가 여러 가지 부도덕한 문제로 골치를 앓던 교회라는 점을 감안하면 고린도교회를 하나님의 교회라고 부르는 것은 시사하는 바가 큽니다. 여러 가지 문제가 있는 교회라고 할지라도 예수 그리스도를 주로 고백하는 사람들이 모인 교회라면 어떤 교회이든지 다 하나님의 교회이기 때문입니다.

바울은 고린도교회 교인들을 '그리스도 예수 안에서 거룩하여지고 성도라 부르심을 받은 자들'이라고 정의합니다. 여기서 '거룩하여지고'라는 단어가 수동태로 되어 있습니다. 그것은 곧 고린도교회 성도들이 거룩하여진 것이 자신들의 능력이 아니라 하나님의 능력 때문이라는 뜻입니다. 그 결과 그들은 '성도'라 부르심을 받았습니다. 그것이 바로 고린도교회 교인들의 정체성입니다. 그들은 하나님의 능력으로 거룩하여져서 성도, 곧 거룩한 자들로 부름 받았습니다. 이 얼마나 감격적인 부르심입니까? 우리는 하나님의 은혜로 거룩하여져서 이제 성도, 곧 거룩한 자들로 부르심을 받게 되었습니다. 사실 '성도'라는 호칭은 그 어떤 직분보다 더 영광스러운 부르심입니다.

바울은 또한 수신자 목록에 '각처에서 우리의 주 곧 그들과 우리의 주 되신 예

수 그리스도의 이름을 부르는 모든 자들'을 추가합니다. 바울은 지금 고린도교회에 편지를 보내고 있습니다. 그런데 첫 인사를 하면서 고린도교회 교인들만이 아니라 각처에서 예수 그리스도의 이름을 부르는 모든 자들에게도 인사합니다. 바울서신의 서론은 단순히 인사말의 기능만 하는 것이 아닙니다. 서론은 대체로 본론에서 나올 중심적인 내용을 암시하는 경우가 많습니다. 그렇다면 이 말은 본론에서 다룰 어떤 내용을 암시하고 있을까요? 고린도교회 교인들은 자신들만 아는 이기적인 신앙을 가지고 있었습니다. 그들은 다른 교인들과의 관계를 별로 중요하게 생각하지 않았습니다. 그러나 그것은 잘못된 신앙입니다. 예수를 믿고 한 지역교회의 가족이 되는 순간 우리는 자동적으로 우주적인 교회의 가족이 됩니다. 그리스도교 신앙은 나와 하나님과의 관계뿐만 아니라 다른 형제와 자매들과의 관계도 중요하게 생각합니다. 하나님을 아버지로 모신 순간 우리에게는 자동적으로 수많은 형제와 자매가 생깁니다. 이런 사실을 가르치기 위해 바울은 인사말에서 의도적으로 각처에서 주 예수 그리스도의 이름을 부르는 모든 자들에게도 인사하고 있는 것입니다.

3절 하나님 우리 아버지와 주 예수 그리스도로부터 은혜와 평강이 있기를 원하노라

바울은 하나님을 아버지라고 부릅니다. 이것은 예수님께서 하나님을 '아빠 하나님'이라고 부른데서 유래합니다. 하나님을 아버지라고 부를 때 우리는 그 분과 깊은 사랑의 관계를 맺게 됩니다. 또한 하나님을 아버지라고 부를 때 우리는 다른 그리스도인들과 형제와 자매 관계를 맺게 되는 것입니다. 하나님을 아버지라고 부르기 때문에 소스데네를 형제라고 부를 수 있는 것입니다. 오늘 우리에게 참으로 부족한 것이 바로 이런 공동체 의식과 태도입니다. 다른 교회를 형제가 아닌 경쟁자로 보는 교회는 아직도 진정한 의미에서 하나님을 아버지로

경험하지 못한 것입니다.

바울은 이제 하나님 아버지와 주 예수 그리스도로부터 은혜와 평강이 있기를 기원합니다. 바울은 주로 '은혜'와 '평강'이라는 인사말을 사용합니다. 은혜는 헬라 사람들의 인사말에서 나온 것이고, 평강은 히브리 사람들의 인사말에서 나온 것입니다. 은혜가 자격 없는 자를 향하여 일방적으로 베푸시는 하나님의 관대한 행동이라면 평강은 모든 것이 온전하게 조화를 이룬 상태를 가리킵니다. 은혜와 평강은 서로 관련이 있습니다. 은혜는 평강의 원천이며, 평강은 은혜의 결과입니다. 또한 은혜와 평강은 모두 하나님 아버지와 주 예수 그리스도로부터 온 것입니다. 하나님을 아버지로 모시고 예수 그리스도를 주로 받아들인 자만이 참된 은혜를 경험할 수 있습니다. 그리고 그런 은혜를 경험한 자들에게는 평강이 찾아옵니다.

2. 감사(1:4-9)

> [4] 그리스도 예수 안에서 너희에게 주신 하나님의 은혜로 말미암아 내가 너희를 위하여 항상 하나님께 감사하노니 [5] 이는 너희가 그 안에서 모든 일 곧 모든 언변과 모든 지식에 풍족하므로 [6] 그리스도의 증거가 너희 중에 견고하게 되어 [7] 너희가 모든 은사에 부족함이 없이 우리 주 예수 그리스도의 나타나심을 기다림이라 [8] 주께서 너희를 우리 주 예수 그리스도의 날에 책망할 것이 없는 자로 끝까지 견고하게 하시리라 [9] 너희를 불러 그의 아들 예수 그리스도 우리 주와 더불어 교제하게 하시는 하나님은 미쁘시도다

인사말을 끝내자마자 바울은 고린도교회 성도들을 인하여 하나님께 감사합니다. 감사를 표현하는 서론에서 바울은 앞으로 본론에서 다룰 주요 주제들을 암시합니다. 이 단락에서는 고린도교회에게 풍성하게 나타났던 각종 은사에 대해 감사를 표현하고 있습니다. 이것은 앞으로 본 서신이 고린도교회에 존재했던 은사의 문제를 집중적으로 다룰 것을 암시합니다.

4절 그리스도 예수 안에서 너희에게 주신 하나님의 은혜로 말미암아 내가 너희를 위하여 항상 하나님께 감사하노니

바울은 고린도교회 성도들을 위하여 항상 하나님께 감사합니다. 그 이유는 고린도교회 성도들에게 주신 하나님의 은혜 때문입니다. 바울이 감사하는 대상은 고린도교회 성도들이 아니라 하나님이십니다. 보다 구체적으로 말하면 하나님께서 베푸신 그 크신 은혜 때문에 바울은 지금 하나님께 감사하고 있습니다. 여기서 은혜란 단순히 구원받을 때 받는 은혜만을 가리키는 것이 아닙니다. 여기서 은혜는 고린도교회 성도들이 매일 누리는 영적 은사들을 포함합니다. 모든 은혜는 전적으로 하나님의 선물입니다. 은혜는 우리의 능력과 아무런 관계가 없습니다. 따라서 전혀 자랑할 것이 없습니다. 고린도교회 성도들은 참으로 큰 은혜를 입었습니다. 그런데 그들은 그 은혜를 근거로 자기를 내세우고 자랑하였습니다. 그것은 은혜의 본질을 알지 못하는 어리석은 행동입니다.

5절 이는 너희가 그 안에서 모든 일 곧 모든 언변과 모든 지식에 풍족하므로

이제 바울은 자신이 감사하는 이유를 보다 구체적으로 밝힙니다. 고린도교회 성도들에게는 두 가지가 풍족하였습니다. 첫째는 언변이 풍족하였고, 둘째는 지

식이 풍족하였습니다. 여기서 언변이란 언어를 통해 전달되는 은사들, 곧 방언과 예언 같은 것들을 가리킵니다. 또한 지식이란 고린도전서 13:2에 나온 것처럼 '모든 비밀을 아는' 지식, 곧 지식의 말씀과 같은 은사를 가리킵니다.

은사를 집중적으로 다루는 고린도전서 12-14장에서 바울은 은사의 오용과 남용을 비판합니다. 그런 맥락에서 여기서 바울이 고린도교회 성도들을 향하여 모든 언변과 모든 지식에 풍족하다고 말한 것을 역설적인 조롱의 표현이라고 해석하는 사람들도 있습니다. 그러나 바울은 은사 자체와 은사의 남용을 엄격하게 구분합니다. 서론에서 바울은 은사 자체에 대하여 분명히 감사하고 있습니다. 본론에서 바울이 비판하는 것은 은사 자체가 아니라 은사의 오용과 남용입니다. 은사의 오용과 남용이 벌어진다고 하여 은사 자체를 비하하는 것은 바른 태도가 아닙니다. 오늘날도 이와 유사한 일이 종종 벌어집니다. 어떤 사람이 방언의 은사를 오용한다고 하여 방언의 은사 자체를 폄하하는 사람들이 있습니다. 그것은 바른 태도가 아닙니다. 은사의 오용이나 남용을 비판할 때도 은사 자체는 존중할 줄 알아야 합니다. 왜냐하면 은사는 하나님께서 주시는 것이기 때문입니다.

6절 그리스도의 증거가 너희 중에 견고하게 되어

여기서 그리스도의 증거란 바울이 그리스도를 증거한 것을 가리킵니다. 바울은 고린도교회 성도들에게 예수 그리스도를 증거하였습니다. 그런데 그것이 이제 견고하게 되었습니다. 여기서 견고하게 되었다는 말은 확증되었다는 말입니다. 여기서 확증되었다는 단어는 수동태로 쓰였습니다. 그렇다면 누가 그것을 확증해 주었습니까? 하나님께서 확증해 주었습니다. 하나님께서 어떻게 확증해 주셨습니까? 하나님께서 고린도교회 성도들에게 은사를 풍성하게 부어주심으로 바울의 복음전파가 참된 것임을 확증해 주셨습니다.

7절 너희가 모든 은사에 부족함이 없이 우리 주 예수 그리스도의 나타나심을 기다림이라

하나님께서 이미 고린도교회 성도들에게 풍성한 은사를 부어주셨으므로 그들은 부족한 것이 없습니다. 그런데도 바울은 성도들에게 우리 주 예수 그리스도의 나타나심을 기다리라고 말합니다. 고린도교회 성도들은 이미 하나님의 은혜를 풍성하게 받아서 누리고 있습니다. 그럼에도 불구하고 그들은 마지막 날에 최종적으로 완성될 그 은혜를 기다려야 합니다. 이미 모든 것이 완성된 것처럼 사는 것은 성경적인 삶의 태도가 아닙니다. 지금 우리에게 주신 은혜를 바르게 누리는 사람이라면 마지막 날에 온전하게 완성될 그 은혜를 더욱 간절히 사모하는 마음으로 살아야 합니다. 그것이 성경적으로 바른 삶의 태도입니다.

8절 주께서 너희를 우리 주 예수 그리스도의 날에 책망할 것이 없는 자로 끝까지 견고하게 하시리라

여기서 '우리 주 예수 그리스도의 날'이란 예수님께서 영광 가운데 재림하여 우리의 구원을 완성하실 날을 가리킵니다. 주님께서는 우리를 그 날에 책망할 것이 없는 자로 세우실 것입니다. 책망할 것이 없다는 말은 법적으로 아무 잘못이 없다는 말입니다. 만약 그 날에도 여전히 책망할 것이 있다면 우리는 심판을 면하지 못할 것입니다. 따라서 주님은 우리를 책망할 것이 없는 자로 만드시기 위해 끝까지 견고하게 하실 것입니다. 이 말씀의 강조점은 그리스도 예수의 날

까지 견고하게 서는 힘이 우리에게 있지 않다는 것입니다. 그 일은 오직 우리 주님께서 주도권을 잡고 이끌어 가실 것입니다. 우리가 구원의 확신이 있다고 말할 때 그 확신의 근거가 우리에게 있는 것이 아닙니다. 오직 우리를 끝까지 견고하게 하실 우리 주님께 근거하여 구원의 확신을 고백하는 것입니다.

9절 너희를 불러 그의 아들 예수 그리스도 우리 주와 더불어 교제하게 하시는 하나님은 미쁘시도다

원어성경을 보면 9절의 첫 문장은 '하나님은 신실하시다'라는 것입니다. 어순 때문에 우리말 번역에서는 하나님은 미쁘시다는 말이 제일 뒤에 있지만 원어성경에서는 제일 앞에 있습니다. 사실 서론 전체에서 계속 설명한 모든 내용이 바로 이 한 문장 속에 다 들어 있습니다. '하나님은 신실하시다.' 앞에서 바울이 고린도교회 성도들의 구원에 대해 온전히 확신하고 있는 이유는 바로 이 사실 때문입니다. 우리 하나님은 신실하신 분입니다. 구약성경은 자주 하나님의 신실하심을 강조합니다. 시편을 보면 이스라엘 백성들은 자주 하나님의 신실하심을 찬양했습니다. 이 말씀에서는 그런 하나님의 신실하심이 예수 그리스도를 통하여 나타난다고 말합니다. 하나님은 우리를 하나님의 아들 우리 주 예수 그리스도와 교제하도록 부르셨습니다. 인간은 전적으로 부패한 존재입니다. 거듭난 이후에도 인간의 죄성은 완전히 사라지지 않습니다. 우리는 여전히 죄의 유혹에 빠져 넘어집니다. 그런데도 오늘 말씀은 주께서 우리를 그리스도의 날에 책망할 것이 없는 자로 끝까지 견고하게 세우실 것이라고 말합니다. 도대체 어떻게 우리와 같이 부패한 자들을 책망할 것이 없는 자로 세우신다는 말입니까? 예수님을 믿은 후에도 여전히 자주 유혹에 빠져 넘어지는 우리를 도대체 무슨 수로 책망할 것이 없는 자로 세우신다는 말입니까?

9절 말씀은 그런 우리의 질문에 답을 주고 있습니다. 우리 하나님은 신실하신 분입니다. 그 분은 신실하신 분이라서 우리를 구원하시겠다는 당신의 약속을 끝까지 지키십니다. 어떻게 지키십니까? 그 분은 우리를 예수 그리스도 우리 주와 더불어 교제하도록 부르셨습니다. 이제 거듭난 하나님의 자녀들은 우리 주 예수 그리스도와 교제하며 살아갑니다. 우리가 책망할 것이 없는 자로 세워지는 비결은 바로 우리 주 예수 그리스도와 교제하는 것입니다. 죽음을 이기고 부활하신 우리 주님과의 교제는 우리에게 참되고 영원한 생명의 능력을 공급할 것입니다. 그래서 하나님은 우리를 주님과 교제하도록 부르셨습니다. 오직 주 예수 그리스도와 교제할 때만이 영원한 생명 가운데 거할 수 있기 때문입니다.

요한복음 15장에서 예수님께서 말씀하신 포도나무와 가지의 비유도 같은 맥락입니다. 우리가 열매 맺는 삶을 사는 비결은 포도나무이신 예수님께 붙어 있는 것입니다. "너희가 내 안에 거하고 내 말이 너희 안에 거하면 무엇이든 원하는대로 구하라 그리하면 이루리라(요 15:7)" 여기서 우리가 주님 안에 거하는 것과 주님의 말씀이 우리 안에 거하게 하는 것은 같은 내용을 달리 표현한 것입니다. 우리가 생명력 있는 삶을 사는 비결은 주님 안에 거하는 것 밖에 없습니다. 그렇다면 주님 안에 거하려면 어떻게 해야 합니까? 주님 안에 거하려면 주님의 말씀이 우리 안에 거하게 해야 합니다. 다시 말해서 날마다 주님의 말씀을 묵상하면서 그 말씀대로 순종해야 합니다. 그런 자들은 포도나무이신 예수님께 붙어서 늘 사랑의 열매를 맺으며 살게 됩니다. 그것이 바로 주님과 더불어 교제하는 것입니다.

요한계시록 3:20에도 비슷한 말씀이 나옵니다. "볼찌어다 내가 문밖에 서서 두드리노니 누구든지 내 음성을 듣고 문을 열면 내가 그에게로 들어가 그로 더불어 먹고 그는 나로 더불어 먹으리라" 이 말씀은 라오디게아교회를 향하여 주신 말씀입니다. 당시 라오디게아교회는 입에서 토해 버리고 싶을 정도로 타락하여 역겨운 삶을 살고 있었습니다. 주님은 그들을 향하여 회개를 촉구하셨습니다. 그 다음에 하신 말씀이 바로 위에 인용한 말씀입니다. 라오디게아교회가 다시 사는 길은 한 가지밖에 없습니다. 그것은 바로 주님과 더불어 먹는 삶, 곧 교제하는 삶을 회복하는 것입니다.

앞에서도 말씀드렸지만 인간은 전적으로 부패하였습니다. 거듭난 이후에도 인간의 그런 악한 본성은 완전히 사라지지 않습니다. 우리는 여전히 악한 유혹에 넘어집니다. 그런데 하나님은 우리를 책망할 것이 없는 자로 끝까지 견고하게 세워주시겠다고 하셨습니다. 어떻게 그렇게 하십니까? 우리를 불러 그의 아들 예수 그리스도와 교제하게 하심으로 우리를 책망할 것이 없는 자로 견고하게 세워주십니다. 바울은 그 사실을 생각하면서 감탄하듯 외칩니다. "하나님은 신실하시다!" 우리 하나님은 신실하신 분입니다. 그 분은 우리를 구원하시겠다고 하신 약속을 반드시 지키십니다. 그래서 우리를 교제의 자리로 부르십니다. 주님과 교제하는 자리로 부르십니다. 오직 주님과 교제하는 자만이 생명력 있는 삶을 살 수 있기 때문입니다. 그러므로 날마다 주님과 더불어 교제하며 사십시오. 매일 그 분의 말씀을 묵상하고 그 말씀에 순종하며 사십시오. 참 생명이신 그 분과 교제하는 자만이 지속적으로 생명을 공급받게 될 것입니다. 그럴 때 우리는 그리스도의 날에 책망할 것이 없는 자로 서게 될 것입니다. 우리를 불러 우리 주와 더불어 교제하게 하시는 신실하신 하나님을 찬양합니다.

3. 고린도교회의 분쟁(1:10-17)

> ¹⁰형제들아 내가 우리 주 예수 그리스도의 이름으로 너희를 권하노니 모두가 같은 말을 하고 너희 가운데 분쟁이 없이 같은 마음과 같은 뜻으로 온전히 합하라 ¹¹내 형제들아 글로에의 집 편으로 너희에 대한 말이 내게 들리니 곧 너희 가운데 분쟁이 있다는 것이라 ¹²내가 이것을 말하거니와 너희가 각각 이르되 나는 바울에게, 나는 아볼로에게, 나는 게바에게, 나는 그리스도에게 속한 자라 한다는 것이니 ¹³그리스도께서 어찌 나뉘었느냐 바울이 너희를 위하여 십자가에 못 박혔으며 바울의 이름으로 너희가 세례(침례)를 받았느냐 ¹⁴나는 그리스보와 가이오 외에는 너희 중 아무에게도 내가 세례(침례)를 베풀지 아니한 것을 감사하노니 ¹⁵이는 아무도 나의 이름으로 세례(침례)를 받았다 말하지 못하게 하려 함이라 ¹⁶내가 또한 스데바나 집 사람에게 세례(침례)를 베풀었고 그 외에는 다른 누구에게 세례(침례)를 베풀었는지 알지 못하노라 ¹⁷그리스도께서 나를 보내심은 세례(침례)를 베풀게 하려 하심이 아니요 오직 복음을 전하게 하려 하심이로되 말의 지혜로 하지 아니함은 그리스도의 십자가가 헛되지 않게 하려 함이라

이 단락은 서론을 마치고 막 시작되는 본론의 첫 단락입니다. 이 단락에서 바울은 고린도교회에서 벌어진 분쟁의 문제를 다룹니다. 바울은 복음의 본질에 비추어서 분쟁이 얼마나 잘못된 것인가를 지적합니다.

10절 형제들아 내가 우리 주 예수 그리스도의 이름으로 너희를 권하노니 모두가 같은 말을 하고 너희 가운데 분쟁이 없이 같은 마음과 같은 뜻으로 온전히 합하라

이제 바울은 우리 주 예수 그리스도의 이름으로 고린도교회 성도들에게 권면합니다. 분쟁의 문제로 어려움을 겪고 있던 고린도교회의 상황을 생각할 때 바

울은 지금 매우 긴급한 마음으로 권고하는 것처럼 보입니다. 바울은 자신의 말로 권고하지 않고 우리 주 예수 그리스도의 이름으로 권고합니다. 그리스도는 교회의 머리이시고 교회는 그의 몸이라는 사실을 생각한다면 바울은 지금 교회의 머리이신 그리스도의 이름으로 분열 양상을 보이던 고린도교회에게 권고하고 있는 것입니다. 바울은 다음과 같이 세 가지로 권고합니다. 첫째로, 모두가 같은 말을 하라. 둘째로, 너희 가운데 분쟁을 없애라. 셋째로, 같은 마음과 같은 뜻으로 온전히 합하라. 이 세 권고는 사실상 하나로 연결됩니다. 고린도교회 성도들은 분쟁을 없애고 온전히 같은 마음과 같은 뜻으로 합해야 합니다. 이 말은 획일성을 가리키는 것이 아닙니다. 그리스도의 몸이 찢어지는 아픔을 방지하기 위해 같은 마음과 같은 뜻으로 온전히 합하라고 권고하는 것입니다. 그리스도의 몸이 찢어지면 그 몸의 각 지체들의 믿음도 결국 약해질 수밖에 없습니다. 그러므로 주님의 몸된 교회를 이루고 있는 성도들은 서로 다투지 말고 같은 마음과 같은 뜻으로 합해야 합니다. 그것이 바로 교회의 머리이신 그리스도의 뜻입니다.

11절 내 형제들아 글로에의 집 편으로 너희에 대한 말이 내게 들리니 곧 너희 가운데 분쟁이 있다는 것이라

바울은 자신이 고린도교회에 분쟁이 있다는 소식을 듣게 된 경로를 밝힙니다. 여기에 나오는 글로에가 누구인지 자세한 사항은 알 수 없습니다.

12절 내가 이것을 말하거니와 너희가 각각 이르되 나는 바울에게, 나는 아볼로에게, 나는 게바에게, 나는 그리스도에게 속한 자라 한다는 것이니

이제 바울은 당시 고린도교회에 존재했던 분쟁의 현황을 지적합니다. 본문에

는 모두 네 명의 이름이 등장합니다. 바울, 아볼로, 게바, 그리스도. 여러 정황을 보면 당시 고린도교회에 네 개의 분파가 완전히 발전된 형태로 존재했던 것으로 보이지는 않습니다. 만약 완전한 분파가 형성된 상황이라면 '나는 누구에게 속하였다'가 아니라 '우리는 누구에게 속하였다'라고 말했을 것입니다. '나는 누구에게 속하였다'라는 표현을 보면 그 때는 성도들이 각자 자신의 선호도에 따라 좋아하는 인물을 주장함으로써 교회 가운데 갈등이 싹트고 있었던 상황이었던 것 같습니다. 한편 '나는 그리스도에게 속하였다'라는 말 자체는 아무 문제가 없는 말입니다. 그렇지만 아마도 이 사람들은 다른 성도들이 특정 인물을 옹호하는 것을 보고 그리스도를 내세우면서 교회 안에서 소요를 일으켰던 것 같습니다.

13절 그리스도께서 어찌 나뉘었느냐 바울이 너희를 위하여 십자가에 못 박혔으며 바울의 이름으로 너희가 세례(침례)를 받았느냐

고린도교회 성도들의 주장에 따르면 그리스도도 나누어진 존재가 됩니다. 그러나 그리스도는 결코 여럿 가운데 하나가 될 수 없습니다. 바울은 두 번에 걸친 연속적인 수사학적 질문을 던져 고린도교회 성도들의 주장이 얼마나 어리석은 것인가를 드러냅니다. 당연히 이 수사학적인 질문들에 대한 대답은 '아니다'입니다. 오직 예수님만 우리를 위하여 십자가에 못 박혔고, 오직 예수님의 이름으로 그들은 세례(침례)를 받았습니다. 그러므로 그리스도는 결코 바울이나 게바와 같은 위대한 사도들 가운데 하나가 아닙니다. 그 분은 십자가에 못 박히신 우리의 주님이십니다.

14절 나는 그리스보와 가이오 외에는 너희 중 아무에게도 내가 세례(침례)를 베풀지 아니한 것을 감사하노니

바울은 갑자기 자신이 소수의 사람들에게만 세례(침례)를 준 것을 감사한다고 말합니다. 바울의 말을 문자적으로 보면 마치 세례(침례)를 많이 준 것이 잘못된 일인 것 같은 뉘앙스를 풍깁니다. 그러나 이 말은 고린도교회 성도들의 문제를 지적하기 위한 것입니다. 당시 고린도교회 성도들은 자신에게 세례(침례)를 준 사람을 중심으로 파벌을 형성하였습니다. 그래서 바울은 자신이 소수의 사람들, 곧 그리스보와 가이오에게만 세례(침례)를 준 것을 감사하게 생각한다고 말합니다. 그리스보는 고린도의 회당장이고(행 18:8), 가이오는 로마서에 등장하는 인물입니다(롬 16:23).

15절 이는 아무도 나의 이름으로 세례(침례)를 받았다 말하지 못하게 하려 함이라

이제 바울은 자신이 소수의 사람들에게만 세례(침례)를 준 이유를 밝힙니다. 만약 바울이 다수의 사람들에게 세례(침례)를 주었다면 그들은 자신들이 바울에게 세례(침례)를 받았다는 사실을 내세워 큰 파벌을 형성하였을 것입니다. 왜냐하면 당시 바울은 고린도교회에서 영향력이 절대적으로 컸던 인물이었기 때문입니다. 어느 교회에게 영향을 미친다는 것은 이렇게 항상 양면이 있는 것입니다. 성도들에게 강한 영향을 미치는 행동은 오히려 성도들이 그리스도를 바라보는 것을 방해할 수 있습니다. 바울은 그런 사실을 알고 의도적으로 많은 사람들에게 세례(침례)를 주지 않았습니다.

16절 내가 또한 스데바나 집 사람에게 세례(침례)를 베풀었고 그 외에는 다른 누구에게 세례(침례)를 베풀었는지 알지 못하노라

바울은 다시 한 번 기억을 더듬어 자신이 스데바나 집 사람에게 세례(침례)를

주었으며 그 외에는 기억이 나지 않는다고 말함으로써 세례(침례)를 주는 것 자체가 중요한 것이 아니라는 사실을 암시합니다.

17절 그리스도께서 나를 보내심은 세례(침례)를 베풀게 하려 하심이 아니요 오직 복음을 전하게 하려 하심이로되 말의 지혜로 하지 아니함은 그리스도의 십자가가 헛되지 않게 하려 함이라

'그리스도께서 나를 보내심은 세례(침례)를 베풀게 하려 하심이 아니'라는 말은 언뜻 들으면 예수님의 명령(마 28:19-20)과 배치되는 것처럼 보입니다. 예수님은 분명히 세례(침례)를 주라고 명령하셨기 때문입니다. 그러나 바울의 의도는 세례(침례)를 베푸는 것을 거부하는 것이 아닙니다. 복음이 본질이라면 세례(침례)는 그 본질의 외적인 표시입니다. 외적인 표시에 과도한 의미를 부여하면 본질이 가려집니다. 실제로 당시 고린도교회 성도들은 세례(침례)에 지나치게 높은 의미를 부여하였습니다. 그래서 자신에게 세례(침례)를 준 지도자를 중심으로 분파를 형성하였습니다. 교회 안에서 분파를 형성하는 것은 복음의 영광을 가리는 것입니다. 이와같이 고린도교회에서는 외적인 표시인 세례(침례)가 본질인 복음을 가리는 일이 실제로 벌어졌습니다. 바울은 그런 현실을 알고 의도적으로 세례(침례)의 의미를 약화시키고 있는 것입니다. 그리스도께서 바울을 보내신 목적은 복음을 전하게 하려는 것이었습니다. 세례(침례)는 그 복음의 외적인 표시일 뿐입니다. 세례(침례)를 받아서 구원받는 것이 아니라 구원받은 사람이 세례(침례)를 받는 것입니다.

바울은 또한 그 복음의 전파를 말의 지혜로 하지 않는다고 하였습니다. 여기서 말의 지혜는 수사학적인 기교를 가리킵니다. 바울은 복음을 전파할 때 수사

학적인 기교를 부리지 않았습니다. 물론 바울서신에도 수사학적인 기법이 어느 정도 등장합니다. 이 말은 수사학적인 기교를 부리는 일에 너무 집중하지 않겠다는 말입니다. 왜냐하면 지나친 기교는 본 내용을 가리기 때문입니다. 바울이 진정으로 전해야 하는 것은 '그리스도의 십자가'입니다. 그것이 바로 복음의 본질입니다. 바울은 복음의 본질인 그리스도의 십자가를 전하기 원했습니다. 지나치게 수사학적인 기교를 앞세우면 복음의 본질인 그리스도의 십자가가 가려집니다. 그것은 결국 복음의 본질인 그리스도의 십자가를 헛되이 만드는 것입니다. 그래서 바울은 그리스도의 십자가가 헛되지 않도록 수사학적인 기교로 복음을 전하지 않겠다는 자신의 다짐을 고백합니다.

바울의 이 고백은 오늘 우리 한국교회의 상황에도 매우 적절한 것입니다. 초창기 한국교회는 오직 그리스도의 십자가만 붙잡았습니다. 우리 선배 목회자들은 철저하게 십자가만 붙잡고 목회하였습니다. 그런데 언젠가부터 십자가를 아름답게 포장하기 시작하였습니다. 복음에 아름다운 색을 덧칠하기 시작하였습니다. 처음에는 복음을 잘 전달하기 위한 방편이라고 말했습니다. 그러나 포장이 과도해지면서 어느 순간부터 사람들은 더 이상 십자가를 볼 수 없게 되어 버렸습니다. 지금 많은 한국교회들이 십자가를 잃어버렸습니다. 십자가를 지신 그리스도를 따라 희생하고 헌신하는 사람들은 점점 줄어가고 부활하신 주님을 따라 영광을 누리려는 자들만 점점 늘어갑니다. 십자가는 보기 좋게 포장된 아름다운 것이 아닙니다. 십자가는 거친 것입니다. 거칠고 날카로워서 함부로 지기 어려운 것입니다. 바울은 그 거친 십자가를 붙잡았습니다. 그것이 바로 복음의 참된 본질이라고 믿었기 때문입니다. 오늘 우리가 가야 할 길도 거친 십자가를 지고서 헌신하고 희생하는 길입니다. 오직 그 길만이 참된 복음의 길입니다.

4. 하나님의 능력과 지혜이신 그리스도(1:18-25)

> ¹⁸십자가의 도가 멸망하는 자들에게는 미련한 것이요 구원을 받는 우리에게는 하나님의 능력이라 ¹⁹기록된 바 내가 지혜 있는 자들의 지혜를 멸하고 총명한 자들의 총명을 폐하리라 하였으니 ²⁰지혜 있는 자가 어디 있느냐 선비가 어디 있느냐 이 세대에 변론가가 어디 있느냐 하나님께서 이 세상의 지혜를 미련하게 하신 것이 아니냐 ²¹하나님의 지혜에 있어서는 이 세상이 자기 지혜로 하나님을 알지 못하므로 하나님께서 전도의 미련한 것으로 믿는 자들을 구원하시기를 기뻐하셨도다 ²²유대인은 표적을 구하고 헬라인은 지혜를 찾으나 ²³우리는 십자가에 못 박힌 그리스도를 전하니 유대인에게는 거리끼는 것이요 이방인에게는 미련한 것이로되 ²⁴오직 부르심을 받은 자들에게는 유대인이나 헬라인이나 그리스도는 하나님의 능력이요 하나님의 지혜니라 ²⁵하나님의 어리석음이 사람보다 지혜롭고 하나님의 약하심이 사람보다 강하니라

이 단락에서 바울은 사람의 지혜와 그리스도의 십자가를 대조합니다. 여기서 사람의 지혜는 주로 헬라인들의 수사학적 기교를 가리킵니다. 바울은 수사학적인 기교가 지혜의 근본이신 하나님을 아는 데 아무런 도움이 되지 않는다는 사실을 지적합니다. 왜냐하면 하나님은 사람의 지혜가 아니라 십자가에 못 박히신 그리스도를 통하여 자신을 계시하기로 작정하셨기 때문입니다. 그러므로 바울은 하나님의 능력이며 하나님의 지혜이신 그리스도만 전파합니다.

18절 십자가의 도가 멸망하는 자들에게는 미련한 것이요 구원을 받는 우리에게는 하나님의 능력이라

원문에는 18절의 시작부분에 '왜냐하면'이라는 접속사가 있습니다. 이 단어

는 자연스럽게 17절과 18절을 연결시킵니다. 17절에서 바울은 말의 지혜와 그리스도의 십자가를 대조하였습니다. 바울이 복음을 전할 때 말의 지혜로 하지 않는 이유는 그리스도의 십자가가 헛되지 않도록 하기 위함입니다. 이제 바울은 그 이유를 좀 더 구체적으로 밝힙니다. 그 이유는 십자가의 도가 멸망하는 자들에게는 미련한 것이지만 구원을 받는 우리에게는 하나님의 능력이기 때문입니다. 여기서 십자가의 도는 십자가의 말씀을 가리킵니다. 십자가의 말씀은 멸망하는 자들에는 미련한 것처럼 보입니다. 그러나 구원받는 자들에게는 하나님의 능력이 됩니다. 당시 사회에서는 사람을 전통적인 방식으로 구분하였습니다. 예를 들면 유대인과 이방인, 남자와 여자, 종과 자유인 등으로 구분하는 것입니다. 그런데 바울은 여기에서 완전히 새로운 방식으로 사람을 구분합니다. 그것은 바로 멸망하는 자와 구원받는 자로 구분하는 것입니다. 이 세상에는 멸망하는 자와 구원받는 자가 있습니다. 멸망하는 자들에게는 십자가의 말씀이 미련하게 보이지만 구원받는 자들에게는 십자가의 도가 하나님의 능력으로 보입니다.

바울의 대조는 약간 부자연스럽습니다. 십자가의 도가 멸망하는 자들에게는 미련한 것이지만 구원받는 자들에게는 지혜롭게 보인다고 하는 것이 자연스러운 대조일 것입니다. 그런데 바울은 십자가의 도가 멸망하는 자들에게는 미련한 것이지만 구원받는 자들에게는 하나님의 능력이라고 합니다. 바울은 어리석음과 지혜를 대조하지 않고 어리석음과 능력을 대조합니다. 왜 바울은 굳이 지혜라는 말 대신에 하나님의 능력이라는 말을 사용했을까요? 그 이유는 구원은 사람이 하는 것이 아니고 하나님이 하시는 것이라는 사실을 강조하기 위해서입니다. 이 세상에서 가장 지혜로운 인간이라고 하여도 자기 지혜로 하나님을 이해할 수는 없습니다. 하나님을 아는 길은 하나님의 자기 계시밖에 없습니다. 그런데 하나님의 자기계시의 핵심이 바로 십자가입니다. 하나님은 십자가에 달리신 그리스도를 통하여 자기를 온전히 계시하셨습니다. 그러므로 십자가의 말씀이 구원받는 우리에게는 참된 하나님의 능력입니다. 오직 십자가를 통해서만 하나님을 알고 구원받을 수 있습니다.

19절 기록된 바 내가 지혜 있는 자들의 지혜를 멸하고 총명한 자들의 총명을 폐하리라 하였으니

이제 바울은 자신의 주장이 옳다는 것을 입증하기 위해 이사야 29:14을 인용합니다. "그러므로 내가 이 백성 중에 기이한 일 곧 기이하고 가장 기이한 일을 다시 행하리니 그들 중에서 지혜자의 지혜가 없어지고 명철자의 총명이 가려지리라" 이 말씀은 인간의 지혜에 대한 하나님의 심판의 말씀입니다. 하나님은 당신에 대해 무관심하고 교만한 이스라엘 백성들을 심판할 것입니다. 이사야서와 바울의 인용이 다른 점은 '가려지리라'라는 동사 대신에 '폐하리라'라는 동사가 사용된다는 점입니다. 이것은 아마도 고린도교회에 직접적으로 적용하기 위한 것으로 보입니다. 하나님은 실제로 십자가에 달리신 예수 그리스도를 통하여 이 세상의 지혜를 추구하는 자들을 심판하십니다. 이 세상에서 아무리 지혜로운 자라고 하여도 십자가에 달리신 그리스도를 통하여 나타난 하나님의 자기계시를 이해하지 못합니다. 그것은 결국 이 세상의 지혜 있는 자들을 향한 하나님의 심판입니다.

20절 지혜 있는 자가 어디 있느냐 선비가 어디 있느냐 이 세대에 변론가가 어디 있느냐 하나님께서 이 세상의 지혜를 미련하게 하신 것이 아니냐

여기서 지혜자는 헬라의 철학자들을 가리키고, 선비는 유대의 서기관들을 가리키며, 변론가는 이 세상의 지혜에 의존하며 살아가는 모든 사람들을 가리킵

니다. 하나님은 그런 이 세상의 지혜를 미련한 것으로 만들어 버리셨습니다. 왜냐하면 그런 세상의 지혜로는 그리스도의 십자가에 나타난 하나님의 자기계시를 이해할 수 없기 때문입니다. 지금 바울은 이 세상의 학문이 아무 쓸모가 없다고 말하는 것이 아닙니다. 다만 이 세상의 지혜로는 하나님의 자기계시의 절정인 십자가를 이해할 수 없다는 뜻입니다. 그런 면에서 십자가는 이 세상의 지혜로 하나님을 알려고 하는 자들을 심판하신 사건이기도 합니다.

21절 하나님의 지혜에 있어서는 이 세상이 자기 지혜로 하나님을 알지 못하므로 하나님께서 전도의 미련한 것으로 믿는 자들을 구원하시기를 기뻐하셨도다

이 세상은 자기 지혜로 하나님을 알 수 없습니다. 만약 이 세상의 지혜로 하나님을 알고 구원받을 수 있다면 복음은 인간의 지성에 의존하게 될 것입니다. 그렇게 된다면 오직 지적으로 뛰어난 자들만 구원받게 될 것입니다. 하나님은 그런 방식을 택하지 않으셨습니다. 하나님은 다만 예수 그리스도의 십자가를 통해서만 인간을 구원하기로 작정하셨습니다. 바울은 그것을 전도의 미련한 것으로 믿는 자들을 구원하기를 기뻐하셨다고 표현합니다. 여기서 전도의 미련한 것이란 역설적인 표현입니다. 십자가에 달리신 그리스도를 전파하는 것, 곧 '전도'는 믿지 않는 자들에게는 미련한 것처럼 보입니다. 그러나 하나님은 바로 그 미련한 방법으로 믿는 자들을 구원하기를 기뻐하십니다.

22절 유대인은 표적을 구하고 헬라인은 지혜를 찾으나

유대인들은 표적을 구합니다. 유대인들이 구하던 표적이란 주로 모세나 선지자들이 행했던 기적들을 가리킵니다. 반면에 헬라인들은 지혜를 구합니다. 지혜

에 대한 관심은 헬라인들의 주요한 특징이었습니다. 그것은 동시에 고린도사람들의 특징이기도 하였습니다. 고린도사람들도 역시 헬라사람들이 추구하던 지혜를 추구하였습니다. 유대인들이 구하는 표적과 헬라인들이 구하는 지혜는 서로 완전히 다른 것입니다. 그런데 이 둘에는 공통점이 있습니다. 그것은 바로 둘 다 하나님의 계시의 절정인 십자가에 달리신 그리스도를 거부한다는 것입니다.

23절 우리는 십자가에 못 박힌 그리스도를 전하니 유대인에게는 거리끼는 것이요 이방인에게는 미련한 것이로되

사도들은 오직 십자가에 못 박힌 그리스도를 전파합니다. 그런데 십자가에 못 박힌 그리스도를 전하는 일은 유대인에게는 매우 거리끼는 일입니다. 왜냐하면 기적적인 능력을 추구하던 유대인들의 입장에서는 십자가가 매우 거리끼는 것일 수밖에 없기 때문입니다. 유대인들은 능력 있는 메시아를 기대하였습니다. 그런 유대인들의 입장에서 십자가에 달려 무기력하게 죽임당한 메시아를 믿으라는 말은 매우 거리끼는 것일 수밖에 없습니다. 한편 십자가에 못 박힌 그리스도를 전하는 일은 이방인들에게는 미련한 것입니다. 이성을 추구하는 사람들에게는 십자가에 못 박힌 그리스도가 미련하게 보일 수밖에 없습니다.

24절 오직 부르심을 받은 자들에게는 유대인이나 헬라인이나 그리스도는 하나님의 능력이요 하나님의 지혜니라

십자가에 못 박힌 그리스도가 유대인에게는 거리끼는 것이고, 헬라인에게는 미련한 것이지만 하나님의 부르심을 받고 십자가에 달리신 그리스도를 믿는 자들에게 그리스도는 하나님의 능력이며 하나님의 지혜입니다. 이제 부르심을 받

은 자들에게는 유대인과 헬라인의 구별이 아무 의미가 없습니다. 그 동안 유대인들은 표적을 구했습니다. 그들은 모세와 선지자들이 행했던 것과 유사한 표적이 나타나면 그것을 하나님의 능력이라고 생각했습니다. 그러나 이제 부르심을 받은 자에게는 십자가에 달리신 그리스도가 하나님의 능력입니다. 헬라인들은 지혜를 구했습니다. 그러나 이제 부르심을 받은 자에게는 십자가에 달리신 그리스도가 하나님의 지혜입니다. 이제 유대인과 헬라인의 구분이 필요 없습니다. 오직 부르심을 받은 자들에게는 십자가에 달리신 그리스도가 하나님의 능력이며 하나님의 지혜이기 때문입니다.

25절 하나님의 어리석음이 사람보다 지혜롭고 하나님의 약하심이 사람보다 강하니라

원문에는 25절의 시작 부분에 '왜냐하면'이라는 단어가 나옵니다. 이제 바울은 십자가에 달리신 그리스도가 하나님의 능력이고 하나님의 지혜인 이유를 설명합니다. 그 이유는 하나님의 어리석음이 사람보다 지혜롭고 하나님의 약하심이 사람보다 강하기 때문입니다. 여기서 하나님의 어리석음과 하나님의 약하심은 지혜와 능력을 추구하던 헬라인과 유대인에 대한 조롱 섞인 표현입니다. 우리 하나님은 결코 어리석지도 않고 약하지도 않습니다. 여기서 하나님의 어리석음과 하나님의 약하심은 십자가를 빗대어 표현한 것입니다. 십자가에 달리신 그리스도에 대해 유대인은 약하게 생각했고, 헬라인은 어리석게 생각했습니다. 그러나 하나님은 바로 그 어리석고 약하게 보이는 방식으로 우리를 구원하셨습니다. 그러므로 하나님의 어리석음이 사람보다 지혜롭고 하나님의 약하심이 사람보다 강합니다. 바울은 당대 최고의 지성인이었습니다. 그는 당시 가장 널리 인정받던 가말리엘 문하에서 교육받은 율법 선생이었습니다. 그런데 그런 최고의 지성인이 십자가에 달리신 그리스도를 만난 후 자신의 지성을 모두 내려놓

았습니다. 왜냐하면 십자가에 달리신 그리스도만이 하나님을 알 수 있는 유일한 길이었기 때문입니다.

　세상 사람들은 신앙의 세계를 이해하지 못하고 어리석게 생각할 수 있습니다. 그러나 신앙의 세계를 경험한 사람은 다릅니다. 바울은 유대인에게는 거리끼는 것이고, 이방인에게는 미련한 것일지라도 오직 십자가에 못 박힌 그리스도만 전했다고 고백했습니다. 이런 고백은 십자가에 못 박힌 그리스도를 진짜로 만난 사람들만 할 수 있는 고백입니다. 십자가에 못 박힌 그리스도만이 참되고 영원한 진리입니다. 왜냐하면 오직 그 분만이 우리를 구원하는 능력이 있기 때문입니다. 십자가의 도를 붙잡으십시오. 오직 십자가의 도만이 우리를 구원하는 하나님의 능력입니다.

5. 자랑하는 자는 주 안에서 자랑하라(1:26-31)

> [26] 형제들아 너희를 부르심을 보라 육체를 따라 지혜로운 자가 많지 아니하며 능한 자가 많지 아니하며 문벌 좋은 자가 많지 아니하도다 [27] 그러나 하나님께서 세상의 미련한 것들을 택하사 지혜 있는 자들을 부끄럽게 하려 하시고 세상의 약한 것들을 택하사 강한 것들을 부끄럽게 하려 하시며 [28] 하나님께서 세상의 천한 것들과 멸시 받는 것들과 없는 것들을 택하사 있는 것들을 폐하려 하시나니 [29] 이는 아무 육체도 하나님 앞에서 자랑하지 못하게 하려 하심이라 [30] 너희는 하나님으로부터 나서 그리스도 예수 안에 있고 예수는 하나님으로부터 나와서 우리에게 지혜와 의로움과 거룩함과 구원함이 되셨으니 [31] 기록된 바 자랑하는 자는 주 안에서 자랑하라 함과 같게 하려 함이라

이제 바울은 고린도교회 성도들에게 하나님의 부르심을 받았을 때를 기억해 보라고 권면합니다. 하나님의 부르심을 받기 전 고린도교회 성도들은 특별한 사람들이 아니었습니다. 지혜자도 많지 않았고, 능력 있는 자도 많지 않았으며, 문벌 좋은 자도 많지 않았습니다. 그런데 하나님께서 그런 사람들을 택하여 하나님의 능력을 드러내는 도구로 쓰셨습니다. 자신들의 능력으로 이룬 것이 아니므로 하나님 앞에서 어느 누구도 자랑할 것이 없습니다. 그러므로 오직 자랑하는 자는 주 안에서만 자랑해야 합니다.

이 말씀은 예레미야 9:23-24을 인용한 것입니다. "²³여호와께서 이와 같이 말씀하시되 지혜로운 자는 그의 지혜를 자랑하지 말라 용사는 그의 용맹을 자랑하지 말라 부자는 그의 부함을 자랑하지 말라 ²⁴자랑하는 자는 이것으로 자랑할지니 곧 명철하여 나를 아는 것과 나 여호와는 사랑과 정의와 공의를 땅에 행하는 자인 줄 깨닫는 것이라 나는 이 일을 기뻐하노라 여호와의 말씀이니라" 바울이 이 구절을 인용한 목적은 31절에 분명하게 나타납니다. 그리스도인들은 오직 주 안에서 자랑해야 합니다. 그 말은 곧 하나님께서 그리스도 안에서 행하신 일을 자랑하라는 말입니다. 하나님이 그리스도 안에서 행하신 일은 곧 우리의 구원입니다.

26절 형제들아 너희를 부르심을 보라 육체를 따라 지혜로운 자가 많지 아니하며 능한 자가 많지 아니하며 문벌 좋은 자가 많지 아니하도다

원문에서는 이 문장을 '왜냐하면'이라는 말로 시작합니다. 바로 앞 단락에서 바울은 이 세상의 지혜가 아니라 십자가에 못 박힌 그리스도를 아는 것이 참된 지혜라고 역설하였습니다. 이 단락은 그 이유를 설명합니다. 바울은 고린도교

회 성도들에게 직접 이 말씀을 적용하여 그 이유를 설명합니다. 하나님께서 고린도교회 성도들을 부르신 이유는 세상적인 표준 때문이 아니었습니다. 세상적인 기준으로 볼 때는 그다지 큰 능력이 없음에도 불구하고 하나님은 고린도교회 성도들을 불러서 하나님의 능력을 드러내는 도구로 사용하셨습니다.

한 때 신학자들은 이 말을 문자적으로 해석하여 마치 고린도교회에는 낮은 계층의 사람들만 있었다고 주장하기도 하였습니다. 그러나 이 말씀은 고린도교회 성도들 가운데 높은 계층의 사람들이 그리 많지 않다는 뜻에 불과합니다. 당시 고린도교회에는 종들부터 시작하여 중인계층과 약간의 상류층 등 다양한 구성원들이 있었습니다. 초대교회의 특징 가운데 한 가지는 신자들이 다양한 계층들로 구성되었다는 것이었습니다. 하나님은 세상의 계층과 관계없이 하나님의 뜻에 따라 사람을 사용하십니다. 우리 하나님의 은혜는 사회적인 지위에 관계없이 온전히 그 분의 뜻에 따라 임합니다(Marion L. Soards, 1 Corinthians, NIBC, 46-47).

27절 그러나 하나님께서 세상의 미련한 것들을 택하사 지혜 있는 자들을 부끄럽게 하려 하시고 세상의 약한 것들을 택하사 강한 것들을 부끄럽게 하려 하시며 **28절** 하나님께서 세상의 천한 것들과 멸시 받는 것들과 없는 것들을 택하사 있는 것들을 폐하려 하시나니

세상에서는 지혜 있는 자, 강한 자, 있는 자가 존중받습니다. 그러나 하나님은 미련한 자, 약한 자, 천하고, 멸시 받고, 없는 자를 선택하셨습니다. 하나님은 그렇게 하여 이 세상의 기준을 무력화시켰습니다. 그렇다면 하나님께서 이런 선택을 하신 목적은 무엇일까요? 본문에서는 하나님의 목적을 두 동사로 표현합니다. 첫 번째 목적은 부끄럽게 만드는 것입니다. 하나님은 세상의 지혜 있는 자

를 부끄럽게 하려고 미련한 자들을 택했고, 세상의 강한 자들을 부끄럽게 하려고 약한 자들을 택하셨습니다. 하나님은 세상의 지혜 있는 자들과 강한 자들에게 수치를 주겠다고 하셨습니다. 성경에서 수치를 준다는 말에는 종말론적인 뉘앙스가 담겨 있습니다. 그런 세상의 지혜와 강함으로 하나님의 나라에 들어가려는 자들에게는 마지막 심판대 앞에서 크게 수치를 주겠다는 것입니다. 두 번째 목적은 폐하는 것입니다. 하나님은 세상의 있는 자들을 폐하시려고 천한 자들과 멸시받는 자들과 없는 자들을 선택하셨습니다. 여기서 폐한다는 말에도 역시 종말론적인 뉘앙스가 담겨 있습니다. 마지막 날에 그런 자들을 모두 없애 버린다는 것입니다.

마리온 소드는 이렇게 말했습니다. "하나님은 somebody를 없애버리기 위해 nobody와 low-body를 선택하셨다(Marion L. Soards, 47)." 대단히 통찰력 있는 말입니다. 우리 하나님은 하나님 앞에서 자신이 무엇인가 된다고 생각하는 사람들을 없애 버리기 위해 자신이 아무것도 아니라고 생각하는 사람들을 선택하신 것입니다. 그렇다면 굳이 이런 방식을 택하시는 근본적인 목적은 무엇일까요? 그것은 바로 하나님의 은혜를 드러내기 위해서입니다. 하나님은 지혜 있는 자와 강한 자와 있는 자를 존중하는 이 세상 나라의 공로주의가 잘못된 것임을 드러내시고 오직 은혜로 이루어지는 하나님의 나라를 세우기 원하셨습니다. 그래서 하나님은 자신의 공로를 내세우는 somebody들을 없게 하실 것입니다. 그리고 nobody와 low-body를 선택하여 오직 하나님의 은혜로만 이루어지는 나라를 세우십니다.

29절 이는 아무 육체도 하나님 앞에서 자랑하지 못하게 하려 하심이라 앞에서 묘사된 하나님의 선택의 목적이 29절에 정확히 나옵니다. 그 목적은 아무 육체도 하나님 앞에서 자랑하지 못하게 하는 것입니다. 여기서 '자랑한다'는 동사는 단순히 칭찬받고 싶어서 자신의 장점을 좀 자랑한다는 의미가 아닙니다. 여기서 자랑한다는 말은 하나님께 영광 돌리지 않고 자기 자신에게 영광을 돌리는 것, 곧 공로주의를 가리킵니다. 공로주의에 빠진 자들은 구원의 근거를 자기 자신에게서 찾습니다. 자신이 지혜롭고 강한 자이기 때문에 구원받을 자격이 있다고 생각합니다. 이 세상에서는 공로주의가 인정받을 수 있지만 하나님 앞에서는 공로주의가 오히려 장애가 됩니다. 왜냐하면 이 세상의 어느 인간도 자신의 공로로 구원받을 수 없기 때문입니다. 모든 사람이 죄를 범하였으매 하나님의 영광에 이르지 못하였다고 했습니다(롬 3:23). 그런데 당시 유대인들 가운데는 이런 공로주의에 빠진 자들이 많이 있었습니다. 바리새인과 세리의 비유에서 한 바리새인은 자신이 일주일에 두 번씩 금식하고 소득의 십일조를 드린다는 사실을 자랑했습니다(눅 18:12). 구원은 오직 하나님의 은혜로만 이루어집니다. 그러므로 이렇게 자신의 공로를 자랑하는 자들은 하나님의 은혜를 입을 수 없습니다. 우리 하나님께서는 공로주의에 빠진 자들을 폐하심으로 당신의 그 은혜를 우리에게 드러내 주셨습니다.

30절 너희는 하나님으로부터 나서 그리스도 예수 안에 있고 예수는 하나님으로부터 나와서 우리에게 지혜와 의로움과 거룩함과 구원함이 되셨으니

'너희는 하나님으로부터 났다'는 말은 고린도교회 성도들이 자신들의 노력이 아니라 전적인 하나님의 은혜로 구원받았다는 말입니다. 그래서 그들은 지금 '그리스도 예수 안에' 있습니다. '그리스도 예수 안에 있다'는 말은 곧 다른 말로 하면 그리스도인이 되었다는 뜻입니다. 우리는 오직 하나님의 전적인 은혜로

구원받고 그리스도인이 되었습니다. 또한 예수님은 하나님으로부터 나와서 우리에게 지혜와 의로움과 거룩함과 구속함이 되셨다고 하였습니다. 원문의 구문에 따르면 여기 나오는 네 개의 명사 가운데 가장 먼저 나오는 지혜가 제일 중요한 단어입니다. 나머지 세 개의 명사는 모두 그 지혜를 구체적으로 설명하는 말입니다. 예수님은 하나님께로부터 나온 지혜이십니다.

예수님은 하나님께로부터 나온 지혜라는 말은 무슨 뜻일까요? 이 단락의 바로 앞 단락인 고린도전서 1:21-24을 보면 이 문맥에서 지혜가 무슨 뜻인지 짐작할 수 있습니다. 이 세상은 자기 지혜로 하나님을 알 수 없습니다. 하나님은 전도의 미련한 것으로 믿는 자들을 구원하기를 기뻐하셨습니다. 그래서 바울은 오직 십자가에 못 박힌 그리스도를 전합니다. 우리는 오직 십자가에 못 박힌 그리스도를 통해서만 하나님을 온전히 알 수 있습니다. 따라서 오직 십자가에 못 박힌 그리스도만이 하나님의 지혜입니다. 예수 그리스도는 십자가의 죽음을 통하여 우리에게 하나님이 누구신지 가르쳐 주셨습니다. 따라서 예수 그리스도는 하나님께로부터 나온 지혜입니다.

지혜 다음에 나오는 세 개의 명사는 지혜를 구체적으로 설명하는 것입니다. 예수님은 하나님께로부터 나온 지혜입니다. 어떻게 예수님은 하나님께로부터 나온 지혜가 되었습니까? 예수 그리스도께서는 십자가에 못 박히심으로 우리를 의롭게 하시고(의로움), 거룩하게 하시고(거룩함), 구속하심으로써(구속함) 하나님께로부터 나온 지혜가 되셨습니다. 이제 세 개의 명사를 하나씩 살펴보겠습니다. 첫째로, 의로움이란 십자가에 못 박힌 예수 그리스도를 믿는 자에게 하나님께서 은혜로 주시는 것입니다. 또한 그 은혜로 의로움을 받은 자들은 이제 삶의 의로움으로 나아가야 합니다. 둘째로, 거룩함이란 십자가에 못 박히신 예수 그리스도를 믿는 자를 거룩하게 구별하신 것을 가리킵니다. 그래서 우리는 거룩한 무리, 곧 성도가 되었습니다. 셋째로, 구속함이란 십자가에 못 박히신 예수 그리스도를 믿는 자를 죄와 사망에서 건지신 것을 가리킵니다. 그래서 우리는 구원받았습니다.

예수님은 십자가에서 죽으심으로 우리를 의롭게 하시고 거룩하게 하시고 구원하셨습니다. 그래서 그 분은 참된 지혜가 되셨습니다. 따라서 이제 우리가 추구할 것은 하나님을 아는 데 아무런 도움이 되지 않는 세상적인 지혜가 아닙니다. 이제 우리가 추구할 것은 십자가에서 죽으심으로 우리를 의롭게 하시고 거룩하게 하시고 구원하신 참된 지혜입니다.

31절 기록된 바 자랑하는 자는 주 안에서 자랑하라 함과 같게 하려 함이라

예수님께서 십자가에서 죽으심으로 우리를 의롭게 하시고 거룩하게 하시고 구원하심으로 참된 지혜가 되셨으므로 이제 우리가 자랑할 것은 오직 십자가에 못 박히신 그리스도 밖에 없습니다. 그래서 바울은 이 단락을 마치면서 자랑하는 자는 주 안에서 자랑하라고 권면합니다. '주 안에서 자랑하라'는 말은 무슨 뜻입니까? 하나님은 예수 그리스도의 십자가 죽음으로 우리를 구원하셨습니다. 주님의 십자가 죽음으로 우리를 살리셨습니다. 따라서 이제 자랑하는 자들은 오직 그 사실만 자랑해야 합니다. 오직 나는 예수 그리스도의 십자가 죽음으로 구원받았다는 사실만 자랑해야 합니다. 그 외의 다른 자랑들은 모두 다 헛된 것입니다. 이 세상의 자랑은 모두 다 무익한 것입니다.

여기서 자랑한다는 말은 단순히 나의 외모나 지식이나 장점 등을 자랑하지

말라는 그런 의미가 아닙니다. 물론 그런 것도 너무 자랑하면 안 되겠지만 사람이 살다보면 자기 자랑도 할 수 있습니다. 이 말씀에서 자랑하지 말라는 말은 하나님 앞에서 자신의 공로를 내세우지 말라는 말입니다. 마치 자신의 선행과 공로로 구원받을 자격이 있는 것처럼 자기 공로를 자랑하지 말라는 것입니다. 하나님 앞에서 자기 공로를 내세우는 사람은 결코 구원받을 수 없습니다. 왜냐하면 구원은 오직 십자가에 못 박히신 그리스도를 통하여 하나님의 은혜로 받는 것이기 때문입니다.

왜 바울은 고린도교회 성도들에게 이런 편지를 쓰고 있을까요? 당시 고린도교회에는 사람을 자랑하던 이들이 있었습니다. 어떤 이는 바울에게 속한 것을 자랑했고, 어떤 이는 베드로에게 속한 것을 자랑했으며, 어떤 이는 아볼로에게 속한 것을 자랑했습니다. 이런 태도는 결국 그리스도가 아니라 사람을 자랑하는 것입니다. 바로 이런 문제 때문에 바울은 지금 고린도교회 성도들에게 "자랑하는 자는 주 안에서 자랑하라"고 당부하는 것입니다. 이 세상의 지식이나 능력을 자랑하지 말고 오직 주 안에서 자랑하십시오. 나를 구원하시기 위해 사랑하는 아들을 십자가에 죽도록 내어주신 그 사랑을 자랑하십시오. 그 은혜를 자랑하십시오. 이 세상의 학식과 지위가 아무리 높다 해도 하나님 앞에서 그런 것을 자랑하지 마십시오. 오직 내 안에서 역사하신 그 은혜, 그 사랑만 자랑하십시오. 나 같은 죄인을 구원하신 하나님의 그 은혜, 그 사랑만 자랑하십시오. 그것이 바로 진정으로 거듭난 그리스도인이 취할 바른 태도입니다.

<복습 및 나눔질문>

1. 은혜와 평강의 기원과 둘의 관계를 생각해 보고 어떻게 하면 평강을 누릴 수 있을지 서로 나누어보십시오(1:3).

2. 주변에서 "나는 구원의 확신이 있다"는 말을 들어보신 적이 있습니까? "구원의 확신"이란 말의 잘못된 적용의 사례는 무엇일까요? 구원의 확신의 근거는 무엇일까요? "구원의 확신이 있다"는 말은 성경적인 말일까요?(1:8-9)

3. 교회 내에서 분쟁이 발생하는 이유가 무엇일까요? 본문의 말씀과 현실의 경험을 바탕으로 서로 나누어 보십시오(1:10-17).

4. 세상의 지혜와 하나님의 지혜는 어떻게 다를까요? 세상의 지혜를 따른다는 것은 구체적으로 무엇을 가리킬까요? 세상의 지혜가 아닌 하나님의 지혜를 따르려면 어떻게 해야 할까요?(1:18-25)

5. 세상의 지혜와 능력과 문벌을 자랑하는 것은 어떤 면에서 위험한 것일까요? 주 안에서 자랑하라는 말은 무슨 뜻일까요? 이 말씀은 반지성주의와 어떻게 다른 것일까요?(1:26-31)

6. 이 장을 읽으면서 내 마음에 가장 와 닿았던 문장은 어떤 것입니까? 그 이유가 무엇이라고 생각하십니까?

= 1 CORINTHIANS =
고린도전서

2장

1. 십자가에 못 박히신 그리스도(2:1-5)

> ¹형제들아 내가 너희에게 나아가 하나님의 증거를 전할 때에 말과 지혜의 아름다운 것으로 아니하였나니 ²내가 너희 중에서 예수 그리스도와 그가 십자가에 못 박히신 것 외에는 아무 것도 알지 아니하기로 작정하였음이라 ³내가 너희 가운데 거할 때에 약하고 두려워하고 심히 떨었노라 ⁴내 말과 내 전도함이 설득력 있는 지혜의 말로 하지 아니하고 다만 성령의 나타나심과 능력으로 하여 ⁵너희 믿음이 사람의 지혜에 있지 아니하고 다만 하나님의 능력에 있게 하려 하였노라

사도 바울은 말과 지혜의 아름다운 것으로 하지 않고 십자가에 못 박히신 그리스도만 알기로 작정하였습니다. 말과 지혜의 아름다운 것이 메시지의 형식과 내용에서 자신의 탁월성을 드러내려는 시도를 가리킨다면 십자가에 못 박히신 그리스도는 오직 메시지의 본질적 내용만 가리킵니다. 사도 바울은 메시지를 전할 때 자기를 드러내지 않고 십자가에 못 박히신 그리스도만 드러내기로 작정하였습니다. 바울은 또한 설득력있는 지혜의 말이 아니라 성령의 나타나심과 능력으로 전도한다고 고백합니다. 이는 자신의 능력에 의존하지 않고 성령의 능력에 의존하여 전도한다는 뜻입니다.

1절 형제들아 내가 너희에게 나아가 하나님의 증거를 전할 때에 말과 지혜의 아름다운 것으로 아니하였나니

고린도교회 성도들에게 하나님의 말씀을 전할 때 바울은 말과 지혜의 아름다운 것으로 하지 않았습니다. 이 말은 바울이 설교할 때 자신의 말과 지혜의 아름다움을 보이려고 애쓰지 않았다는 뜻입니다. 여기서 '말과 지혜의 아름다운 것'

이란 단순히 메시지의 형식을 잘 갖추는 것만을 가리키는 것이 아닙니다. 바울이 '말과 지혜'라는 두 단어를 함께 쓴 것을 보면 이것은 메시지의 형식만이 아니라 내용에 있어서도 탁월하게 보이려고 시도하는 것을 가리킵니다. 바울은 그런 식으로 자신이 탁월하게 보이려고 애쓰지 않았다고 말합니다.

2절 내가 너희 중에서 예수 그리스도와 그가 십자가에 못 박히신 것 외에는 아무 것도 알지 아니하기로 작정하였음이라

왜 바울은 복음을 전할 때 말과 지혜의 아름다운 것으로 하지 않았을까요? 그 이유는 바울이 예수 그리스도와 그가 십자가에 못 박히신 것 외에는 아무것도 알지 않기로 작정하였기 때문입니다. 그렇다면 왜 바울은 예수 그리스도와 그가 십자가에 못 박히신 것 외에는 아무것도 알지 않기로 작정했을까요? 그 이유는 오직 십자가에 못 박히신 그리스도만이 유일하신 구원자이기 때문입니다. 구원을 위한 그리스도의 유일성은 다른 모든 지식을 상대화시켰습니다. 따라서 복음전도자로서 바울은 유일하신 구원자, 십자가에 못 박히신 그리스도만 알기로 작정하였습니다. 복음전도자로 일생을 헌신한 바울에게 다른 지식은 다 가치가 없는 것이기 때문입니다.

3절 내가 너희 가운데 거할 때에 약하고 두려워하고 심히 떨었노라

바울은 고린도에서 사역할 때 약하고 두려워하고 심히 떨었다고 고백합니다. 이 구절에서 바울은 다시 '약함'이라는 단어를 언급합니다. 바울서신에는 약함이라는 단어가 자주 나옵니다(롬 8:26, 고전 4:10, 고전 15:43, 고후 11:30, 고후 12:9-10, 고후 13:4). 특별히 고린도후서에 이 단어가 자주 등장합니다. 바울이

말하는 약함이란 우리가 언뜻 생각하는 그런 부정적인 의미가 아닙니다. 바울이 이렇게 약함을 강조하는 이유는 약함을 통하여 일하시는 하나님을 자주 경험했기 때문입니다. 하나님은 인간의 약함을 통하여 자신의 강함을 드러내시는 분입니다. 또한 '두려움과 떨림'이라는 단어는 연약한 인간이 전능하신 하나님을 만났을 때 보이는 태도입니다. 바울은 전능하신 하나님 앞에서 자신이 얼마나 무력한 존재인가를 자주 경험하였습니다. 그래서 바울은 약하고 두려워하고 심히 떨면서 복음사역을 감당한 것입니다.

4절 내 말과 내 전도함이 설득력 있는 지혜의 말로 하지 아니하고 다만 성령의 나타나심과 능력으로 하여 **5절** 너희 믿음이 사람의 지혜에 있지 아니하고 다만 하나님의 능력에 있게 하려 하였노라

바울은 자신이 전도할 때 설득력 있는 지혜의 말로 하지 아니하고 다만 성령의 능력으로 했다고 고백합니다. 설득력 있는 지혜의 말이란 주로 수사학적 기술을 가리킵니다. 물론 바울이 수사학을 완전히 무시한 것은 아닙니다. 바울 서신도 나름대로의 수사학적 구조에 따라 기록되었습니다. 다만 당시 많은 학자들이 현란한 수사학적 기교를 사용하는 것에 치우치는 것을 보면서 자신은 그런 수사학적 기교보다는 성령의 능력에 따라 전도했다고 말하는 것입니다. 왜냐하면 사람을 구원하는 것은 오직 성령의 능력밖에 없다고 믿었기 때문입니다.

2. 성령으로 보이셨다(2:6-16)

> ⁶그러나 우리가 온전한 자들 중에서는 지혜를 말하노니 이는 이 세상의 지혜가 아니요 또 이 세상에서 없어질 통치자들의 지혜도 아니라 ⁷오직 은밀한 가운데 있는 하나님의 지혜를 말하는 것으로서 곧 감추어졌던 것인데 하나님이 우리의 영광을 위하여 만세 전에 미리 정하신 것이라 ⁸이 지혜는 이 세대의 통치자들이 한 사람도 알지 못하였나니 만일 알았더라면 영광의 주를 십자가에 못 박지 아니하였으리라 ⁹기록된 바 하나님이 자기를 사랑하는 자들을 위하여 예비하신 모든 것은 눈으로 보지 못하고 귀로 듣지 못하고 사람의 마음으로 생각하지도 못하였다 함과 같으니라 ¹⁰오직 하나님이 성령으로 이것을 우리에게 보이셨으니 성령은 모든 것 곧 하나님의 깊은 것까지도 통달하시느니라 ¹¹사람의 일을 사람의 속에 있는 영 외에 누가 알리요 이와 같이 하나님의 일도 하나님의 영 외에는 아무도 알지 못하느니라 ¹²우리가 세상의 영을 받지 아니하고 오직 하나님으로부터 온 영을 받았으니 이는 우리로 하여금 하나님께서 우리에게 은혜로 주신 것들을 알게 하려 하심이라 ¹³우리가 이것을 말하거니와 사람의 지혜가 가르친 말로 아니하고 오직 성령께서 가르치신 것으로 하니 영적인 일은 영적인 것으로 분별하느니라 ¹⁴육에 속한 사람은 하나님의 성령의 일들을 받지 아니하나니 이는 그것들이 그에게는 어리석게 보임이요, 또 그는 그것들을 알 수도 없나니 그러한 일은 영적으로 분별되기 때문이라 ¹⁵신령한 자는 모든 것을 판단하나 자기는 아무에게도 판단을 받지 아니하느니라 ¹⁶누가 주의 마음을 알아서 주를 가르치겠느냐 그러나 우리가 그리스도의 마음을 가졌느니라

앞 단락에서 지혜의 말을 부정적으로 묘사했던 바울은 이제 자신이 지혜 자체를 반대하는 것이 아님을 밝힙니다. 이제 바울은 참된 지혜, 곧 하나님의 지혜를 설명합니다.

6절 그러나 우리가 온전한 자들 중에서는 지혜를 말하노니 이는 이 세상의 지혜가 아니요 또 이 세상에서 없어질 통치자들의 지혜도 아니요

'온전한 자들'이라는 표현은 현대의 그리스도인들에게 종종 오해를 불러일으킵니다. 여기서 온전한 자들이란 인격적으로 완성된 특별한 그리스도인들을 가리키는 표현이 아닙니다. 성경에서 '온전하다'는 말은 주로 '성숙하다'는 뜻을 가리키는 표현입니다. 또한 이 표현은 특별한 그리스도인이 아니라 일반적인 그리스도인들을 가리키는 표현입니다. 문제는 이미 구원받은 고린도교회 성도들이 세상적인 방법을 사용하고 있었다는 것입니다. 그래서 바울은 의도적으로 성숙한 자들이라는 표현을 사용합니다. 그들이 진정으로 성숙한 자들이 되기를 간절히 바라는 마음으로 이 표현을 사용합니다. 바울은 지금 고린도교회 성도들에게 지혜를 말합니다. 바울이 말하는 지혜는 이 세상의 지혜도 아니고 이 세상의 통치자들의 지혜도 아닙니다. 여기서 통치자는 정치지도자들과 종교지도자들을 가리킵니다. 지금 우리 눈에는 그들이 영원히 권세를 잡고 있을 것처럼 보이지만 그들은 곧 없어질 자들에 불과합니다. '없어질'이라는 표현은 이 세대의 속성을 보여주는 말입니다. 그들은 세상의 지혜를 모두 가진 자들처럼 보였으나 참된 지혜로 이 땅에 오신 예수 그리스도를 십자가에 못 박았습니다. 따라서 바울은 그런 헛된 지혜를 추구하지 않습니다.

7절 오직 은밀한 가운데 있는 하나님의 지혜를 말하는 것으로서 곧 감추어졌던 것인데 하나님이 우리의 영광을 위하여 만세 전에 미리 정하신 것이라

'은밀한 가운데 있는 하나님의 지혜'는 문자적으로 직역하면 '신비 속에 있는 하나님의 지혜'입니다. 신약성경에서 신비란 주로 복음의 진리를 가리키는 표현으로 사용되었습니다(골 1:26-27, 고전 4:1). 복음의 진리를 신비라고 표현한 이유는 이 복음이 한 때는 숨겨졌다가 이제는 온전히 드러났기 때문입니다. 그런 면에서 복음은 신비입니다. 그런데 이 복음은 하나님이 우리의 영광을 위하

여 만세 전에 미리 정하신 것입니다. '우리의 영광'이라는 말에는 종말론적인 구원의 의미가 담겨 있습니다. 하나님은 우리를 최종적으로 구원하시기로 만세 전에 예정하셨습니다.

8절 이 지혜는 이 세대의 통치자들이 한 사람도 알지 못하였나니 만일 알았더라면 영광의 주를 십자가에 못 박지 아니하였으리라

이 세대의 통치자들은 십자가에 못 박히신 그리스도를 통하여 인간을 구원한다는 이 지혜를 제대로 깨닫지 못했습니다. 만약 알았다면 그렇게 우리 주님을 십자가에 못 박지는 않았을 것입니다. 이 세대의 통치자들은 이 세대에서는 지혜자로 인정받는 인물들입니다. 그러나 그들은 영광의 주님을 십자가에 못 박음으로써 참된 지혜에 대해서는 극도로 무지한 자들임을 드러냈습니다.

9절 기록된 바 하나님이 자기를 사랑하는 자들을 위하여 예비하신 모든 것은 눈으로 보지 못하고 귀로 듣지 못하고 사람의 마음으로 생각하지도 못하였다 함과 같으니라

사실 이 세상의 통치자들이 '십자가에 달린 메시아'를 이해하지 못하는 것은 당연한 일입니다. 구약시대에는 물론이고 바울이 활동하던 시대에도 사람들은 십자가에 달린 메시아를 이해하지 못했습니다. 일찍이 이사야는 하나님의 구원이 인간이 예측할 수 없는 방식으로 임할 것이라고 예언하였습니다(사 64:4, 65:17).

10절 오직 하나님이 성령으로 이것을 우리에게 보이셨으니 성령은 모든 것 곧 하나님의 깊은 것까지도 통달하시느니라

하나님은 오랫동안 신비로 남아 있던 것을 성령을 통하여 우리에게 보여주셨습니다. 예수님께서 승천하신 후 하나님의 깊은 것까지도 모두 통달하신 성령님께서 오셔서 우리에게 모든 신비를 계시해 주셨습니다.

11절 사람의 일을 사람의 속에 있는 영 외에 누가 알리요 이와 같이 하나님의 일도 하나님의 영 외에는 아무도 알지 못하느니라

하나님의 일을 가장 잘 아시는 분은 하나님의 영이신 성령님이십니다. 바울은 사람의 일을 그 사람의 영이 가장 잘 안다는 논리에 근거하여 하나님의 일도 하나님의 영이신 성령님께서 가장 잘 아신다고 말합니다.

12절 우리가 세상의 영을 받지 아니하고 오직 하나님으로부터 온 영을 받았으니 이는 우리로 하여금 하나님께서 우리에게 은혜로 주신 것들을 알게 하려 하심이라

예수님을 믿는 사람들 안에는 하나님의 영이신 성령님이 거하십니다. 바울은 우리가 세상의 영을 받지 않고 하나님의 영을 받았다고 말합니다. 여기서 세상의 영이란 타락한 인간의 본질적 상태를 가리킵니다. 타락한 인간의 본질로는 십자가에 달리신 그리스도를 이해할 수 없습니다. 우리는 하나님의 영을 받았습니다. 그러므로 이제 우리는 하나님께서 은혜로 주신 것들을 알 수 있습니다. 우리 안에 계신 성령님께서 계시해 주시기 때문에 우리는 하나님의 생각을 알 수 있습니다.

13절 우리가 이것을 말하거니와 사람의 지혜가 가르친 말로 아니하고 오직 성령께서 가르치신 것으로 하니 영적인 일은 영적인 것으로 분별하느니라

바울은 사람의 지혜를 따라 말씀을 가르치지 않습니다. 여기서 사람의 지혜란 거듭나지 못한 사람의 지혜를 가리킵니다. 오직 바울은 성령께서 가르쳐주신 것만 전합니다. 왜냐하면 영적인 일은 영적인 것으로만 설명할 수 있기 때문입니다.

14절 육에 속한 사람은 하나님의 성령의 일들을 받지 아니하나니 이는 그것들이 그에게는 어리석게 보임이요, 또 그는 그것들을 알 수도 없나니 그러한 일은 영적으로 분별되기 때문이라

여기서 육에 속한 사람은 성령을 받지 못한 자, 곧 거듭나지 못한 자를 가리킵니다. 그런 자들은 하나님의 성령의 일들을 받아들이지 못합니다. 그 말은 곧 십자가에 달리신 그리스도를 믿지 못한다는 말입니다. 그 이유가 무엇일까요? 그들의 눈에는 십자가에 달리신 그리스도께서 우리를 구원하신다는 말이 어리석게 보이기 때문입니다. 그들은 영적인 지각이 없기 때문에 그런 사실을 알 수도 없습니다. 자식을 향한 부모의 희생적인 사랑을 생각해 보십시오. 부모의 심정을 이해하지 못하는 자들에게 그런 희생적 사랑은 어리석게 보일 수밖에 없습니다. 그래서 바울은 말과 지혜의 아름다운 것으로 하지 않고 오직 성령의 능력으로만 사역을 감당한 것입니다. 이런 일은 성령의 능력으로만 깨달을 수 있기 때문입니다.

15절 신령한 자는 모든 것을 판단하나 자기는 아무에게도 판단을 받지 아니하느니라

앞에서 육에 속한 사람이 성령을 모시지 못한 사람이라면 여기서 신령한 사람이란 성령을 받은 사람, 곧 그리스도인을 가리킵니다. 성령을 모신 자는 모든 것을 판단한다는 말은 그리스도인은 모든 것을 다 바르게 판단할 수 있다는 말이 아닙니다. 다만 이 말은 그리스도인은 삶의 모든 부분을 하나님의 눈으로 볼

수 있다는 말입니다. 왜냐하면 우리 안에 계신 성령께서 우리를 하나님의 눈으로 볼 수 있도록 이끌어 주시기 때문입니다. 반면에 육에 속한 자는 성령을 모신 사람을 판단할 수 없습니다. 그들의 속에는 성령이 없으므로 십자가에 달리신 그리스도를 이해할 수 있는 눈이 없기 때문입니다.

16절 누가 주의 마음을 알아서 주를 가르치겠느냐 그러나 우리가 그리스도의 마음을 가졌느니라

"누가 주의 마음을 알아서 주를 가르치겠느냐?"라는 말은 이 세상에는 주님의 마음을 알아서 주님께 도움이 될 만한 말을 해 줄 수 있는 사람이 없다는 말입니다. 그러나 이제 우리는 주님의 마음을 가지고 있습니다. 예수님의 승천 이후에 성령께서 오셔서 우리에게 주님의 마음을 주셨습니다. 그러므로 이제 우리는 주님의 마음을 아는 자가 되었습니다.

고린도전서 2장은 십자가에 못 박히신 그리스도가 하나님의 능력이라는 사실을 계속 강조합니다. 1-5절은 그 사실을 강조했고, 6-16절은 성령께서 그 사실을 우리에게 계시해 주셨다는 사실을 강조합니다. 14-15절은 육에 속한 사람과 신령한 사람을 구분하여 신령한 사람으로 살아갈 것을 촉구합니다. 여기서 신령한 사람은 특별한 신자만을 가리키는 말이 아닙니다. 그 말은 단순히 성령을 모신 사람을 가리키는 말입니다. 성령을 모신 사람은 이제 십자가에 못 박히신 그리스도가 우리를 구원하는 하나님의 능력이라는 사실을 믿습니다. 그래서 바울은 그리스도와 그가 십자가에 못 박히신 것 외에는 아무것도 알지 아니하기로 작정했다고 고백한 것입니다. 왜냐하면 십자가에 못 박히신 그리스도만이 우리를 구원하는 하나님의 능력임을 분명히 믿기 때문입니다.

<복습 및 나눔질문>

1. 사도 바울은 하나님의 증거를 전할 때 말과 지혜의 아름다운 것으로 하지 않았다고 했습니다. 그 말의 의미가 무엇일까요? 말과 지혜의 아름다운 것으로 전하면 어떤 문제가 발생할까요?

2. 고린도전후서에서 바울이 사용하는 약함의 의미를 살펴보십시오(고전 2:2-5; 고전 15:43; 고후 11:30; 고후 12:9; 고후 13:4). 바울이 강조하는 '약함'이란 무엇을 가리킬까요? '약함'의 잘못된 적용의 예에는 무엇이 있을까요?

3. 육에 속한 사람과 신령한 사람은 각각 어떤 사람을 가리킬까요?

4. 이 장을 읽으면서 내 마음에 가장 와 닿았던 문장은 어떤 것입니까? 그 이유가 무엇이라고 생각하십니까?

1 CORINTHIANS
고린도전서

3장

고린도전서 3장은 교회가 하나 되어 자라가는 길을 우리에게 제시합니다. 고린도교회 성도들의 이해를 돕기 위해 바울은 세 가지 비유를 듭니다. 첫 번째는 농장의 비유이고, 두 번째는 건물의 비유이며, 세 번째는 성전의 비유입니다. 바울은 이 비유들을 사용하여 고린도교회 성도들의 잘못된 교회관을 바로잡습니다.

1. 하나님의 동역자들(3:1-9)

> ¹형제들아 내가 신령한 자들을 대함과 같이 너희에게 말할 수 없어서 육신에 속한 자 곧 그리스도 안에서 어린 아이들을 대함과 같이 하노라 ²내가 너희를 젖으로 먹이고 밥으로 아니하였노니 이는 너희가 감당하지 못하였음이거니와 지금도 못하리라 ³너희는 아직도 육신에 속한 자로다 너희 가운데 시기와 분쟁이 있으니 어찌 육신에 속하여 사람을 따라 행함이 아니리요 ⁴어떤 이는 말하되 나는 바울에게라 하고 다른 이는 나는 아볼로에게라 하니 너희가 육의 사람이 아니리요 ⁵그런즉 아볼로는 무엇이며 바울은 무엇이냐 그들은 주께서 각각 주신 대로 너희로 하여금 믿게 한 사역자들이니라 ⁶나는 심었고 아볼로는 물을 주었으되 오직 하나님께서 자라나게 하셨나니 ⁷그런즉 심는 이나 물 주는 이는 아무 것도 아니로되 오직 자라게 하시는 이는 하나님뿐이니라 ⁸심는 이와 물 주는 이는 한가지이나 각각 자기가 일한 대로 자기의 상을 받으리라 ⁹우리는 하나님의 동역자들이요 너희는 하나님의 밭이요 하나님의 집이니라

1절 형제들아 내가 신령한 자들을 대함과 같이 너희에게 말할 수 없어서 육신에 속한 자 곧 그리스도 안에서 어린 아이들을 대함과 같이 하노라

바울은 고린도교회 성도들을 신령한 자들로 대할 수 없었습니다. 여기서 신령한 자란 그리스도 안에서 거듭난 영적인 자들을 가리킵니다. 바울은 고린도

교회 성도들을 영적인 자들로 대할 수가 없었습니다. 그래서 영적인 자가 아니라 육신에 속한 자로 대합니다. 당시 고린도교회 성도들은 스스로를 영적인 사람으로 여기고 있었습니다. 바울은 그들의 주장을 정면으로 반박합니다. 바울은 지금 그들을 거듭나지 못했다고 비판하는 것이 아닙니다. 다만 그들이 영적으로 어린 아이와 같다는 사실을 비판하는 것입니다.

2절 내가 너희를 젖으로 먹이고 밥으로 아니하였노니 이는 너희가 감당하지 못하였음이거니와 지금도 못하리라

바울은 고린도교회 성도들에게 밥이 아닌 젖을 먹이고 있습니다. 그 이유는 그들이 밥을 먹을 수 있을 만큼 성장하지 못했기 때문입니다. 그리스도 안에서 거듭난 자는 마땅히 성장해야 합니다. 처음에는 젖을 먹고 자랐다면 이제 젖을 떼고 밥을 먹어야 합니다. 거듭난 그리스도인이 전혀 성장하지 못하는 것은 심각한 문제가 있습니다. 사람마다 성장의 속도는 다를 수 있습니다. 그러나 세월이 흘러도 여전히 어린아이와 같다면 심각한 일이 아닐 수 없습니다.

3절 너희는 아직도 육신에 속한 자로다 너희 가운데 시기와 분쟁이 있으니 어찌 육신에 속하여 사람을 따라 행함이 아니리요

이제 바울은 고린도교회 성도들이 육신에 속한 자라는 증거를 제시합니다. 3절을 시작하면서 바울은 '아직도'라는 표현을 사용합니다. 바울은 5년 전에 고린도를 방문했었습니다. 그런데 5년이 흐른 지금도 그들은 여전히 어린아이와 같은 상태입니다. 그래서 바울은 너희가 아직도 육신에 속한 자라고 비판합니다. 그렇다면 그들을 육신에 속한 자라고 보는 근거가 무엇입니까? 그것은 바로

공동체 안에서 벌어지는 시기와 분쟁입니다. 시기가 내적인 악함이라면 분쟁은 그 내적인 악함이 외적으로 표현된 것입니다. 시기가 있는 곳에는 분쟁이 있습니다. 어떤 공동체에 분쟁이 있다면 그것은 그 공동체의 구성원들 안에 시기심이 있다는 뜻입니다. 바울은 지금 공동체 안에서 벌어지는 시기와 분쟁을 보면서 그들을 영적인 어린아이와 같다고 생각하여 그들을 육신에 속한 자라고 불렀습니다. 분명히 거듭나기는 했는데 도저히 거듭난 자라고 보기가 어려워서 육신에 속한 자, 곧 그리스도 안에서 어린아이라고 부른 것입니다.

4절 어떤 이는 말하되 나는 바울에게라 하고 다른 이는 나는 아볼로에게라 하니 너희가 육의 사람이 아니리요

고린도교회 성도들 가운데 어떤 사람들은 자신이 바울의 제자라는 것을 자랑했고, 다른 사람들은 자신이 아볼로의 제자라는 것을 자랑했습니다. 이런 태도는 세속적인 가치관에 영향을 받은 것입니다. 당시는 도제식 교육이 성행할 때였기 때문에 세상 사람들은 자신이 위대한 학자의 제자라는 것을 자랑스러워했습니다. 지금 고린도교회 성도들은 그런 세상적인 사고방식을 닮아가고 있습니다. 그래서 교회 안에서도 자신이 바울의 제자인 것을 자랑하고, 아볼로의 제자인 것을 자랑하는 것입니다. 그런 모습을 보고 바울은 질문을 던집니다. "너희가 육의 사람이 아니냐?" 이 질문은 사실 답을 기대하는 질문이 아닙니다. 바울은 지금 어떻게 그렇게 아직도 세상적인 가치관을 가지고 있느냐고 질책하는 것입니다.

5절 그런즉 아볼로는 무엇이며 바울은 무엇이냐 그들은 주께서 각각 주신 대로 너희로 하여금 믿게 한 사역자들이니라

이제 바울은 자신과 아볼로가 단지 하나님의 지시를 따르는 사역자들일 뿐이라는 사실을 명확하게 선포합니다. '주께서 각각 주신 대로'라는 말은 '주께서 각기 사명을 주신대로'라는 뜻입니다. 주님께서는 각 사람에게 적절한 사명을 주어 일을 맡기셨습니다. 바울과 아볼로는 각각 맡은 사명을 따라 봉사한 종들일 뿐입니다.

6절 나는 심었고 아볼로는 물을 주었으되 오직 하나님께서 자라나게 하셨나니

바울은 심었고 아볼로는 물을 주었습니다. 그 말은 곧 바울은 복음을 전파했고, 아볼로는 말씀으로 양육했다는 말입니다. 그렇지만 오직 자라나게 하신 분은 하나님이십니다. 심는 이와 물 주는 이가 자라나게 한 것이 아닙니다. 그들은 그저 심고 물을 주었을 뿐입니다. 자라나게 하신 분은 오직 하나님이십니다.

7절 그런즉 심는 이나 물 주는 이는 아무 것도 아니로되 오직 자라게 하시는 이는 하나님뿐이니라

바울은 다시 한 번 사람의 역할이 아무 것도 아니라는 사실을 말합니다. 심는 이와 물을 주는 이는 아무 것도 아닙니다. 이 말은 심고 물을 주는 것을 무시하는 발언이 아닙니다. 당연히 심고 자라나게 하는 것도 귀한 일입니다. 그러나 자라나게 하시는 하나님과 비교하면 사실 심고 물을 주는 것은 아무것도 아니라는 말입니다.

8절 심는 이와 물 주는 이는 한가지이나 각각 자기가 일한 대로 자기의 상을 받으리라

심는 이와 물 주는 이, 곧 복음을 전하는 자와 양육하는 자는 한 가지라는 말은 중요성에서 아무런 차이가 없다는 말입니다. 복음을 전하는 자가 양육하는 자보다 더 중요한 것이 아닙니다. 혹은 양육하는 사람이 복음을 전하는 자보다 더 중요한 것이 아닙니다. 복음전도자나 양육자나 중요성에서 아무런 차등이 없습니다. 그저 각각 자기가 일한대로 자신의 상을 받을 뿐입니다. 우리는 모두 각자 자신의 사명을 따라 일하고 일한대로 상급을 받을 뿐입니다. 그러므로 중요한 것은 자신에게 맡겨진 사명을 따라 충성스럽게 일하는 것입니다.

9절 우리는 하나님의 동역자들이요 너희는 하나님의 밭이요 하나님의 집이니라

바울과 아볼로는 하나님의 동역자들입니다. 그들은 하나님의 밭인 고린도교회에서 함께 일한 하나님의 동역자들입니다. 9절의 마지막에 '하나님의 집'이라는 단어가 나옵니다. 지금까지 바울이 농장의 비유를 사용했다면 이제 바울은 건물의 비유를 사용합니다. '하나님의 집'이라는 단어는 농장의 비유에서 건물의 비유로 옮겨가는 키워드라고 볼 수 있습니다.

2. 하나님의 집(3:10-15)

> ¹⁰내게 주신 하나님의 은혜를 따라 내가 지혜로운 건축자와 같이 터를 닦아 두매 다른 이가 그 위에 세우나 그러나 각각 어떻게 그 위에 세울까를 조심할지니라 ¹¹이 닦아 둔 것 외에 능히 다른 터를 닦아 둘 자가 없으니 이 터는 곧 예수 그리스도라 ¹²만일 누구든지 금이나 은이나

> 보석이나 나무나 풀이나 짚으로 이 터 위에 세우면 ¹³각 사람의 공적이 나타날 터인데 그 날이 공적을 밝히리니 이는 불로 나타내고 그 불이 각 사람의 공적이 어떠한 것을 시험할 것임이라 ¹⁴만일 누구든지 그 위에 세운 공적이 그대로 있으면 상을 받고 ¹⁵누구든지 그 공적이 불타면 해를 받으리니 그러나 자신은 구원을 받되 불 가운데서 받은 것 같으리라

10절 내게 주신 하나님의 은혜를 따라 내가 지혜로운 건축자와 같이 터를 닦아 두매 다른 이가 그 위에 세우나 그러나 각각 어떻게 그 위에 세울까를 조심할지니라

바울은 이미 앞에서 십자가에 못 박히신 그리스도가 하나님의 참된 지혜라는 사실을 명확하게 진술했습니다. 이제 바울은 그 참된 지혜를 따라 십자가에 못 박히신 그리스도를 전파하여 고린도교회의 기초를 닦았습니다. 그리고 이제 다른 사람들이 그 기초 위에 고린도교회를 세워나갑니다. 바울은 그들을 향하여 어떻게 세울까 조심하라고 권고합니다. 그 말은 곧 바울이 십자가에 못 박히신 그리스도를 전파하여 교회의 기초를 놓았으니 그 기초 위에 교회를 세우는 사람 역시 다른 어떤 것이 아닌 '십자가에 못 박히신 그리스도'로 세워야 한다는 말입니다.

11절 이 닦아 둔 것 외에 능히 다른 터를 닦아 둘 자가 없으니 이 터는 곧 예수 그리스도라

바울은 자신이 십자가에 못 박히신 그리스도를 기초로 삼아 교회를 세웠다는 사실을 강조하면서 그 기초 외에 다른 기초는 있을 수 없다고 말합니다. 오늘날 종교다원주의자들은 지속적으로 예수 그리스도의 유일성을 공격합니다. 기독교는 독선적이라고 공격합니다. 그러나 아무리 세상이 변해도 절대로 양보하지

말고 지켜야 할 구원의 진리가 있습니다. 그것은 바로 그리스도의 유일성입니다. 그래서 바울은 이 닦아 둔 것 외에 능히 다른 터를 닦아 둘 자가 없다고 강하게 선포합니다.

12절 만일 누구든지 금이나 은이나 보석이나 나무나 풀이나 짚으로 이 터 위에 세우면

이제 바울은 예수 그리스도라는 터 위에 집을 지을 재료를 소개합니다. 여기 나오는 여섯 가지 재료는 크게 둘로 구분됩니다. 금이나 은이나 보석은 불에 타지 않는 재료를 가리키고, 나무나 풀이나 짚은 불에 타버리는 재료를 가리킵니다. 여기서 금이나 은이나 보석은 하나님의 말씀을 상징하고, 나무나 풀이나 짚은 세상적인 가르침을 상징합니다. 바울은 예수 그리스도를 교회의 기초로 세웠습니다. 어떤 사람들은 그 기초 위에 하나님의 말씀으로 집을 짓지만 다른 사람들은 그 기초 위에 세상적인 가르침으로 집을 짓습니다.

13절 각 사람의 공적이 나타날 터인데 그 날이 공적을 밝히리니 이는 불로 나타내고 그 불이 각 사람의 공적이 어떠한 것을 시험할 것임이라 **14절** 만일 누구든지 그 위에 세운 공적이 그대로 있으면 상을 받고 **15절** 누구든지 그 공적이 불타면 해를 받으리니 그러나 자신은 구원을 받되 불 가운데서 받은 것 같으리라

마지막 심판 날이 되면 각 사람의 공적을 불로 시험할 것입니다. 그 날에 불로 시험해도 그 공적이 그대로 남아 있으면 상을 받을 것이고, 불에 타 버리면 해를 받을 것입니다. 겉으로 볼 때는 둘 다 집입니다. 그러나 변하지 않는 하나님의 말씀으로 집을 짓는 자와 세상적인 가르침으로 집을 짓는 자는 큰 차이가 있습니다. 바울은 십자가에 못 박힌 그리스도로 기초를 놓았습니다. 그러므로 그

위에 집을 짓는 자들도 십자가에 못 박힌 그리스도로 집을 지어야 합니다. 그렇지 않고 세상적인 가르침으로 집을 지으면 마지막 날에 그 모든 사역이 다 물거품이 되고 말 것입니다. 그렇게 되면 그 사람은 구원을 받아도 불 가운데서 겨우 구원을 받게 될 것입니다. 구원은 받는다고 해도 일평생 감당한 사역이 모두 물거품이 된다면 얼마나 안타까운 일이겠습니까?

하나님의 말씀으로 집을 지으나 세상적인 가르침으로 집을 지으나 이 땅에서는 크게 차이가 나지 않을 수 있습니다. 사람의 눈은 얼마든지 속일 수 있기 때문입니다. 사실 십자가에 달리신 그리스도로 집을 짓는 것보다 세상적인 가르침으로 집을 짓는 것이 훨씬 더 쉽습니다. 십자가에 달리신 그리스도를 전하는 것은 그다지 매력적인 일이 아닙니다. 십자가에 달린 그리스도를 전하려면 늘 인간의 근원적인 죄를 지적해야 합니다. 죄를 지적하는 소리를 듣기 좋아하는 사람은 아무도 없습니다. 십자가에 달린 그리스도보다는 세상적인 가르침이 귀에 듣기 좋습니다. 오늘날 많은 목회자들과 성도들이 이런 미혹에 넘어갑니다. 그러나 사람의 눈은 속일 수 있어도 하나님의 눈은 속일 수 없습니다. 이 땅에서는 구분이 되지 않을지 모르지만 마지막 심판 날이 되면 다 구분됩니다. 그러므로 세상적인 가르침이 아니라 하나님의 말씀으로 교회를 세워야 합니다. 오직 십자가에 달리신 그리스도로 주님의 몸인 교회를 세워야 합니다. 그래야 마지막 심판 날에도 그 공적이 남아 상을 받게 됩니다.

3. 하나님의 성전(3:16-17)

> ¹⁶너희는 너희가 하나님의 성전인 것과 하나님의 성령이 너희 안에 계시는 것을 알지 못하느냐 ¹⁷누구든지 하나님의 성전을 더럽히면 하나님이 그 사람을 멸하시리라 하나님의 성전은 거룩하니 너희도 그러하니라

16절 너희는 너희가 하나님의 성전인 것과 하나님의 성령이 너희 안에 계시는 것을 알지 못하느냐

이제 바울은 고린도교회 성도들에게 하나님의 백성이 된다는 것의 의미를 정확히 설명합니다. 성도들은 하나님의 성전입니다. 여기서 성도들이 성전이라는 말은 성도들 개개인이 성전이라는 의미보다는 성도들로 구성된 교회가 하나님의 성전이라는 뜻입니다. 물론 신약성경은 성도 개개인을 성령의 전으로 묘사하기도 합니다(고전 6:19). 그러나 문맥을 볼 때 이 말씀에서는 성도 개개인이 아니라 교회 전체를 가리키는 것으로 보입니다. 그렇다면 바울이 교회를 하나님의 성전이라고 부른 이유는 무엇일까요? 그 이유는 하나님의 성령이 교회 가운데 계시기 때문입니다. 이런 공동체적 성격을 감안한다면 이 구절에서 '너희 안에'도 '너희 가운데'로 해석하는 것이 바람직합니다. 하나님의 성령이 교회 안에 거하시기 때문에 교회는 곧 하나님의 성전인 것입니다.

17절 누구든지 하나님의 성전을 더럽히면 하나님이 그 사람을 멸하시리라 하나님의 성전은 거룩하니 너희도 그러하니라

앞에서 설명했던 것처럼 여기서 하나님의 성전은 교회를 가리킵니다. 하나님은 하나님의 성전, 곧 교회를 더럽히는 사람을 멸하실 것입니다. 구약에서 하나님의 성전을 더럽힌 자는 사형을 당하거나 혹은 백성 중에서 끊어졌습니다. 바울은 그런 구약적 사상에 근거하여 하나님의 성전인 교회를 더럽힌 자는 심판을 당할 것이라고 선언합니다. 구약시대의 하나님의 성전이 거룩하다면 하나님의 성령을 모신 새로운 성전인 신약시대의 교회도 역시 거룩합니다.

그렇다면 여기에서 더럽혔다는 말은 구체적으로 무엇을 가리킬까요? 고린도교회의 상황을 감안한다면 이것은 곧 고린도교회 안에 존재하던 분쟁을 가리킵니다. 교회 안에서 벌어지는 분쟁은 결국 하나님의 성전인 교회를 더럽히는 것입니다. '더럽힌다'는 말에는 또한 '파괴한다'는 뜻도 있습니다. 따라서 교회 안에서 분쟁을 벌이는 것은 결국 교회를 파괴하는 것이 됩니다. 왜냐하면 하나님의 성전인 교회의 하나됨을 깨트리는 것이기 때문입니다.

한국교회는 그 동안 분쟁이나 분열을 지나치게 가볍게 생각했습니다. 교회 안에서 다툼이 생기면 쉽게 둘로 갈라져서 분열했습니다. 심지어 그렇게 하여 교회가 성장하면 그것을 전화위복이라도 되는 것처럼 생각했습니다. 그래서 교단도 갈라지고 교회도 갈라졌습니다. 그런 분열을 한 나무에 많은 가지가 있는 것으로 설명하기도 하였습니다. 가지가 많으면 열매가 많으니 더 좋다는 것입니다. 교회의 비밀을 제대로 몰랐기 때문에 벌어진 일입니다. 그 결과 우리는 지금 도저히 되돌릴 수 없을 정도로 심하게 분열되어 버렸습니다. 잘못된 것을 고치려고 해도 너무 많은 교단과 신학교로 분열되었기 때문에 어느 누구도 통제할 수 없는 상황이 되어 버렸습니다. 그것이 바로 우리 한국교회의 비극입니다. 이 모든 일이 작은 분열에서 시작된 것입니다.

사실 고린도교회의 분쟁은 완전히 분열될 정도의 갈등도 아니었습니다. 그저 자신이 좋아하는 지도자를 지나치게 따르고 추종한 것뿐입니다. 그런데 바울은 그 문제를 심각하게 생각하고 간절히 권면합니다. 바울은 교회의 비밀을 제대로 알았기 때문에 분열의 조짐만 보고도 이토록 간절하게 권고하는 것입니다. 교회의 하나됨은 매우 중요한 본질적인 문제입니다. 교회가 하나 될 때 세상에 바른 메시지를 선포할 수 있습니다. 바른 영향력을 발휘할 수 있습니다. 세상이 온통 다투고 분열할 때 하나 된 교회는 세상을 향한 강력한 메시지가 됩니다. 그러므로 교회는 하나됨을 끝까지 지켜야 합니다. 하나됨을 지키는 가장 확실한 길은 사람을 높이지 말고 오직 그리스도만 높이는 것입니다. 사람을 자랑하지 말고 오직 그리스도만 자랑하는 것입니다. 그럴 때 그리스도 안에서 하나가 되어 십자가에 죽으신 그리스도만 드러내고 전할 수 있습니다.

4. 하나님의 지혜(3:18-23)

> [18]아무도 자신을 속이지 말라 너희 중에 누구든지 이 세상에서 지혜 있는 줄로 생각하거든 어리석은 자가 되라 그리하여야 지혜로운 자가 되리라 [19]이 세상 지혜는 하나님께 어리석은 것이니 기록된 바 하나님은 지혜 있는 자들로 하여금 자기 꾀에 빠지게 하시는 이라 하였고 [20]또 주께서 지혜 있는 자들의 생각을 헛것으로 아신다 하셨느니라 [21상]그런즉 누구든지 사람을 자랑하지 말라 [21하]만물이 다 너희 것임이라 [22]바울이나 아볼로나 게바나 세계나 생명이나 사망이나 지금 것이나 장래 것이나 다 너희의 것이요 [23]너희는 그리스도의 것이요 그리스도는 하나님의 것이니라

이제 바울은 다시 1장에서 언급했던 지혜의 주제를 다룹니다. 이 단락을 읽다 보면 마치 바울이 지혜를 부정적으로 보고 무시하는 것처럼 보입니다. 그러나 바울의 의도는 지혜를 무시하는 것이 아닙니다. 다만 이 세상의 지혜로는 하나님의 구원을 이해할 수 없기 때문에 차라리 이 세상 지혜에 대해서는 어리석은 자가 되라는 반어법을 사용하는 것입니다.

18절 아무도 자신을 속이지 말라 너희 중에 누구든지 이 세상에서 지혜 있는 줄로 생각하거든 어리석은 자가 되라 그리하여야 지혜로운 자가 되리라

왜 바울은 아무도 자신을 속이지 말라고 했을까요? 자신을 속이는 것은 무엇을 가리킬까요? 여기서 자신을 속이는 것은 스스로 자기 자신을 지혜 있다고 생각하는 교만을 가리킵니다. 스스로 자신을 지혜롭다고 생각한 고린도교회 성도들은 하나님의 지혜인 십자가에 못 박힌 그리스도를 제대로 이해하지 못했습니다. 그들은 결국 하나님의 지혜를 이해하지 못하는 어리석은 자가 되고 말았습니다. 그래서 바울은 이 세상의 지혜에 대해서는 차라리 어리석은 자가 되라고 권합니다. 왜 바울은 이렇게 역설적으로 권고할까요? 그 이유는 차라리 이 세상의 지혜에 대해 어리석은 자가 되면 도리어 하나님의 지혜를 이해할 수 있을 것이기 때문입니다. 그래서 바울은 "이 세상에서 지혜 있는 줄로 생각하거든 어리석은 자가 되라 그리하여야 지혜로운 자가 되리라."라고 말하는 것입니다.

19절 이 세상 지혜는 하나님께 어리석은 것이니 기록된 바 하나님은 지혜 있는 자들로 하여금 자기 꾀에 빠지게 하시는 이라 하였고 20절 또 주께서 지혜 있는 자들의 생각을 헛것으로 아신다 하셨느니라

원문에서는 19절이 '왜냐하면'이라는 접속사로 시작됩니다. 이제 바울은 이 세상의 지혜에 대해 어리석은 자가 되어야 진정으로 지혜로운 자가 되리라고 말한 이유를 설명합니다. 그 이유는 이 세상의 지혜는 하나님께 어리석은 것이기 때문입니다. 왜 이 세상의 지혜가 하나님께 어리석은 것입니까? 앞에서도 말씀드렸지만 이 세상의 지혜는 십자가에 달린 그리스도가 하나님의 지혜라는 사실을 깨닫지 못하게 만들기 때문입니다.

이제 바울은 자신의 설명을 납득시키기 위해 구약성경 두 구절을 인용합니다. 먼저 19절에서는 욥기 5:13을 인용합니다. "지혜로운 자가 자기의 계략에 빠지게 하시며 간교한 자의 계략을 무너뜨리시므로" 하나님은 지혜로운 자가 자기의 계략에 빠지게 하십니다. 히브리어 성경을 직역하면 "하나님은 지혜로운 자를 그들의 지혜를 통해 사로잡는다"는 뜻이 됩니다. 하나님은 얕은 꾀를 쓰는 자들을 그들의 꾀로 사로잡는 분입니다. 그 다음에 20절에서는 시편 94:11을 인용합니다. "여호와께서는 사람의 생각이 허무함을 아시느니라" 사람들은 자신이 매우 지혜롭다고 생각하지만 하나님께서 보실 때 그것은 결국 허무한 것에 불과합니다. 우리 하나님은 사람의 생각이 허무함을 다 아시는 분입니다. 이런 말씀을 통해 알 수 있는 것처럼 사람의 지혜라는 것은 그리 대단한 것이 아닙니다. 이 세상에서 가장 고귀한 지혜인 하나님의 지혜를 이해하는 데는 아무런 도움이 되지 않습니다.

21절 상 그런즉 누구든지 사람을 자랑하지 말라

이제 바울은 자신의 논증을 결론짓습니다. 그러므로 누구든지 사람을 자랑하지 말아야 합니다. 여기서 사람을 자랑하지 말라는 말은 일차적으로 1장에서 지

적했던 것처럼 바울이나 아볼로나 게바를 자랑하지 말라는 말입니다. 그렇지만 바울은 한걸음 더 나아가 사람을 자랑하는 것 자체를 하지 말라고 말합니다. 왜냐하면 우리 그리스도인이 자랑할 분은 오직 십자가에 달리신 그리스도밖에 없기 때문입니다. 그 외에 어떤 인간이나 어떤 지혜도 우리가 자랑할 대상이 아닙니다.

21절 하 만물이 다 너희 것임이라 **22절** 바울이나 아볼로나 게바나 세계나 생명이나 사망이나 지금 것이나 장래 것이나 다 너희의 것이요 **23절** 너희는 그리스도의 것이요 그리스도는 하나님의 것이니라

21절은 두 부분으로 나누어서 이해해야 합니다. 21절 하반절을 시작할 때 다시 '왜냐하면'이라는 접속사가 나옵니다. 그것은 곧 이제 바울이 지금까지의 논증의 근거를 설명한다는 뜻입니다. 고린도교회 성도들은 그 동안 자신들을 개인적인 존재들로 이해했습니다. 그래서 "나는 바울의 것이다, 아볼로의 것이다, 게바의 것이다"라고 주장한 것입니다. 그러나 바울은 고린도교회 성도들을 공동체로 이해하고 있습니다. 그 동안 고린도교회 성도들은 자신들이 따르던 목회자들을 별도의 구별된 존재로 생각했습니다. 그러나 그 목회자들도 결국 교회 공동체의 일원입니다. 고린도교회 성도들과 달리 바울은 이제 공동체적으로 이 문제를 바라봅니다.

공동체적인 시각으로 본다면 바울이나 아볼로나 게바도 교회에 속한 자들입니다. 또한 세계와 생명과 사망과 지금 것과 장래 것도 다 교회에 속한 것들입니다. 아담의 범죄로 이 세상은 타락하였습니다. 그런데 예수 그리스도께서 오셔서 십자가에 죽으시고 부활하심으로 이 모든 것을 다 새롭게 구속하셨습니다.

그리고 그 모든 것을 다 교회에게 허락하셨습니다. 우리는 그리스도 안에서 생명을 얻었습니다. 그러므로 이제 미래도 우리의 것이 되었습니다. 미래가 우리의 것이므로 죽음도 우리의 것입니다. 또한 우리는 영생을 지금 이 곳에서부터 누리기 시작합니다. 그러므로 현재도 우리의 것입니다. 이와같이 그리스도 안에서 거듭난 자들에게는 생명이나 사망이나 지금 것이나 장래 것이 다 우리의 것입니다.

지금 바울이 만물이 너희 것이라고 말한 요지는 바로 이것입니다. 하나님은 그리스도 안에서 우리에게 모든 것을 다 허락해 주셨습니다. 우리는 교회 공동체를 이루었고 교회는 이 모든 것을 다 누리게 되었습니다. 이것이 바로 교회의 비밀입니다. 이 모든 것은 다 교회에게 속한 것입니다. 그런데 고린도교회 성도들은 여전히 자신이 바울에게 속했고, 아볼로에게 속했고, 게바에게 속했다고 말하고 있습니다. 그게 아니고 오히려 그들이 교회에게 속한 것입니다. 그리고 교회는 그리스도에게 속한 것이고, 그리스도는 하나님께 속한 것입니다. 따라서 모든 것은 다 하나님의 것입니다. 우리는 지금 그 하나님의 것을 누리도록 허락받은 교회 공동체를 이루고 있습니다. 따라서 교회 안에 있는 특정한 사람을 높이는 것은 바른 태도가 아닙니다. 모든 사람이 다 교회에 속했고, 교회는 그리스도에게 속했으며, 그리스도는 하나님께 속했습니다. 따라서 우리는 오직 그리스도 안에서 하나님만 높여야 합니다.

<복습 및 나눔질문>

1. '육신에 속한 자'란 구체적으로 어떤 사람을 가리킬까요?(3:1) 왜 이런 문제가 발생할까요?

2. 불 가운데서 얻은 구원이란 구체적으로 무엇을 가리킬까요?(3:15)

3. 하나님의 성전을 더럽힌다는 말씀의 의미는 무엇입니까?(3:17) 그런 의미에 기초하여 한국교회의 분열의 문제에 대해 생각해 보십시오. 왜 이런 분열이 발생했을까요? 어떻게 하면 이런 분열의 문제를 극복할 수 있을까요?

4. 교회 내에서 특정한 사람을 높이는 것은 어떤 면에서 잘못된 일일까요? (3:21-23)

5. 이 장을 읽으면서 내 마음에 가장 와 닿았던 문장은 어떤 것입니까? 그 이유가 무엇이라고 생각하십니까?

≡ 1 CORINTHIANS ≡
고린도전서

4장

고린도전서 4장에서 바울은 1장에서 다루기 시작한 분쟁의 문제를 마무리합니다. 4장은 분쟁의 문제와 직접적인 관련이 없는 것처럼 보이지만 주의 깊게 보면 이 장도 역시 분쟁의 문제와 깊은 관련을 갖고 있습니다.

1. 그리스도의 일꾼의 충성(4:1-5)

> ¹사람이 마땅히 우리를 그리스도의 일꾼이요 하나님의 비밀을 맡은 자로 여길지어다 ²그리고 맡은 자들에게 구할 것은 충성이니라 ³너희에게나 다른 사람에게나 판단 받는 것이 내게는 매우 작은 일이라 나도 나를 판단하지 아니하노니 ⁴내가 자책할 아무 것도 깨닫지 못하나 이로 말미암아 의롭다 함을 얻지 못하노라 다만 나를 심판하실 이는 주시니라 ⁵그러므로 때가 이르기 전 곧 주께서 오시기까지 아무 것도 판단하지 말라 그가 어둠에 감추인 것들을 드러내고 마음의 뜻을 나타내시리니 그 때에 각 사람에게 하나님으로부터 칭찬이 있으리라

언뜻 보면 이 단락은 앞의 내용과 아무 관계가 없는 것처럼 보입니다. 그렇지만 이 말씀도 역시 고린도교회에 만연하였던 분파의 문제와 관련이 있습니다. 분파의 문제는 그리스도의 일꾼에 불과한 바울이나 베드로를 지나치게 높였기 때문에 발생한 문제였습니다. 그래서 바울은 이 단락에서 그리스도의 일꾼에 대해 취해야 할 태도에 관하여 말씀을 전합니다.

1절 사람이 마땅히 우리를 그리스도의 일꾼이요 하나님의 비밀을 맡은 자로 여길지어다

이 말씀은 성도들이 목회자를 어떤 시각으로 바라보는 것이 옳은지 교훈합니다. 성도들은 목회자를 마땅히 '그리스도의 일꾼'과 '하나님의 비밀을 맡은 자'

로 여겨야 합니다. 왜 지금 바울은 여기서 목회자를 바라보는 시각에 대해 말씀하고 있을까요? 당시 고린도교회에서 발생한 분파의 문제는 목회자들을 과도하게 높였다가 발생한 일이었습니다. 그래서 바울은 목회자가 무엇을 하는 존재인가를 설명합니다.

이 구절에서는 목회자를 두 가지로 호칭합니다. 첫째는 '일꾼'으로, 둘째는 '맡은 자'로 부릅니다. '일꾼'이라는 말은 단순히 종이라는 말입니다. 바울은 자신을 포함한 목회자들을 단순히 그리스도의 종이라고 묘사합니다. 목회자들은 그리스도의 명령을 따라 맡은 일을 감당하는 종일뿐입니다. '맡은 자'라는 단어는 청지기를 가리킵니다. 바울을 비롯한 목회자들은 하나님의 비밀을 맡은 청지기일 뿐입니다. 여기서 하나님의 비밀이란 인간을 구원하기 위한 하나님의 계획을 가리킵니다. 결국 목회자는 인간을 구원하기 위한 하나님의 계획을 사람들에게 전하는 일을 맡은 청지기일 뿐입니다.

따라서 성도들은 목회자를 그리스도의 명령을 따르는 일꾼과 하나님의 계획을 전하는 일을 맡은 청지기로 여겨야 합니다. 여긴다는 말은 그렇게 생각하고 그런 존재로 간주하라는 말입니다. 목회자들을 지나치게 함부로 여기는 것도 문제이지만 목회자를 필요 이상으로 높이는 것도 심각한 문제입니다. 왜 그것이 심각한 문제입니까? 목회자를 지나치게 높이면 사람이 하나님의 자리를 차지하여 하나님의 영광이 가려지기 때문입니다.

만약 고린도교회의 경우처럼 목회자들을 지나치게 높이면 그 목회자를 중심으로 파벌이 형성되고 그것은 결국 교회의 하나됨을 해치는 결과를 낳습니다. 그러므로 성도들은 목회자를 그리스도의 명령을 따르는 일꾼으로, 하나님의 계획을 사람들에게 알리는 청지기로 여겨야 합니다. 그 이상도 그 이하도 아닙니다. 그저 일꾼과 청지기로 여기면 됩니다. 그리고 성도들이 진정으로 바라보아야 할 분은 목회자들에게 그 복음사역을 맡기신 하나님입니다. 그 일을 맡은 목회자가 아니라 그 일을 맡기신 하나님을 바라보는 것은 너무 당연한 것이 아닐까요?

2절 그리고 맡은 자들에게 구할 것은 충성이니라

목회자들은 하나님의 비밀을 맡은 자들입니다. 1절에서 설명한 것처럼 성도들은 목회자들을 하나님의 비밀을 맡은 청지기로 여겨야 합니다. 그렇다면 목회자에게 요구되는 태도는 무엇일까요? 하나님의 비밀을 맡은 청지기에게는 충성이 요구됩니다. 그렇다면 구체적으로 무엇에 충성해야 할까요? 사도 바울은 일생 동안 자신이 맡은 복음전파에 충실했습니다. 복음에는 사람을 구원하기 위한 하나님의 계획이 담겨 있습니다. 그러므로 목회자들은 그 복음을 전하는 일에 충성을 다해야 합니다. 하나님께서 성공을 요구하지 않고 충성을 요구하신다는 것은 참으로 감사한 일입니다. 만약 하나님께서 성공을 요구하셨다면 능력이 부족한 사람은 아무리 애써도 그 요구를 제대로 감당할 수 없을 것입니다. 그러나 충성은 능력과 관계없이 누구나 할 수 있습니다. 생각하면 생각할수록 감사한 일입니다. 성공은 주인의 몫입니다. 청지기에게 필요한 것은 성공이 아니라 다만 충성입니다.

3절 너희에게나 다른 사람에게나 판단 받는 것이 내게는 매우 작은 일이라 나도 나를 판단하지 아니하노니

바울은 다른 사람들에게 판단 받는 것을 작은 일로 여긴다고 말합니다. 그 말은

곧 자신을 판단할 수 있는 분은 자신에게 이 사명을 맡긴 하나님밖에 없다는 뜻입니다. 사람의 판단을 중요하게 여기면 위선적인 사람이 될 가능성이 높습니다. 바울은 지금까지 여러 사역자들과 함께 다양한 성도들을 대상으로 사역을 감당했습니다. 그렇지만 그들에게 판단 받는 것은 중요한 것으로 여기지 않습니다. 그는 다만 하나님의 판단만 중요하게 여길 뿐입니다. 심지어 자기 자신도 자신을 판단하지 않습니다. 오직 하나님의 판단만이 참되고 온전한 판단이기 때문입니다.

4절 내가 자책할 아무 것도 깨닫지 못하나 이로 말미암아 의롭다 함을 얻지 못하노라 다만 나를 심판하실 이는 주시니라

바울은 자신이 스스로 자책할 만한 것이 없다고 생각합니다. 이 말만 보면 바울은 마치 공로주의에 물든 상당히 교만한 사람처럼 보입니다. 그러나 바울은 곧이어 그것으로 말미암아 의롭다 함을 얻지 못한다고 고백합니다. 이 말은 곧 자신이 스스로 생각할 때 아무리 잘했다고 생각해도 그것으로 의롭다함을 얻을 수는 없다는 뜻입니다. 이 말씀의 의도가 무엇인지는 4절의 마지막에 정확히 드러납니다. 그 이유는 바울을 심판하실 분은 주님 밖에 없다고 믿기 때문입니다. 이런 고백은 바울이 얼마나 강력한 종말론적 신앙을 가졌는지 잘 보여줍니다. 종말론적 신앙이란 종말에 있을 최종적인 심판을 늘 염두에 두고 사는 신앙을 가리킵니다. 그런 사람은 이 땅에서 상 받는 것에 연연하지 않습니다. 종말에 하나님께 받을 상이 제일 중요하다고 믿기 때문입니다. 또한 그런 사람은 이 땅에서 사람들의 비난에도 크게 연연하지 않습니다. 하나님의 판단이 가장 중요하다고 믿기 때문입니다. 이 땅에서 주님의 종과 일꾼으로 바르게 살려면 이런 종말론적 신앙을 가질 필요가 있습니다. 그렇지 않으면 늘 사람들의 시선을 의식하다가 위선적인 신앙을 가질 가능성이 높습니다. 그러므로 날마다 다시 오실

주님을 바라보며 주님의 심판대에서 최종적인 의롭다함을 받기를 간절히 사모해야 합니다.

5절 그러므로 때가 이르기 전 곧 주께서 오시기까지 아무 것도 판단하지 말라 그가 어둠에 감추인 것들을 드러내고 마음의 뜻을 나타내시리니 그 때에 각 사람에게 하나님으로부터 칭찬이 있으리라

이제 바울은 고린도교회 성도들에게 주님이 오실 때까지 목회자들을 인간적인 눈으로 판단하지 말라고 권고합니다. 이 말은 바울 자신의 힘겨웠던 경험에서 나온 권면입니다. 바울은 고린도교회 성도들에게 많은 판단을 받았습니다. 심지어는 생활비를 받지 않고 자비량으로 일하는 것조차 비난거리가 되었습니다. 목회자로서 떳떳하지 못하기 때문에 받지 못하는 것이 아니냐고 질책했던 것입니다. 그런 정죄와 비난은 바울을 많이 힘들게 하였습니다. 그래서 바울은 목회자들을 인간적으로 판단하지 말라고 간곡히 권고합니다.

바울이 이런 권고를 하는 것은 앞에서 설명한 목회적인 이유 때문만이 아닙니다. 사실 바울의 권고에는 종말에 관한 신학적인 배경이 있습니다. 종말이 되면 하나님은 어둠에 감추인 것들을 드러내고 마음의 뜻을 나타내실 것입니다. 사실 하나님 앞에서 숨길 수 있는 것은 아무것도 없습니다. 하나님은 지금도 모든 것을 다 알고 계십니다. 다만 아직 드러내지 않고 계실 뿐입니다. 그러나 마지막 날이 되면 하나님은 그 모든 숨은 것들을 백일하에 드러내실 것입니다.

하나님께서 숨은 것을 드러내시는 방법은 단순합니다. 어두운 곳에 빛을 비추면 그 어둠 속에 숨겨졌던 것들이 모두 드러나게 되어 있습니다. 그러면 각 사람

의 내면의 동기가 다 드러납니다. 선한 마음으로 주님의 일을 했는지 아니면 악한 동기를 숨기고 위선적으로 일했는지 다 드러나게 되어 있습니다. 그 날에 선한 동기로 순수하게 주님을 섬긴 이들은 하나님으로부터 칭찬을 받게 될 것입니다. 우리가 진정으로 기대해야 할 것은 바로 하나님의 상입니다. 종말에 하나님께 받는 상은 이 세상의 어떤 상과도 비교할 수 없을 정도로 소중한 가치가 있는 것입니다. 그러므로 이 땅에서 상 받기를 기대하지 말고 그 날에 하나님께 칭찬 받기를 기대하십시오.

2. 그리스도의 일꾼의 표시(4:6-13)

[6]형제들아 내가 너희를 위하여 이 일에 나와 아볼로를 들어서 본을 보였으니 이는 너희로 하여금 기록된 말씀 밖으로 넘어가지 말라 한 것을 우리에게서 배워 서로 대적하여 교만한 마음을 가지지 말게 하려 함이라 [7]누가 너를 남달리 구별하였느냐 네게 있는 것 중에 받지 아니한 것이 무엇이냐 네가 받았은즉 어찌하여 받지 아니한 것 같이 자랑하느냐 [8]너희가 이미 배부르며 이미 풍성하며 우리 없이도 왕이 되었도다 우리가 너희와 함께 왕 노릇 하기 위하여 참으로 너희가 왕이 되기를 원하노라 [9]내가 생각하건대 하나님이 사도인 우리를 죽이기로 작정된 자 같이 끄트머리에 두셨으매 우리는 세계 곧 천사와 사람에게 구경거리가 되었노라 [10]우리는 그리스도 때문에 어리석으나 너희는 그리스도 안에서 지혜롭고 우리는 약하나 너희는 강하고 너희는 존귀하나 우리는 비천하여 [11]바로 이 시각까지 우리가 주리고 목마르며 헐벗고 매맞으며 정처가 없고 [12]또 수고하여 친히 손으로 일을 하며 모욕을 당한즉 축복하고 박해를 받은즉 참고 [13]비방을 받은즉 권면하니 우리가 지금까지 세상의 더러운 것과 만물의 찌꺼기 같이 되었도다

6절 형제들아 내가 너희를 위하여 이 일에 나와 아볼로를 들어서 본을 보였으니 이는 너희로 하여금 기록된 말씀 밖으로 넘어가지 말라 한 것을 우리에게서 배워 서로 대적하여 교만한 마음을 가지지 말게 하려 함이라

'나와 아볼로를 들어서 본을 보였'다는 말은 고린도교회 성도들을 가르치기 위해 바울과 아볼로를 예로 들었다는 말입니다. 이것은 아마도 바울이 3:5-6에서 자신은 심었고 아볼로는 물을 주었다고 한 말을 가리키는 것 같습니다. 그렇다면 바울이 자신과 아볼로를 예로 들어 고린도교회 성도들을 가르친 이유는 무엇입니까? 그것은 바로 고린도교회 성도들을 말씀의 원리에 따라 사는 사람들로 세우기 위해서입니다. 당시 고린도교회 성도들은 하나님의 말씀이 아니라 그 말씀을 가르쳐 준 사람들을 의지했습니다. 또한 말씀을 의지하기보다 자신들의 체험을 더욱 의지했습니다. 그 결과 서로 대적하여 교만한 마음을 품었습니다. 바울은 그런 고린도교회 성도들을 말씀의 사람들로 세우기 위해 자신과 아볼로를 예로 들어 설명한 것입니다. "나는 심었고 아볼로는 물을 주었으되 오직 하나님께서 자라나게 하셨나니(3:5-6)" 하나님의 말씀에 따라 자기 역할을 감당한다면 어느 누구도 감히 교만한 마음을 품지 못할 것입니다.

7절 누가 너를 남달리 구별하였느냐 네게 있는 것 중에 받지 아니한 것이 무엇이냐 네가 받았은즉 어찌하여 받지 아니한 것 같이 자랑하느냐

"누가 너를 남달리 구별하였느냐"라는 말은 "누가 너를 다른 사람보다 뛰어난 사람으로 여기느냐"라는 말입니다. 1장에 나오는 것처럼 당시 고린도교회 성도들은 "나는 바울에게 속했다" "나는 아볼로에게 속했다" "나는 게바에게 속했다"고 자랑했습니다. 그것은 결국 자기를 자랑하기 위한 것입니다. 자신이 바

울에게 양육 받은 특별한 사람이라는 것을 내세우기 위해 바울에게 속했다고 자랑한 것입니다. 바울은 그런 사람들에게 반문합니다. "네게 있는 것 중에 받지 아니한 것이 무엇이냐" 그 말은 "너희들의 구원이 하나님의 은혜가 아니냐?"는 말입니다. 사실 고린도교회 성도들이 누리고 있는 구원은 전적으로 하나님의 은혜입니다. 은혜는 거저 받는 것이므로 자랑할 것이 없습니다. 여기서 자랑한다는 말은 공로를 내세운다는 말입니다. 은혜는 내 능력으로 이룬 것이 아니므로 결코 내 공로를 내세울 수 없습니다. 그런데 지금 고린도교회 성도들은 마치 은혜로 받은 것이 아닌 것처럼 자신들의 공로를 내세우고 있습니다. 바울은 그런 성도들에게 "어찌하여 받지 아니한 것같이 자랑하느냐"고 반문합니다.

8절 너희가 이미 배부르며 이미 풍성하며 우리 없이도 왕이 되었도다 우리가 너희와 함께 왕 노릇 하기 위하여 참으로 너희가 왕이 되기를 원하노라

이 구절은 고린도교회 성도들의 잘못된 종말론적 신앙을 잘 보여줍니다. 고린도교회 성도들은 이미 배부르고 풍성하였습니다. 성경적인 종말론은 하나님의 나라가 이미 시작되었지만 아직 완성되지는 않았다는 것입니다. 우리 그리스도인들은 이미 시작되었지만 아직 완성되지 않은 나라에 사는 자들입니다. 따라서 우리는 하나님 나라의 영광과 특권을 누리는 것이 아니라 그 나라의 완성을 위해 분투하는 삶을 살아야 합니다. 그런데 고린도교회 성도들은 마치 하나님의 나라가 완성되어서 영광과 특권을 누리면 되는 것처럼 행동하였습니다. 바울은 그런 고린도교회 성도들의 잘못된 종말론 사상을 지적합니다. 마지막에 있는 "우리가 너희와 함께 왕 노릇 하기 위하여 참으로 너희가 왕이 되기를 원한다"는 말은 잘못된 종말론에 빠져서 영광만 누리려고 하는 일부 고린도교회 성도들을 조롱하는 역설적인 표현입니다. 사도 바울은 이런 식의 역설적인 표

현을 통해 영광과 특권만 누리려는 자들에게 삶의 방향을 바꾸라고 촉구합니다.

9절 내가 생각하건대 하나님이 사도인 우리를 죽이기로 작정된 자 같이 끄트머리에 두셨으매 우리는 세계 곧 천사와 사람에게 구경거리가 되었노라

이 구절은 전쟁에서 승리한 로마군이 승리의 행렬을 벌일 때 상대방 국가의 포로를 행렬의 맨 끝에 두던 관습을 배경으로 하고 있습니다. 당시 로마군은 원형경기장에서 죽일 전쟁포로를 퍼레이드의 맨 마지막에 두었습니다(Gordon Fee, 1 Corinthians, 174). 바울은 죽이기로 작정된 포로를 끄트머리에 두어 구경거리로 삼은 것처럼 자신과 같은 사도들이 온 세상의 구경거리가 되었다고 고백합니다. 그 말은 곧 사도들이 이 땅에서 복음을 전하다가 당하는 온갖 고난을 가리키는 것입니다.

10절 우리는 그리스도 때문에 어리석으나 너희는 그리스도 안에서 지혜롭고 우리는 약하나 너희는 강하고 너희는 존귀하나 우리는 비천하여

바울은 이제 세 문장으로 사도들과 고린도교회 성도들을 대조합니다.

첫째로, 사도들은 그리스도 때문에 어리석지만 고린도교회 성도들은 그리스도 안에서 지혜롭습니다. 앞에서 계속 다루었던 것처럼 십자가에 달린 그리스도를 아는 것이 참된 지혜입니다. 그러나 이 세상의 지혜를 추구하는 자들은 십자가에 달린 그리스도를 따르는 것을 어리석은 것으로 여깁니다. 바울은 그리스도를 따르기 위해 세상 사람들이 볼 때는 어리석은 길로 가고 있습니다. 반면에 고린도교회 성도들은 세상적인 지혜를 추구하면서 마치 그리스도 안에서 지

혜로운 자들인 것처럼 행동합니다. 결국 사도들은 참된 지혜를 추구하는 자들이 되었고, 고린도교회 성도들은 어리석은 자가 되고 말았습니다.

둘째로, 사도들은 약하나 고린도교회 성도들은 강합니다. 십자가의 길을 따르느라 늘 핍박과 고난을 당하는 바울의 모습은 한 마디로 '약함' 그 자체였습니다. 세상의 지혜를 추구하던 고린도교회 성도들이 볼 때 바울의 그런 모습은 결코 매력적인 것이 아니었습니다. 그래서 그들은 세상의 강함을 추구하였습니다. 로마의 시대정신이었던 힘을 그대로 수용한 것입니다. 그러나 바울은 그런 세상의 강함을 거부하였습니다. 대신 하나님의 약함이 온전히 드러났던 그리스도의 십자가만 굳게 붙잡았습니다.

셋째로, 사도들은 비천하나 고린도교회 성도들은 존귀합니다. 고린도교회 성도들은 세상적인 존귀를 추구하였습니다. 그 결과 그들은 그리스도의 십자가를 따르는 자들을 비천하게 여겼습니다. 반대로 사도들은 그리스도의 십자가를 하나님의 능력과 지혜로 여겼습니다. 그 결과 이 세상에서 비천하게 여김을 받았습니다.

고린도교회 성도들은 이 세상에서 지혜롭고 강하고 존귀한 삶을 추구하였습니다. 반면에 사도들은 이 세상에서 어리석고 약하고 비천한 삶을 살았습니다. 그러나 하나님은 결국 이 상황을 역전시킬 것입니다. 이 세상에서 지혜롭고 강하고 존귀한 삶을 추구한 자들은 어리석고 약하고 비천한 자들이 될 것입니다. 반대로 이 세상에서 십자가에 달린 그리스도를 따르느라 어리석고 약하고 비천한 삶을 산 자들은 장차 하나님의 나라에서 지혜롭고 강하고 존귀한 자들이 될 것입니다.

11절 바로 이 시각까지 우리가 주리고 목마르며 헐벗고 매맞으며 정처가 없고
12절 또 수고하여 친히 손으로 일을 하며 모욕을 당한즉 축복하고 박해를 받은즉 참고
13절 비방을 받은즉 권면하니 우리가 지금까지 세상의 더러운 것과 만물의 찌꺼기 같이 되었도다

이제 바울은 자신이 복음을 위하여 당한 고난을 진술합니다. 11-12절에는 바울이 복음을 전파하는 과정에서 당한 여섯 가지 고난이 열거되어 있습니다. 바울 일행은 주리고 목마르며 헐벗고 매 맞으며 정처가 없고 수고하여 친히 손으로 일을 하며 살았습니다. 이런 삶은 십자가에 달린 그리스도를 따른 결과였습니다. 바울은 그리스도를 인하여 특권을 누린 것이 아니라 그리스도를 위하여 고난을 당하며 살아왔습니다. 바울은 지금 모든 사람이 자신들처럼 그런 고난을 당해야 한다고 말하는 것이 아닙니다. 사회적 환경에 따라 이런 고난을 당할 수도 있고, 그렇지 않을 수도 있습니다. 다만 중요한 것은 바울은 이런 고난이 다가올 때 그런 고난을 회피하지 않았다는 것입니다.

12-13절에 나오는 세 쌍의 반대말들은 그런 고난에 대한 바울 일행의 태도를 잘 보여줍니다. 바울은 결코 악으로 악을 갚지 않았습니다. 그는 모욕을 당하면 축복하고, 박해를 받으면 참고, 비방을 받으면 권면하였습니다. 한 마디로 사도들은 항상 선으로 악을 갚았습니다. 왜냐하면 그럴 때 하나님의 구원의 은혜가 온전히 나타나기 때문입니다.

13절 마지막에는 그런 사도들의 삶의 결과가 나옵니다. 그리스도를 위하여 고난을 마다하지 않은 사도들은 결국 세상의 더러운 것과 만물의 찌꺼기 같이 되었습니다. 여기서 '더러운 것'과 '만물의 찌꺼기'는 비슷한 뜻을 가지고 있습

니다. '더러운 것'은 마루에서 제거된 더러운 것을 가리킨다면 '만물의 찌꺼기'는 몸에서 제거된 때와 같은 것을 가리킵니다(Gordon Fee, 180). 그런데 두 단어 모두 그것을 제거하면 주변이 깨끗해진다는 공통점이 있습니다. 자신은 더 럽혀지면서 주변을 깨끗하게 하는 것이 바로 '더러운 것'과 '만물의 찌꺼기'입니다. 바울은 그 동안 십자가를 따르는 고난을 통하여 세상의 더러운 것과 만물의 찌꺼기가 되었습니다. 그렇지만 세상은 그를 통하여 깨끗하게 되었습니다.

13절에 나오는 '더러운 것'과 '만물의 찌꺼기'는 그리스도인의 정체성을 잘 보여줍니다. '걸레'를 연상해 보면 쉽게 이 단어들의 의미를 파악할 수 있습니다. 우리가 걸레로 마루를 닦으면 걸레는 금방 더러워집니다. 그러나 걸레가 더러워질수록 주변은 깨끗해집니다. 지금 바울은 그것이 바로 자신들의 삶이었다고 말하는 것입니다. 세상 속에 들어가서 사느라 그들은 핍박과 고난으로 몸을 더럽힐 수밖에 없었습니다. 그러나 그럴수록 세상은 더욱 깨끗해졌습니다. 그것이 바로 그리스도인의 삶이어야 합니다.

3. 아버지의 심정(4:14-21)

[14]내가 너희를 부끄럽게 하려고 이것을 쓰는 것이 아니라 오직 너희를 내 사랑하는 자녀 같이 권하려 하는 것이라 [15]그리스도 안에서 일만 스승이 있으되 아버지는 많지 아니하니 그리스도 예수 안에서 내가 복음으로써 너희를 낳았음이라 [16]그러므로 내가 너희에게 권하노니 너희는 나를 본받는 자가 되라 [17]이로 말미암아 내가 주 안에서 내 사랑하고 신실한 아들 디모

> 데를 너희에게 보내었으니 그가 너희로 하여금 그리스도 예수 안에서 나의 행사 곧 내가 각처 각 교회에서 가르치는 것을 생각나게 하리라 [18]어떤 이들은 내가 너희에게 나아가지 아니할 것 같이 스스로 교만하여졌으나 [19]주께서 허락하시면 내가 너희에게 속히 나아가서 교만한 자들의 말이 아니라 오직 그 능력을 알아보겠으니 [20]하나님의 나라는 말에 있지 아니하고 오직 능력에 있음이라 [21]너희가 무엇을 원하느냐 내가 매를 가지고 너희에게 나아가랴 사랑과 온유한 마음으로 나아가랴

이 단락에서 바울은 자신과 고린도교회 성도들의 관계를 아버지와 자녀로 비유합니다.

14절 내가 너희를 부끄럽게 하려고 이것을 쓰는 것이 아니라 오직 너희를 내 사랑하는 자녀 같이 권하려 하는 것이라

바울이 이 편지를 썼을 때 고린도교회 성도들은 부끄러움을 느꼈을 수 있습니다. 왜냐하면 바울의 글에는 그들의 미성숙에 대한 책망의 내용이 있기 때문입니다. 그렇지만 바울이 이 글을 쓰는 목적은 그들을 부끄럽게 하는 것이 아닙니다. 바울의 진짜 목적은 고린도교회 성도들을 사랑하는 마음으로 권하는 것입니다.

15절 그리스도 안에서 일만 스승이 있으되 아버지는 많지 아니하니 그리스도 예수 안에서 내가 복음으로써 너희를 낳았음이라

다른 사람은 몰라도 바울은 고린도교회 성도들을 사랑하는 자녀같이 권할 수 있습니다. 그 이유는 고린도교회 성도들에게 바울은 믿음의 아버지와 같은 존

재이기 때문입니다. 바울은 여기서 스승과 아버지를 비교합니다. 바울이 가리키는 스승은 아버지의 지시에 따라 자녀를 학교에 데려가고 데려오며 간혹 가르치기도 하는 사람입니다. 사실 그 스승의 역할도 나름대로 중요합니다. 그렇지만 아무리 스승의 역할이 귀해도 아버지의 역할과 비교할 수는 없습니다. 그래서 바울은 그리스도 안에서 일만 스승이 있으되 아버지는 많지 않다고 한 것입니다. 바울이 고린도교회 성도들을 자기 자녀처럼 대하는 이유는 바울이 그들을 복음으로 낳았기 때문입니다. 복음으로 낳았다는 말은 바울이 그들을 전도했다는 말입니다. 자신이 직접 생명을 걸고 전도하여 낳은 자녀들이기 때문에 바울은 그들에게 아비의 심정을 품고 있습니다. 오늘 우리에게도 이런 아비의 심정이 필요합니다.

16절 그러므로 내가 너희에게 권하노니 너희는 나를 본받는 자가 되라

당시 자녀들은 아버지의 본을 보며 성장했습니다. 그런 사회적 배경에 따라 이제 바울은 고린도교회 성도들에게 믿음의 아버지가 된 자신을 본받으라고 권합니다. 오늘 우리의 입장에서 보면 이런 말은 매우 교만하게 들립니다. 그렇지만 고대 교육은 대부분 본받는 방식으로 이루어졌습니다. 가정에서는 아버지의 본을 따르고, 학교에서는 스승의 본을 따르는 방식이었습니다. 단순히 한두 가지 행동만 본받는 것이 아니었습니다. 당시는 자신들이 본받고자 하는 스승이나 아비의 가치관과 행동을 모두 본받기 위해 힘썼습니다. 그런 맥락에서 바울은 자신을 본받으라고 권합니다. 또한 이런 권면의 배경에는 자신이 예수님을 본받고 있다는 것이 전제되어 있습니다(11:1).

17절 이로 말미암아 내가 주 안에서 내 사랑하고 신실한 아들 디모데를 너희에게 보내

었으니 그가 너희로 하여금 그리스도 예수 안에서 나의 행사 곧 내가 각처 각 교회에서 가르치는 것을 생각나게 하리라

'이로 말미암아' 디모데를 보낸다는 말은 고린도교회 성도들이 바울을 본받는 삶을 살도록 하기 위해 디모데를 보낸다는 말입니다. 디모데는 바울의 모습을 그대로 본받은 믿음의 아들입니다. 그 디모데가 고린도교회에 가서 바울의 가르침을 생각하게 한다면 고린도교회 성도들이 다시 바울을 본받을 수 있을 것입니다. 그렇다면 디모데가 어떻게 바울의 가르침을 생각나게 할까요? 디모데는 말씀으로 가르치고, 삶으로 보여주면서 고린도교회 성도들에게 바울의 가르침을 다시 생각나게 할 것입니다. 이런 모습을 통해 우리는 주님을 본받기 위해서는 모델이 필요하다는 사실을 다시 한 번 깨닫게 됩니다. 그러므로 우리 각자가 바로 디모데의 역할을 해야 합니다. 말로 가르치고 삶으로 보여주어야 합니다.

18절 어떤 이들은 내가 너희에게 나아가지 아니할 것 같이 스스로 교만하여졌으나 **19절** 주께서 허락하시면 내가 너희에게 속히 나아가서 교만한 자들의 말이 아니라 오직 그 능력을 알아보겠으니 **20절** 하나님의 나라는 말에 있지 아니하고 오직 능력에 있음이라

'어떤 이들'이라는 표현을 통해 우리는 고린도교회에서 문제를 일으키는 사람이 고린도교회 성도들 전체가 아니라 일부의 사람들이라는 것을 알 수 있습니다. 당시 고린도교회에는 바울에게 극도로 비판적인 사람들이 있었습니다. 그들은 마치 바울이 다시는 오지 않을 것처럼 교만하게 행동하였습니다. 이제 바울은 고린도교회에게 자신이 곧 고린도를 방문할 것임을 시사합니다. 다만 '주

께서 허락하시면'이라고 말함으로써 방문시기에 대해서는 유보적인 태도를 취합니다. 바울이 고린도에 방문하려는 목적은 분명합니다. 바울은 그런 교만한 자들의 말이 아니라 능력을 볼 것입니다. 왜냐하면 하나님의 나라는 말에 있지 않고 오직 능력에 있기 때문입니다. 바울의 말 속에는 고린도교회에 있는 교만한 자들에게는 능력이 없다는 전제가 깔려 있습니다. 왜 그렇습니까? 참된 능력은 오직 십자가에 달린 그리스도에게서 나옵니다. 그런데 이 교만한 자들은 십자가에 달린 그리스도를 온전히 믿지 못하고 있습니다. 그러므로 그들에게는 능력이 있을 수 없습니다. 오직 십자가에 달리신 그리스도를 믿는 자만이 하나님 나라의 능력을 나타낼 수 있습니다.

21절 너희가 무엇을 원하느냐 내가 매를 가지고 너희에게 나아가랴 사랑과 온유한 마음으로 나아가랴

이제 마지막으로 바울은 자신의 심정을 털어놓습니다. 여기서 매는 실제 매를 가리킨다기보다 훈련을 가리키는 비유적인 표현입니다. 언뜻 보면 둘 중에 무엇을 원하느냐고 묻는 것 같지만 사실 둘 중에 하나를 택하라는 말은 아닙니다. 바울은 다시 한 번 아비의 심정을 표현합니다. 아비는 당연히 사랑과 온유한 마음으로 자녀에게 나아가기를 원합니다. 심지어 크게 잘못해서 매를 가지고 나아갈 때에도 아비는 여전히 사랑의 마음을 가지고 있습니다. 바울은 이 표현을 통해 그들을 향해 아비의 심정을 가지고 있는 자신의 마음을 털어 놓습니다.

<복습 및 나눔질문>

1. 성도들은 목회자들을 어떻게 대해야 할까요? 또한 목회자들은 스스로 어떤 마음으로 사역해야 할까요? 왜 이런 태도가 중요할까요?(4:1-2)

2. 고린도교회 성도들의 잘못된 종말론적 신앙이 무엇인지 설명하고(4:8), 바울이 자신의 서신들에서 보여주는 바른 종말론적 신앙은 무엇인지 설명해 보십시오. 바울의 종말론적 신앙을 잘 보여주는 삶의 모습들을 살펴보고 어떻게 우리 삶에 적용할 수 있을지 생각해 보십시오(4:11-13).

3. 자신을 본받으라고 권하는 바울의 말을 통해 그리스도인의 영적 성장의 원리를 생각해 보십시오. 이런 원리에 기초하여 한국교회의 제자훈련이 안고 있는 문제점과 그에 대한 대안을 생각해 보십시오.

4. 이 장을 읽으면서 내 마음에 가장 와 닿았던 문장은 어떤 것입니까? 그 이유가 무엇이라고 생각하십니까?

=1 CORINTHIANS=
고린도전서

5장

1. 음행한 자를 판단하다(5:1-13)

> ¹너희 중에 심지어 음행이 있다 함을 들으니 그런 음행은 이방인 중에서도 없는 것이라 누가 그 아버지의 아내를 취하였다 하는도다 ²그리하고도 너희가 오히려 교만하여져서 어찌하여 통한히 여기지 아니하고 그 일 행한 자를 너희 중에서 쫓아내지 아니하였느냐 ³내가 실로 몸으로는 떠나 있으나 영으로는 함께 있어서 거기 있는 것 같이 이런 일 행한 자를 이미 판단하였노라 ⁴주 예수의 이름으로 너희가 내 영과 함께 모여서 우리 주 예수의 능력으로 ⁵이런 자를 사탄에게 내주었으니 이는 육신은 멸하고 영은 주 예수의 날에 구원을 받게 하려 함이라 ⁶너희가 자랑하는 것이 옳지 아니하도다 적은 누룩이 온 덩어리에 퍼지는 것을 알지 못하느냐 ⁷너희는 누룩 없는 자인데 새 덩어리가 되기 위하여 묵은 누룩을 내버리라 우리의 유월절 양 곧 그리스도께서 희생되셨느니라 ⁸이러므로 우리가 명절을 지키되 묵은 누룩으로도 말고 악하고 악의에 찬 누룩으로도 말고 누룩이 없이 오직 순전함과 진실함의 떡으로 하자 ⁹내가 너희에게 쓴 편지에 음행하는 자들을 사귀지 말라 하였거니와 ¹⁰이 말은 이 세상의 음행하는 자들이나 탐하는 자들이나 속여 빼앗는 자들이나 우상 숭배하는 자들을 도무지 사귀지 말라 하는 것이 아니니 만일 그리하려면 너희가 세상 밖으로 나가야 할 것이라 ¹¹이제 내가 너희에게 쓴 것은 만일 어떤 형제라 일컫는 자가 음행하거나 탐욕을 부리거나 우상 숭배를 하거나 모욕하거나 술 취하거나 속여 빼앗든 사귀지도 말고 그런 자와는 함께 먹지도 말라 함이라 ¹²밖에 있는 사람들을 판단하는 것이야 내게 무슨 상관이 있으리요마는 교회 안에 있는 사람들이야 너희가 판단하지 아니하랴 ¹³밖에 있는 사람들은 하나님이 심판하시려니와 이 악한 사람은 너희 중에서 내쫓으라

고린도교회의 문제점은 은사의 풍성함을 영적 수준으로 생각하고 교만한 마음을 품었다는 것입니다. 은사는 주님의 교회를 섬기기 위해 주신 것임에도 불구하고 그 은사를 소유한 것 자체로 자신이 영적으로 높은 단계에 이른 것처럼 생각하였습니다. 5장에서 다루는 음행의 문제도 역시 그런 관점에서 이해할 수

있습니다. 당시 고린도교회 성도들 가운데 어떤 이들은 아버지의 아내, 곧 계모와 음행에 빠진 이가 있었습니다. 그런 행동은 이방인들도 행하지 않는 것이었습니다. 그런 악한 죄 가운데 빠져 있으면서도 자신들이 받은 영적 은사를 근거로 마치 자신들이 영적으로 높은 수준에 있는 것처럼 교만한 마음을 품었습니다. 이처럼 은사제일주의는 공동체를 영적 교만에 빠지게 만듭니다.

> **1절** 너희 중에 심지어 음행이 있다 함을 들으니 그런 음행은 이방인 중에서도 없는 것이라 누가 그 아버지의 아내를 취하였다 하는도다

바울은 고린도교회에 관하여 충격적인 내용을 들었습니다. 고린도교회의 어떤 교인이 아비의 아내를 취한 것입니다. 여기서 아비의 아내는 친모가 아니라 계모를 가리킬 것입니다. 또한 취했다는 단어는 일회적인 관계가 아니라 지속적인 관계를 암시합니다. 바울은 그런 음행은 이방인 중에도 없는 것이라고 지적합니다. 이방인 중에도 없다는 말은 그레코-로만 세계가 성적으로 관용적이었다 해도 아들이 계모와 결혼하는 일은 없었다는 뜻입니다.

> **2절** 그리하고도 너희가 오히려 교만하여져서 어찌하여 통한히 여기지 아니하고 그 일 행한 자를 너희 중에서 쫓아내지 아니하였느냐

그런데 고린도교회 성도들은 그 사실에 대해 통한히 여기지도 않았고, 그 교인을 징계하지도 않았습니다. 바울은 고린도교회의 그런 태도를 영적인 교만으로 이해합니다. 당시 고린도교회 성도들은 방언을 비롯한 다양한 은사를 가지고 있다는 이유로 영적 우월감에 빠져 있었습니다. 이런 영적 우월감은 도덕적인 자기만족에 빠지게 만들었습니다. 그런 식으로 영적 우월감과 도덕적 자기

만족에 빠진 고린도교회 교인들은 공동체 안에서 벌어진 죄를 방임하였습니다. 그런 죄를 통한히 여기지도 않고, 그런 죄를 뿌리 뽑기 위해 노력하지도 않았습니다. 개인의 자유를 강조하면서 사생활에 간섭하지 않는 것을 바른 신앙인의 모습인 것처럼 착각했습니다. 그런 참람한 죄가 공동체 안에 있어도 영적 은사를 갖고 있다는 이유로 우월감을 갖는 영적 교만에 빠져버린 것입니다. 그런 모습을 보고 바울은 고린도교회를 향하여 그런 자를 공동체에서 쫓아내라고 요구합니다.

3절 내가 실로 몸으로는 떠나 있으나 영으로는 함께 있어서 거기 있는 것 같이 이런 일 행한 자를 이미 판단하였노라

몸으로는 떠나 있으나 영으로는 함께 있다는 말은 바울과 고린도교회 성도들 간의 영적 교통을 가리키는 것입니다. 비록 몸으로 함께 할 수는 없지만 성령 안에서 교통하면서 바울은 지금 고린도교회 성도들에게 이 편지를 쓰고 있습니다. 바울은 이미 그런 자를 판단하였다고 말합니다. 그 말은 바울은 이미 그 사람이 악한 죄를 저지른 자라고 판단했다는 말입니다.

4절 주 예수의 이름으로 너희가 내 영과 함께 모여서 우리 주 예수의 능력으로

바울은 이 구절에서 주 예수의 이름과 주 예수의 능력이라고 비슷한 표현을 반복하면서 강조합니다. 왜 그런 자를 징계하는 데 이토록 주 예수의 이름과 주 예수의 능력을 강조하고 있을까요? 아마도 당시 고린도교회에서 음행의 문제를 일으킨 사람은 교회 내에서 상당한 영향력이 있던 사람이었던 것 같습니다. 그래서 징계하기가 어려웠을 것입니다. 그런 상황을 알고 바울은 주 예수의 능력

으로 그를 징계하라고 요구하는 것입니다. 모든 성도들이 주 예수의 이름으로 모여 주 예수의 능력으로 죄 지은 자를 징계하라는 것입니다.

5절 이런 자를 사탄에게 내주었으니 이는 육신은 멸하고 영은 주 예수의 날에 구원을 받게 하려 함이라

바울은 이런 자를 사탄에게 내주기로 결정했다고 말합니다. 여기서 사탄에게 내주라는 말은 교회 밖으로 내보내라는 뜻입니다. 구약시대에 이스라엘 백성들은 진 안은 하나님이 계신 곳이고, 진 밖은 사탄이 있는 곳이라고 생각했습니다. 그런 배경에서 바울은 이런 자를 사탄에게 내주기로 결정했다고 말한 것입니다. 따라서 이 말은 그를 교회 밖으로 내쫓으라는 뜻입니다. 그렇다면 육신은 멸하고 영은 구원받게 한다는 말은 무슨 뜻일까요? 언뜻 생각하면 그의 육신은 죽게 하고 영은 구원하게 한다는 말처럼 보입니다. 그러나 이 말은 그런 뜻이 아닙니다. 여기서 육신은 멸한다는 말은 이 사람을 교회에서 내쫓아 수치를 당하고 고통을 당하게 하는 것을 가리킵니다. 그런 고통을 육신을 멸한다고 표현한 것입니다.

그렇다면 영은 주 예수의 날에 구원을 받게 하려 함이라는 말은 무슨 뜻일까요? 만약 교회가 이 사람을 징계하여 내쫓으면 이 사람은 큰 고통을 당하면서 자신의 죄를 심각하게 여길 것입니다. 그렇게 되면 그런 고통을 통하여 죄를 뉘우치고 회개하게 될 것입니다. 흔히 사랑의 이름으로 죄를 관용해야 한다고 주장하는 사람들이 있습니다. 그러나 죄를 관용하는 것은 결국 그 영혼을 멸망에 빠지게 만드는 것입니다. 오히려 죄를 엄히 다루어서 그 사람이 그 죄에서 돌이키도록 해야 합니다. 다만 그럴 때도 그 영혼을 사랑하는 마음을 잃지 않도록

주의해야 합니다.

6절 너희가 자랑하는 것이 옳지 아니하도다 적은 누룩이 온 덩어리에 퍼지는 것을 알지 못하느냐

이제 바울은 고린도교회 교인들의 잘못된 자랑을 지적합니다. 고린도교회 교인들은 자신들에게 많은 은사가 있는 것을 자랑했습니다. 또한 음행의 죄를 짓는 사람까지 용납하는 것을 사랑인 것처럼 자랑했습니다. 바울은 그런 태도가 옳지 않은 것임을 지적합니다. 그런 태도가 얼마나 위험한 것인가를 일깨우기 위해 바울은 누룩의 비유를 듭니다. 밀가루를 반죽할 때 누룩을 조금만 넣어도 전체 반죽을 부풀어 오르게 합니다. 그와 마찬가지로 사람은 영향을 받기에 쉬운 존재입니다. 만약 교회가 음행의 죄를 지은 어떤 사람을 관용하면 다른 사람들도 영향을 받아서 죄에 빠지게 될 것입니다. 그러므로 적은 누룩이 온 덩어리에 퍼지지 않도록 경계해야 합니다. 교회가 거룩함을 상실하도록 죄를 방임하면 악한 죄는 점점 교회 공동체를 타락시킬 것입니다. 바울은 누룩의 비유를 들어 고린도교회 교인들이 죄를 방임한 것이 얼마나 심각한 문제인가를 지적합니다.

7절 너희는 누룩 없는 자인데 새 덩어리가 되기 위하여 묵은 누룩을 내버리라 우리의 유월절 양 곧 그리스도께서 희생되셨느니라

이 말씀을 이해하려면 유대인들의 유월절 축제를 알아야 합니다. 유대인들은 유월절이 되면 누룩 없는 빵을 먹는 무교절 축제를 벌입니다. 그 때 경건한 유대인들은 자기 집에 있는 누룩과 누룩이 든 빵을 버립니다. 여기서 누룩은 악을 상

징합니다. 자신들의 삶에서 모든 종류의 악을 버린다는 의미로 이런 상징적인 행동을 하는 것입니다. 바울은 지금 그런 유대인들의 관습에 근거하여 고린도 교회 성도들에게 묵은 누룩을 버리라고 권고합니다. 그 말은 결국 공동체 안에서 모든 종류의 악을 제거하라는 뜻입니다. 앞에서 말한 것과 같은 음행을 제거하라는 뜻입니다. 그런데 이렇게 묵은 누룩을 내버리는 이유는 새 덩어리가 되기 위해서입니다. 새로운 공동체, 거룩한 공동체가 되기 위해 죄를 제거하라는 뜻입니다.

바울은 이 구절의 후반부에 '우리의 유월절 양 그리스도께서 희생되셨다'고 말합니다. 본래 원문에는 이 문장을 시작할 때 '왜냐하면'이라는 접속사가 있습니다. "왜냐하면 우리의 유월절 양 그리스도께서 희생되셨느니라" 어떻게 우리가 묵은 누룩을 내버리고 새로운 덩어리가 될 수 있겠습니까? 그 비결은 바로 그리스도께서 유월절 어린 양이 되어 십자가에서 희생을 당하셨기 때문입니다. 예수님은 십자가에서 죽으심으로 우리의 죄를 대속하셨습니다. 그러므로 오늘 우리는 그 분의 십자가 공로에 힘입어 우리 속에 있는 죄악을 제거할 수 있게 된 것입니다. 그래서 바울은 묵은 누룩을 내버리라는 말을 하면서 그리스도께서 희생당하셨다는 사실을 다시 한 번 상기시킵니다.

8절 이러므로 우리가 명절을 지키되 묵은 누룩으로도 말고 악하고 악의에 찬 누룩으로도 말고 누룩이 없이 오직 순전함과 진실함의 떡으로 하자

여기서 명절을 지키자는 말은 앞에서 말했던 유월절 이미지를 사용하고 있는 것입니다. 유대인들이 유월절 명절에 묵은 누룩을 내버린 것처럼 우리도 그렇게 명절을 지키자는 말입니다. 그렇다면 우리는 어떻게 우리의 명절을 지켜야

할까요? 바울은 "묵은 누룩으로도 말고 악하고 악의에 찬 누룩으로도 말"자고 말합니다. 유대인들이 묵은 누룩을 버린 것은 악하고 부도덕한 것을 내버린다는 뜻의 상징적 행동이었습니다. 바울은 그런 사실에 빗대어 우리가 그런 부도덕한 것들을 내버리자고 합니다.

그렇다면 이제 우리는 어떻게 이 명절을 지켜야 할까요? 앞에서 그리스도는 유월절 양이라고 했습니다. 우리는 이 절기에 오직 우리의 어린 양이신 그리스도를 축하해야 합니다. 그리스도를 축하하는 사람들은 모든 부도덕한 것을 다 제거하고 이제 순전함과 진실함으로 살아야 합니다. 오늘 우리에게 필요한 진정한 축제는 그리스도를 본받아 순전함과 진실함으로 사는 것입니다. 왜 지금 바울이 이런 말을 하고 있을까요? 당시 고린도교회 교인들은 교회 안에 범죄한 자를 그대로 방임하고 있었습니다. 그것은 묵은 누룩을 내버리는 행동이 아니었습니다. 그것은 여전히 묵은 누룩과 같은 부도덕한 일을 방치하는 행동이었습니다. 그래서 바울은 그들에게 묵은 누룩과 같은 범죄를 방치하지 말고 제거하라고 촉구합니다. 그리고 이제는 순전함과 신실함의 떡을 먹으며 살자고 권면합니다.

9절 내가 너희에게 쓴 편지에 음행하는 자들을 사귀지 말라 하였거니와 **10절** 이 말은 이 세상의 음행하는 자들이나 탐하는 자들이나 속여 빼앗는 자들이나 우상 숭배하는 자들을 도무지 사귀지 말라 하는 것이 아니니 만일 그리하려면 너희가 세상 밖으로 나가야 할 것이라

바울은 이전에 고린도교회에 편지를 쓸 때 음행하는 자들을 사귀지 말라고 경고했습니다. 그 말은 교회 안에서 음행하는 자들을 용납하지 말라는 뜻이었

습니다. 교회 안에서 음행하는 자를 그냥 용납하고 사귀면 그것은 음행을 용납하는 결과를 낳게 됩니다. 그래서 바울은 음행하는 자와 사귀지 말라고 경고한 것입니다. 그런데 고린도교회의 교인들 가운데 어떤 사람들은 그 말을 아예 근본적으로 음행하는 사람과는 사귀지 말라는 말로 이해했습니다. 그래서 믿지 않는 가족이나 친구들 가운데 음행하는 자가 있으면 아예 그런 사람과 관계를 끊으려고 하였습니다. 바울은 그런 뜻이 아니라고 교정해 줍니다. 왜냐하면 만약 그런 식으로 모든 관계를 단절하려면 우리는 세상 밖으로 나가야 할 것이기 때문입니다. 따라서 음행하는 자와 사귀지 말라는 말은 그런 자들 가운데 믿는 자들을 교회 안에 그대로 용납하여 죄 가운데 머물게 하지 말라는 뜻입니다.

11절 이제 내가 너희에게 쓴 것은 만일 어떤 형제라 일컫는 자가 음행하거나 탐욕을 부리거나 우상 숭배를 하거나 모욕하거나 술 취하거나 속여 빼앗거든 사귀지도 말고 그런 자와는 함께 먹지도 말라 함이라

 이제 바울은 교회 안에 있는 형제 가운데 어떤 형제가 음행하거나 탐욕을 부리거나 우상숭배를 하거나 모욕하거나 술 취하거나 속여 빼앗거든 그런 자와는 사귀지도 말고 함께 먹지도 말라고 명령합니다. 여기서 함께 먹지 말라는 말은 그들을 교회 공동체의 식사에 참여시키지 말라는 뜻입니다. 교회 공동체의 식사에 참여하는 것은 한 믿음의 가족임을 고백하는 의미가 담겨 있습니다. 죄 가운데 있는 자가 그런 고백에 참여한다면 교회는 거룩한 공동체를 유지할 수 없을 것입니다. 따라서 그런 자와는 선을 그으라는 뜻입니다. 물론 죄를 지적하여 회개한 후에는 당연히 공동체의 일원으로 다시 받아들여야 합니다. 여기에 나오는 죄의 목록은 몇 가지 예를 든 것입니다. 그 외에 다른 죄들도 포함될 수 있습니다. 한 마디로 말하면 복음의 진리에 어긋나게 행동하는 자와는

교제하지 말라는 뜻입니다.

   왜 바울은 이렇게 엄격한 태도를 취할까요? 첫째로, 죄는 쉽게 퍼지는 경향이 있기 때문입니다. 교회 안에서 이런 죄를 저지르는 사람을 그냥 방치하면 그 사람의 죄가 다른 사람에게도 전염될 수 있습니다. 인간은 근원적으로 죄인이기 때문에 나쁜 것은 쉽게 확산됩니다. 그러므로 우리는 교회 안에서 이런 것을 주의해야 합니다. 둘째로, 범죄한 그 사람을 돌이키기 위해서입니다. 죄를 짓고 있는데 계속 방치하면 그 사람은 갈수록 더 심각한 죄에 빠져 결국 멸망의 길로 갈 수 있습니다. 오히려 그런 행동이 죄라는 것을 분명하게 지적하여 그 사람이 죄에서 돌이키게 해야 합니다. 현대교회는 이런 문제에 매우 취약합니다. 죄가 있을 때는 그 죄를 지적하여 회개하게 해야 하는데 인간관계 때문에 죄를 지적하지 못하는 경우가 있습니다. 그런 식으로 그냥 방치하면 결국 공동체가 오염되고, 그 사람 본인은 더욱 악한 일에 빠질 가능성이 높습니다. 그러므로 그런 자들에 대해서는 사랑하는 마음으로 징계할 필요가 있습니다.

   12절 밖에 있는 사람들을 판단하는 것이야 내게 무슨 상관이 있으리요마는 교회 안에 있는 사람들이야 너희가 판단하지 아니하랴 **13절** 밖에 있는 사람들은 하나님이 심판하시려니와 이 악한 사람은 너희 중에서 내쫓으라

   이 말씀을 보면 바울은 아주 분명하게 교인들과 불신자들을 구분합니다. 바울은 교인들에 대해서는 엄격한 원칙을 적용할 것을 요청합니다. 만약 분명한 죄가 있다면 교회 공동체에서 추방해서라도 그 죄를 바로잡아야 한다고 말합니다. 그렇지만 불신자에 대해서는 마치 포기한 것 같은 인상을 줍니다. 불신자들의 죄에 대해서는 하나님께서 심판하실 것이므로 우리가 관여할 일이 아니라고

말합니다. 그러나 교회 안에서 이런 음행의 죄를 저지른 자는 분명하게 징계할 것을 요구합니다.

고린도전서 5장은 교회가 죄에 대해 어떤 태도를 취해야 하는가에 대해 분명한 지침을 줍니다. 교회는 교인과 불신자에 대해 다른 접근법을 취해야 합니다.

교회가 불신자들에 대해 해야 할 가장 중요한 일은 복음을 전하는 것입니다. 성도들은 세상 사람들이 죄 가운데 거하는 것 때문에 흥분할 필요가 없습니다. 그 문제로 흥분하고 비판한다고 해서 세상 사람들이 자신들의 죄를 돌이키지는 않습니다. 그러므로 믿지 않는 사람들에게 해야 할 가장 중요한 일은 그들에게 복음을 전하는 것입니다. 복음을 전하여 그들이 받아들이면 그 다음에 거룩한 삶을 살도록 요청해야 합니다. 만약 그가 복음을 받아들이기를 거부한다면 그 때는 하나님께서 그 죄를 심판하실 것입니다.

그렇지만 교인에 대해서는 엄격한 태도를 취할 필요가 있습니다. 왜냐하면 교회는 그리스도의 몸이기 때문입니다. 교회는 그리스도의 몸을 이루고 있는 거룩한 공동체입니다. 따라서 한 지체가 죄 가운데 빠져 있다면 그 문제를 심각하게 생각해야 합니다. 그렇다면 교회 안에서 어떤 지체가 심각한 죄에 빠졌을 때 어떻게 해야 할까요? 본문에서 바울은 중간 절차를 생략하고 내쫓으라고 하였습니다. 바울의 권면은 고린도교회가 처한 특수한 상황에 따라 제시된 말씀인 것으로 보입니다. 그렇지만 예수님은 좀 더 일반적인 원리를 제시하셨습니다.

마태복음 18:15-17을 보십시오. "[15]네 형제가 죄를 범하거든 가서 너와 그 사람과만 상대하여 권고하라 만일 들으면 네가 네 형제를 얻은 것이요 [16]만일 듣지 않거든 한두 사람을 데리고 가서 두세 증인의 입으로 말마다 확증하게 하라 [17]만일 그들의 말도 듣지 않거든 교회에 말하고 교회의 말도 듣지 않거든 이방인과 세리와 같이 여기라"

예수님은 네 단계의 절차를 제시했습니다.

> 첫째, 누군가 죄를 범했다면 일대일로 그 사람에게 권고하라.
> 둘째, 그 사람이 개인적인 권면을 듣지 않으면 한 두 사람을 더 데리고 가서 함께 권고하라.
> 셋째, 그래도 듣지 않으면 교회에게 말하여 교회의 이름으로 권고하라.
> 넷째, 교회의 권고도 듣지 않으면 이방인과 세리처럼 여기라.

이방인과 세리처럼 여기라는 말은 교회 공동체에서 추방하라는 말입니다. 바울이나 예수님은 공동체 내부의 죄에 대해 매우 민감하였습니다. 물론 예수님은 세상의 죄에 대해서도 가슴 아파 하셨습니다. 그러나 예수님께서 가장 심각하게 여기신 것은 공동체 내부의 죄였습니다. 그래서 예수님은 정치지도자들보다는 종교지도자들이었던 바리새인과 서기관의 죄를 훨씬 더 신랄하게 비판하셨습니다. 바울도 역시 세상 사람의 죄에 대해서는 하나님께서 심판하시도록 두라고 하였지만 교인의 죄에 대해서는 엄히 징계하라고 하였습니다. 왜 그렇게 내부의 죄에 대해 민감하였을까요? 교회는 바로 그리스도의 몸이기 때문입니다. 그리스도의 몸인 교회만이 세상의 소망입니다. 교회가 거룩한 공동체를 이루어야만 세상에 참된 메시지를 전할 수 있기 때문입니다.

그러므로 지금 한국교회가 심각하게 다루어야 하는 것은 우리 내부의 죄입니다.

기독교계 내부에서 자행되는 죄와 불법에 대해 엄중하게 책임을 묻고 징계해야 합니다. 그런데 우리는 거꾸로 하고 있습니다. 세상의 죄에 대해서는 거품을 물고 비난하는데 막상 기독교계 내부의 죄에 대해서는 제대로 징계하지 못합니다. 우리 내부의 죄에 대해 민감해야 합니다. 필요하다면 징계를 해서라도 잘못을 바로잡아야 합니다. 세상 사람들에게는 십자가의 복음을 전해야 합니다. 오직 예수님만이 희망이라고 전해야 합니다. 십자가에 달리시고 부활하신 그리스도만이 우리의 참된 희망이라고 선포해야 합니다. 세상 사람들에게는 복음을 전하고, 교인들에게는 거룩함을 촉구해야 합니다. 그것이 오늘 교회가 교회됨을 회복하는 길입니다.

<복습 및 나눔질문>

1. 고린도교회 교인들이 가지고 있던 영적 교만의 문제점은 무엇입니까?(5:1-2)

2. 왜 바울은 죄 지은 자를 교회에서 추방하라고 요구할까요?(5:2-6)

3. 교인들의 죄 문제와 불신자들의 죄 문제에 대해 각각 어떤 태도를 취하는 것이 옳을까요?(5:12-13)

4. 이 장을 읽으면서 내 마음에 가장 와 닿았던 문장은 어떤 것입니까? 그 이유가 무엇이라고 생각하십니까?

=1 CORINTHIANS=
고린도전서

6장

1. 세상 법정에 송사하지 말라(6:1-11)

> ¹너희 중에 누가 다른 이와 더불어 다툼이 있는데 구태여 불의한 자들 앞에서 고발하고 성도 앞에서 하지 아니하느냐 ²성도가 세상을 판단할 것을 너희가 알지 못하느냐 세상도 너희에게 판단을 받겠거든 지극히 작은 일 판단하기를 감당하지 못하겠느냐 ³우리가 천사를 판단할 것을 너희가 알지 못하느냐 그러하거든 하물며 세상 일이랴 ⁴그런즉 너희가 세상 사건이 있을 때에 교회에서 경히 여김을 받는 자들을 세우느냐 ⁵내가 너희를 부끄럽게 하려 하여 이 말을 하노니 너희 가운데 그 형제간의 일을 판단할 만한 지혜 있는 자가 이같이 하나도 없느냐 ⁶형제가 형제와 더불어 고발할 뿐더러 믿지 아니하는 자들 앞에서 하느냐 ⁷너희가 피차 고발함으로 너희 가운데 이미 뚜렷한 허물이 있나니 차라리 불의를 당하는 것이 낫지 아니하며 차라리 속는 것 ⁸너희는 불의를 행하고 속이는구나 그는 너희 형제로다 ⁹불의한 자가 하나님의 나라를 유업으로 받지 못할 줄을 알지 못하느냐 미혹을 받지 말라 음행하는 자나 우상 숭배하는 자나 간음하는 자나 탐색하는 자나 남색하는 자나 ¹⁰도적이나 탐욕을 부리는 자나 술 취하는 자나 모욕하는 자나 속여 빼앗는 자들은 하나님의 나라를 유업으로 받지 못하리라 이 낫지 아니하냐 ¹¹너희 중에 이와 같은 자들이 있더니 주 예수 그리스도의 이름과 우리 하나님의 성령 안에서 씻음과 거룩함과 의롭다 하심을 받았느니라

이 단락은 당시 고린도교회에서 벌어졌던 신자들의 소송 문제와 관련된 바울의 교훈을 담고 있습니다. 최근에 우리 한국교회에서도 교회 문제로 세상 법정에 가서 소송을 벌이는 일이 종종 벌어집니다. 따라서 이 말씀은 오늘 우리에게도 매우 실제적인 지침이 될 수 있습니다.

1절 너희 중에 누가 다른 이와 더불어 다툼이 있는데 구태여 불의한 자들 앞에서 고발하고 성도 앞에서 하지 아니하느냐

당시 고린도교회에서 성도들 간에 다툼이 벌어졌는데, 그 문제를 세상 법정에 고발한 사건이 있었습니다. 사람 사는 곳이라면 어디에서나 다툼이 벌어질 수 있습니다. 문제는 성도들끼리 해결하지 못하고 불신자들 앞에서 고발하였다는 것입니다. 바울은 불신자들을 '불의한 자들'이라고 부릅니다. 문자적으로 그 말은 '율법을 깨트리는 자들'이라는 뜻입니다. 불신자들은 하나님의 나라를 함께 상속할 수 없는 자들입니다. 그런 차원에서 바울은 그들을 '불의한 자들'이라고 부릅니다. 그런 불의한 자들 앞에서 성도들끼리 재판을 벌였습니다.

2절 성도가 세상을 판단할 것을 너희가 알지 못하느냐 세상도 너희에게 판단을 받겠거든 지극히 작은 일 판단하기를 감당하지 못하겠느냐 3절 우리가 천사를 판단할 것을 너희가 알지 못하느냐 그러하거든 하물며 세상 일이랴

1절에서는 바울이 송사를 한 성도 개인을 향하여 질문했지만 2절부터는 교회 공동체를 향하여 권면합니다. 바울은 그리스도인들이 교회 문제를 가지고 세상 법정에 가지 말아야 할 이유를 제시합니다. 그 이유는 바로 그리스도인들은 종말에 세상과 천사까지 심판할 자들이기 때문입니다. 여기서 말하는 천사는 타락한 천사를 가리킵니다. 아무튼 그런 그리스도인들이 지극히 작은 일을 판단하지 못하여 세상 법정에 호소한 것은 매우 부끄러운 일입니다. 이 문제는 오늘 우리에게도 매우 실제적인 교훈이 됩니다. 오늘날도 성도들은 세상의 잘못을 바르게 판단하여 바른 길로 이끌어주어야 합니다. 그런데 그런 교회가 오히려 세상 사람들의 판단을 받고 있다는 것은 참으로 안타깝고 부끄러운 일입니다.

4절 그런즉 너희가 세상 사건이 있을 때에 교회에서 경히 여김을 받는 자들을 세우느냐

여기서 세상 사건이란 우리가 살면서 겪는 일상의 일을 가리킵니다. 또한 교회에서 경히 여김을 받는 자들은 세상의 판사들을 가리킵니다. 이런 표현은 판사의 자질을 무시하는 것이 아닙니다. 영적인 차원에서 볼 때 세상의 판사들은 하나님의 일을 판단할 수 있는 자들이 아니라는 뜻입니다. 바울은 지금 교회에서 겪는 일상의 일로 세상의 판사에게 가서 판단을 받는 것을 비판하고 있는 것입니다. 어떻게 세상의 판사가 하나님의 일을 판단할 수가 있겠느냐는 말입니다.

5절 내가 너희를 부끄럽게 하려 하여 이 말을 하노니 너희 가운데 그 형제간의 일을 판단할 만한 지혜 있는 자가 이같이 하나도 없느냐

바울은 아주 강하고 분명하게 고린도교회 성도들의 지혜 없음을 책망합니다. 바울은 1장부터 십자가의 도가 하나님의 참된 지혜라고 역설하였습니다. 그런데 고린도교회 성도들은 아직도 그런 가치관이 제대로 정립되어 있지 않습니다. 만약 십자가의 도가 참된 지혜라는 것을 알았다면, 그런 지혜있는 자가 있었다면 적어도 교회 문제를 세상 법정에 가지고 가서 하나님의 영광을 가리는 일은 하지 않았을 것입니다.

6절 형제가 형제와 더불어 고발할 뿐더러 믿지 아니하는 자들 앞에서 하느냐

6절에는 당시 고린도교회에 존재했던 문제가 무엇인지 분명하게 드러납니다. 당시 고린도교회에는 한 형제가 다른 형제를 세상 법정에 고발하는 일이 있었습니다.

7절 너희가 피차 고발함으로 너희 가운데 이미 뚜렷한 허물이 있나니 차라리 불의를

당하는 것이 낫지 아니하며 차라리 속는 것이 낫지 아니하냐

고린도교회 성도들이 피차 고발하면서 교회의 허물은 이제 모든 사람에게 공개되었습니다. 이런 상황을 보고 바울은 고발한 자에게 차라리 불의한 일을 당하고 손해를 보는 것이 낫지 않겠느냐고 호소합니다. 교인간의 재판은 누가 이기든 교회에 막대한 피해를 입히게 됩니다. 그러므로 바울은 차라리 불의를 당한 사람이 손해를 보는 편이 낫지 않느냐고 권고하는 것입니다.

8절 너희는 불의를 행하고 속이는구나 그는 너희 형제로다

7절이 불의를 당한 사람을 향한 권고라면 8절은 불의를 행한 사람을 향한 권고입니다. 그런데 바울은 '너희'라는 복수대명사를 사용하여 불의를 행한 자를 향한 권고를 공동체 전체에게 확대합니다. 믿지 않는 사람들과는 확연히 달라야 함에도 불구하고 고린도교회 교인들은 형제를 향하여 불의를 행하고 속였다는 것입니다.

9절 불의한 자가 하나님의 나라를 유업으로 받지 못할 줄을 알지 못하느냐 미혹을 받지 말라 음행하는 자나 우상 숭배하는 자나 간음하는 자나 탐색하는 자나 남색하는 자나 10절 도적이나 탐욕을 부리는 자나 술 취하는 자나 모욕하는 자나 속여 빼앗는 자들은 하나님의 나라를 유업으로 받지 못하리라

어떤 사람들은 불의한 자는 하나님의 나라를 유업으로 받지 못한다는 말을 단순히 나태한 성도들을 자극하기 위한 엄포성 경고 정도로 여깁니다. 그러나 이 경고는 공갈포가 아닙니다. 성경은 아주 분명하게 불의한 자는 하나님의 나

라를 유업으로 받지 못한다고 경고합니다. 그리고 그런 불의의 목록을 예로 들어 제시합니다. 이 구절에 기록된 불의를 지속적으로 행하는 자가 있다면 그 사람은 참된 믿음을 가진 거듭난 자라고 볼 수 없습니다. 따라서 그런 자는 당연히 하나님의 나라를 유업으로 받지 못합니다.

<u>11절 너희 중에 이와 같은 자들이 있더니 주 예수 그리스도의 이름과 우리 하나님의 성령 안에서 씻음과 거룩함과 의롭다 하심을 받았느니라</u>

고린도교회 성도들은 과거에 위에 언급한 이런 죄를 짓던 사람들이었습니다. 그러나 이제 그들은 예수 그리스도의 이름으로 씻음과 거룩함과 의롭다하심을 받았습니다. 바울은 고린도교회 성도들의 과거의 삶과 현재의 모습을 대조합니다. 비록 과거에는 그런 죄 가운데 있었을지라도 이제는 변화되었다는 것입니다. 여기서 씻음은 세례(침례)를 가리키는 말입니다. 그런데 바울은 직접적으로 세례(침례)라고 표현하지 않고 씻음이라는 단어로 표현합니다. 그 이유는 세례(침례) 의식 자체가 아니라 세례(침례)의 결과인 죄 씻음을 강조하기 위해서입니다. 그 다음에는 '거룩함'이라는 단어가 나옵니다. 신약성경은 예수를 믿는 자는 누구나 그 안에서 거룩하여진다고 선언합니다. 바울은 이미 고린도전서 1:2에서 고린도교회 교인들을 "예수 안에서 거룩하여지고 성도라 부르심을 받은 자들"이라고 부릅니다. 그 다음에는 '의롭다하심'이라는 단어가 나옵니다. '의롭다하심'이란 법정적 용어로서 죄가 없다는 재판장의 선언과 같은 것입니다. 여기에 나온 세 동사의 순서에는 특별한 의미가 없습니다. 씻음과 거룩함과 의롭다하심은 모두 한꺼번에 동시적으로 벌어지는 일입니다. 예수님을 믿는 자는 죄 씻음 받고, 거룩한 자로 구별되고, 의로운 자라는 선언을 듣게 됩니다. 옛날 모습과 현재의 모습을 대조하는 바울의 의도는 다시 옛날로 돌아가려는 고린도

교회 교인들을 책망하는 것입니다. 옛날의 삶을 벗어나 새로운 삶을 사는 너희가 어떻게 다시 옛날의 모습으로 돌아갈 수 있느냐는 말입니다.

2. 몸으로 하나님께 영광을 돌리라(6:12-20)

> ¹²모든 것이 내게 가하나 다 유익한 것이 아니요 모든 것이 내게 가하나 내가 무엇에든지 얽매이지 아니하리라 ¹³음식은 배를 위하여 있고 배는 음식을 위하여 있으나 하나님은 이것 저것을 다 폐하시리라 몸은 음란을 위하여 있지 않고 오직 주를 위하여 있으며 주는 몸을 위하여 계시느니라 ¹⁴하나님이 주를 다시 살리셨고 또한 그의 권능으로 우리를 다시 살리시리라 ¹⁵너희 몸이 그리스도의 지체인 줄을 알지 못하느냐 내가 그리스도의 지체를 가지고 창녀의 지체를 만들겠느냐 결코 그럴 수 없느니라 ¹⁶창녀와 합하는 자는 그와 한 몸인 줄을 알지 못하느냐 일렀으되 둘이 한 육체가 된다 하셨나니 ¹⁷주와 합하는 자는 한 영이니라 ¹⁸음행을 피하라 사람이 범하는 죄마다 몸 밖에 있거니와 음행하는 자는 자기 몸에 죄를 범하느니라 ¹⁹너희 몸은 너희가 하나님께로부터 받은 바 너희 가운데 계신 성령의 전인 줄을 알지 못하느냐 너희는 너희 자신의 것이 아니라 ²⁰값으로 산 것이 되었으니 그런즉 너희 몸으로 하나님께 영광을 돌리라

12절 모든 것이 내게 가하나 다 유익한 것이 아니요 모든 것이 내게 가하나 내가 무엇에든지 얽매이지 아니하리라

'모든 것이 가하다'라는 표현은 아마도 고린도교회 교인들의 슬로건이었을 것입니다. 그들은 '모든 것이 가하다'라고 말하면서 방종에 빠졌습니다. 그러나

바울은 "모든 것이 가하나 다 유익한 것은 아니"라고 답변합니다. 고린도교회 교인들은 단지 법적으로 옳고 그른 것에만 관심을 기울였습니다. 만약 법적으로 옳다면 어떤 행동이든 다 가하다고 생각한 것입니다. 이런 잘못된 가치관에 따라 그들은 성적으로 방종했습니다. 그러나 바울은 그들의 가치관이 잘못되었다는 사실을 지적합니다. 그리스도인의 가치관은 법적으로 옳은가, 그른가의 수준에 머물지 말고 교회 공동체에 유익한가를 생각하는 수준까지 나아가야 합니다. 그래서 바울은 "모든 것이 내게 가하나 다 유익한 것이 아니"라고 답변한 것입니다. 아울러 바울은 모든 것이 가하지만 그 어떤 것에도 종이 되어 그것의 지배를 받지 않을 것이라고 선언합니다. 예를 들면 자주 술에 취하여 건강을 버리고 다음 날 근무도 제대로 못하는 사람은 술의 종이 되어 술의 지배를 받는 사람입니다. 바울은 그런 식으로 무엇에든지 종이 되지 않겠다고 선언하였습니다.

<u>13절 음식은 배를 위하여 있고 배는 음식을 위하여 있으나 하나님은 이것 저것을 다 폐하시리라 몸은 음란을 위하여 있지 않고 오직 주를 위하여 있으며 주는 몸을 위하여 계시느니라 14절 하나님이 주를 다시 살리셨고 또한 그의 권능으로 우리를 다시 살리시리라</u>

"음식은 배를 위하고 배는 음식을 위한다"는 말은 배고플 때 음식을 먹는 것은 아무런 죄가 아니라는 말입니다. 그것은 자연스러운 인간의 욕구일 뿐이라는 뜻입니다. 고린도교회 교인들이 이런 말을 하는 이유는 자신들의 성적 방종을 합리화하기 위해서입니다. 배고플 때 음식을 먹는 것이 죄가 아니듯 성욕이 있을 때 그 욕구를 채우는 것도 죄가 아니라는 뜻입니다. 그러나 바울은 완전히 다른 가치관을 제시합니다. 우리의 몸은 단순히 우리의 욕망을 채우기 위해 존재하는 것이 아닙니다. 몸은 그런 식으로 음란을 위해 존재하는 것이 아닙니다.

우리 몸은 주님을 위하여 존재하는 것입니다. 그러므로 우리의 몸을 음란을 위해 드리지 말고 주님을 위해 드려야 합니다. 그러면 주님도 우리 몸을 위하십니다. 하나님은 주를 살리시고 또한 우리 몸을 살리실 것입니다.

15절 너희 몸이 그리스도의 지체인 줄을 알지 못하느냐 내가 그리스도의 지체를 가지고 창녀의 지체를 만들겠느냐 결코 그럴 수 없느니라 **16절** 창녀와 합하는 자는 그와 한 몸인 줄을 알지 못하느냐 일렀으되 둘이 한 육체가 된다 하셨나니 **17절** 주와 합하는 자는 한 영이니라

17절에 있는 것처럼 주와 합하는 자는 한 영입니다. 우리는 그리스도와 연합하여 한 몸을 이루었기에 그리스도를 머리로 모신 지체가 되었습니다. 그런데 그런 그리스도의 지체가 창녀와 합하면 창녀와 한 지체가 되는 것입니다. 음행은 이와같이 그리스도의 지체를 창녀의 지체로 만들어 버리는 악한 일입니다. 13절에서 말한 것처럼 몸은 음란을 위하여 있지 않고 오직 주를 위하여 있는 것임을 명심해야 합니다.

18절 음행을 피하라 사람이 범하는 죄마다 몸 밖에 있거니와 음행하는 자는 자기 몸에 죄를 범하느니라

'음행을 피하라'는 말에서 '피하라'는 단어는 본래 '도망하라'는 뜻입니다. 그렇게 해석하면 그 말은 '음행에서 도망하라'는 뜻입니다. 성경은 피해야 할 죄와 싸워야 할 죄를 구분합니다. 마귀와는 싸워야 합니다. 그래서 마귀를 대적하라고 했습니다. 그러나 음행에 대해서는 피하라고 했습니다. 도망하라는 말입니다. 안셀름은 이렇게 말했습니다. "다른 모든 것에 대하여 싸워야 한다면 음행

에서는 도망해야 한다." 그러므로 음행에 빠질만한 상황 자체를 피하고 도망하십시오. 그것이 성경적인 방법입니다.

19절 너희 몸은 너희가 하나님께로부터 받은 바 너희 가운데 계신 성령의 전인 줄을 알지 못하느냐 너희는 너희 자신의 것이 아니라 20절 값으로 산 것이 되었으니 그런즉 너희 몸으로 하나님께 영광을 돌리라

우리 안에는 하나님의 영이신 성령께서 내주하십니다. 따라서 우리 몸은 성령을 모신 전, 곧 성전입니다. 어떻게 우리가 성령의 전이 되었습니까? 우리 주님께서 자신의 목숨을 값으로 치르고 우리를 사셨기 때문에 우리가 성령의 전이 되었습니다. 그러므로 우리 몸은 우리의 것이 아닙니다. 주님께서 자신의 생명을 값으로 치르고 사신 주님의 몸입니다. 그러므로 이제 우리가 할 일은 우리 몸으로 하나님께 영광을 돌리는 것입니다.

6장은 너희 몸으로 하나님께 영광을 돌리라는 명령으로 끝납니다. 그렇다면 어떻게 해야 우리는 하나님께 영광을 돌릴 수 있을까요?

첫째로, 항상 공동체의 유익을 생각하며 살아야 합니다. 그리스도인은 기본적으로 옳은 길을 선택해야 합니다. 그러나 그것은 다만 기본적인 것임을 명심해야 합니다. 단순히 옳은 길을 택하는 것으로 충분한 것이 아닙니다. 그리스도인은 옳은 것을 넘어서 공동체에 유익한 길을 택해야 합니다. 내 행동이 다른 사람들에게 시험거리가 된다면 하지 말아야 합니다. 내 행동이 공동체에 누가 된다면 결코 하지 말아야 합니다. 비록 나는 자유할지라도 믿음이 약한 지체를 위해 절제하며 살아가야 합니다. 그럴 때 우리는 그리스도의 몸인 교회를 잘 세울 수

있습니다. 그것이 바로 하나님께 영광을 돌리는 길입니다.

둘째로, 우리의 몸을 항상 성결하게 유지해야 합니다. 자유가 있다고 해서 방종하면 안 됩니다. 항상 음행을 피해야 합니다. 10-11절에 나오는 죄들, 곧 도적, 탐욕, 술 취함, 모욕, 속여 빼앗는 것들에 빠지지 않도록 조심해야 합니다. 우리 몸을 성적인 죄로부터 지키는 길은 말 그대로 음행을 피하는 수밖에 없습니다. 유혹이 될 만한 환경에서 아예 근본적으로 차단해야 합니다. 배우자 외의 이성과 단 둘이 있는 시간을 무조건 피해야 합니다. 종업원이 서비스하는 술 집 등에는 아예 가지 말아야 합니다. 성경이 음행을 피하라고 할 때는 다 이유가 있습니다. 유혹이 될 만한 환경에 가서 자기를 지키는 것은 결코 쉬운 일이 아닙니다. 그런 환경은 처음부터 피하는 것이 상책입니다. 음행을 피하십시오. 결혼하신 분들은 여러분의 배우자와 사랑을 나누십시오. 아직 결혼하지 않은 분들은 결혼 때까지 자신을 순결하게 지키십시오. 우리의 몸은 우리 주 예수 그리스도께서 자신의 생명을 값으로 치르고 사신 몸입니다. 그러므로 우리 몸을 성결하게 지켜서 하나님께 영광을 돌리십시오.

<복습 및 나눔질문>

1. 교회 일을 가지고 세상 법정에 가서 재판하는 경우를 보셨습니까? 왜 그런 문제가 발생할까요? 바울의 권고에 비추어 생각을 정리해 보십시오(6:1-7).

2. "모든 것이 내게 가하나 다 유익한 것이 아니요"라는 말씀을 통해 공동체적 윤리에 대해 나누어 보십시오. 구체적인 사례가 있다면 사례를 들어서 서로 나누어보십시오.

3. 이 장을 읽으면서 내 마음에 가장 와 닿았던 문장은 어떤 것입니까? 그 이유가 무엇이라고 생각하십니까?

≡ 1 CORINTHIANS ≡
고린도전서

7장

1. 결혼에 대하여 이르다(7:1-24)

[1]너희가 쓴 문제에 대하여 말하면 남자가 여자를 가까이 아니함이 좋으나 [2]음행을 피하기 위하여 남자마다 자기 아내를 두고 여자마다 자기 남편을 두라 [3]남편은 그 아내에 대한 의무를 다하고 아내도 그 남편에게 그렇게 할지라 [4]아내는 자기 몸을 주장하지 못하고 오직 그 남편이 하며 남편도 그와 같이 자기 몸을 주장하지 못하고 오직 그 아내가 하나니 [5]서로 분방하지 말라 다만 기도할 틈을 얻기 위하여 합의상 얼마 동안은 하되 다시 합하라 이는 너희가 절제 못함으로 말미암아 사탄이 너희를 시험하지 못하게 하려 함이라 [6]그러나 내가 이 말을 함은 허락이요 명령은 아니니라 [7]나는 모든 사람이 나와 같기를 원하노라 그러나 각각 하나님께 받은 자기의 은사가 있으니 이 사람은 이러하고 저 사람은 저러하니라 [8]내가 결혼하지 아니한 자들과 과부들에게 이르노니 나와 같이 그냥 지내는 것이 좋으니라 [9]만일 절제할 수 없거든 결혼하라 정욕이 불 같이 타는 것보다 결혼하는 것이 나으니라 [10]결혼한 자들에게 내가 명하노니 (명하는 자는 내가 아니요 주시라) 여자는 남편에게서 갈라서지 말고 [11](만일 갈라섰으면 그대로 지내든지 다시 그 남편과 화합하든지 하라) 남편도 아내를 버리지 말라 [12]그 나머지 사람들에게 내가 말하노니 (이는 주의 명령이 아니라) 만일 어떤 형제에게 믿지 아니하는 아내가 있어 남편과 함께 살기를 좋아하거든 그를 버리지 말며 [13]어떤 여자에게 믿지 아니하는 남편이 있어 아내와 함께 살기를 좋아하거든 그 남편을 버리지 말라 [14]믿지 아니하는 남편이 아내로 말미암아 거룩하게 되고 믿지 아니하는 아내가 남편으로 말미암아 거룩하게 되나니 그렇지 아니하면 너희 자녀도 깨끗하지 못하니라 그러나 이제 거룩하니라 [15]혹 믿지 아니하는 자가 갈리거든 갈리게 하라 형제나 자매나 이런 일에 구애될 것이 없느니라 그러나 하나님은 화평 중에서 너희를 부르셨느니라 [16]아내 된 자여 네가 남편을 구원할는지 어찌 알 수 있으며 남편 된 자여 네가 네 아내를 구원할는지 어찌 알 수 있으리요 [17]오직 주께서 각 사람에게 나눠 주신 대로 하나님이 각 사람을 부르신 그대로 행하라 내가 모든 교회에서 이와 같이 명하노라 [18]할례자로서 부르심을 받은 자가 있느냐 무할례자가 되지 말며 무할례자로 부르심을 받은 자가 있느냐 할례를 받지 말라 [19]할례 받는 것도 아무 것도 아니요 할례 받지 아니하는 것도 아무 것도 아니로되 오직 하나님의 계명을 지킬 따름이니라 [20]각 사람은 부르심을 받

> 은 그 부르심 그대로 지내라 ²¹네가 종으로 있을 때에 부르심을 받았느냐 염려하지 말라 그러나 네가 자유롭게 될 수 있거든 그것을 이용하라 ²²주 안에서 부르심을 받은 자는 종이라도 주께 속한 자유인이요 또 그와 같이 자유인으로 있을 때에 부르심을 받은 자는 그리스도의 종이니라 ²³너희는 값으로 사신 것이니 사람들의 종이 되지 말라 ²⁴형제들아 너희는 각각 부르심을 받은 그대로 하나님과 함께 거하라

고대 사회에는 결혼에 대해 크게 두 가지 견해가 있었습니다. 한 가지는 다수의 의견으로 결혼과 출산은 중요하고 장려할 일이라고 생각한 것입니다. 다른 한 가지는 소수의 철학자들의 의견으로 결혼은 지혜로운 삶을 사는 데 방해가 되므로 해서는 안 된다고 생각한 것입니다(Craig Keener, IVP 성경배경주석, 540). 이런 두 가지 다른 견해가 함께 존재하던 사회에 살던 성도들에게 바울은 결혼에 대한 성경적 원리를 가르칩니다.

1절 너희가 쓴 문제에 대하여 말하면 남자가 여자를 가까이 아니함이 좋으나

1절은 고린도교회 성도들이 바울에게 보낸 질문의 내용을 다룹니다. 당시 고린도에는 성적으로 타락한 사람들이 많이 있었지만 반대로 결혼한 사람들에게까지 성관계를 금하던 금욕주의자들도 있었습니다. 고린도교회 성도들 가운데는 그런 금욕주의자들의 영향을 받아 부부간에도 성관계를 갖지 않는 것이 좋다고 생각하던 자들이 있었습니다. 1절은 바로 그런 사람들의 주장을 바울이 인용하고 있는 것입니다(김세윤, 고린도전서강해, 124).

2절 음행을 피하기 위하여 남자마다 자기 아내를 두고 여자마다 자기 남편을 두라

2절부터가 1절에 있는 질문에 대한 바울의 대답입니다. 음행을 피하기 위하여 배우자를 두라는 말은 언뜻 들으면 결혼의 목적을 성적 욕망을 채우는 것으로 여기는 것 같습니다. 그러나 이 말은 그런 뜻이 아닙니다. 이 말씀은 성적 부도덕을 예방하는 가장 좋은 방법이 부부간에 친밀한 관계를 유지하는 것이라는 뜻입니다.

3절 남편은 그 아내에 대한 의무를 다하고 아내도 그 남편에게 그렇게 할지라

결혼생활에는 여러 가지 의무가 있습니다. 그 중에 하나가 바로 성생활의 의무입니다. 좀 확대하여 말하면 정절의 의무라고 볼 수도 있습니다. 남편과 아내는 서로 '상대방에게만' 의무를 다해야 합니다. 그런 면에서 이것은 성생활의 의무라고 볼 수도 있고, 정절의 의무라고 볼 수도 있습니다.

4절 아내는 자기 몸을 주장하지 못하고 오직 그 남편이 하며 남편도 그와 같이 자기 몸을 주장하지 못하고 오직 그 아내가 하나니

부부간의 성적 관계는 항상 상대방 중심적이어야 합니다. 내 기분에 따라 무조건 요구하거나 내 기분에 따라 무조건 거부해서는 안 됩니다. 한 마디로 내 뜻대로 하지 말고 상대방을 배려해야 한다는 뜻입니다.

5절 서로 분방하지 말라 다만 기도할 틈을 얻기 위하여 합의상 얼마 동안은 하되 다시 합하라 이는 너희가 절제 못함으로 말미암아 사탄이 너희를 시험하지 못하게 하려 함이라

성경은 부부에게 분방하지 말라고 합니다. 그 이유는 사탄이 우리를 시험하지 못하도록 하기 위해서입니다. 인간의 성적 욕망이란 순간적인 자극과 충동에 따라 변합니다. 보통 때는 성자처럼 지내던 사람도 욕망에 사로잡히면 한 순간에 부도덕한 행동에 빠질 수 있습니다. 그래서 분방하지 말라는 것입니다. 분방하지 말고 항상 부부간에 친밀한 관계 가운데 지내라는 것입니다. 다만 한 가지 예외 조건을 달아서 분방을 허용합니다. 그것은 바로 기도할 틈을 얻기 위해서는 분방해도 좋다는 것입니다. 기도할 틈을 얻기 위해서는 분방해도 좋다는 말을 볼 때 아마도 이 기도는 밤을 새워서 기도하는 것을 가리키는 것 같습니다. 밤을 새워 집중하여 기도하고 싶을 때는 임시로 분방할 수 있습니다. 그러나 그런 경우에도 잠시 그렇게 하고 다시 합해야 합니다. 그 이유는 사람은 누구나 성적 욕망에 약한 존재이기 때문입니다. 우리 스스로의 약함을 인정하고 항상 부부간에 친밀한 관계 가운데 지내는 것이 좋습니다.

6절 그러나 내가 이 말을 함은 허락이요 명령은 아니니라

바울은 기도할 틈을 얻기 위해서는 분방할 수 있다고 말한 후에 그것이 고린도교회 성도들의 요청에 대한 허락이지 명령은 아니라고 말합니다. 바울은 기도하기 위해서만 제한적으로 허용할 뿐 기본적으로 부부가 분방하는 것을 찬성하지 않습니다. 그 정도로 바울은 부부간의 친밀한 관계를 중요하게 여깁니다.

7절 나는 모든 사람이 나와 같기를 원하노라 그러나 각각 하나님께 받은 자기의 은사가 있으니 이 사람은 이러하고 저 사람은 저러하니라

바울은 독신을 새로운 대안으로 제시합니다. 다만 이 경우 하나님의 나라를

위해 특별히 독신의 은사를 가진 사람들에게만 권합니다. 독신으로 살든 결혼하든 중요한 것은 하나님의 부르심을 따라 사는 것입니다.

> **8절** 내가 결혼하지 아니한 자들과 과부들에게 이르노니 나와 같이 그냥 지내는 것이 좋으니라 **9절** 만일 절제할 수 없거든 결혼하라 정욕이 불 같이 타는 것보다 결혼하는 것이 나으니라

8-9절은 독신자들을 위한 가르침입니다. 바울은 결혼하지 않은 자들이나 결혼했지만 혼자된 자들에게 결혼하지 말고 독신으로 지내라고 권합니다. 이것은 결국 독신으로 살면서 하나님의 나라를 위해 자기 삶을 헌신하는 것이 더 낫다는 뜻입니다. 그렇지만 만약 성적 욕망을 절제할 수 없다면 결혼하라고 권합니다. 결국 바울은 결혼을 하든지 아니면 성적 욕망을 절제하고 독신으로 살라고 권합니다. 바울이 이런 권면을 한 데는 이유가 있습니다. 당시 고린도에는 독신생활을 주장하면서 성적인 욕망은 창녀를 통하여 해결하는 사람들이 있었습니다(Gordon Fee, 289). 그런 행동은 책임은 지지 않고 욕망만 채우려는 것입니다. 바울은 그런 태도는 잘못된 것이므로 결혼하든지 아니면 절제하면서 독신으로 살라고 권합니다.

> **10절** 결혼한 자들에게 내가 명하노니 (명하는 자는 내가 아니요 주시라) 여자는 남편에게서 갈라서지 말고 **11절** (만일 갈라섰으면 그대로 지내든지 다시 그 남편과 화합하든지 하라) 남편도 아내를 버리지 말라

8-9절이 결혼하지 않은 자들에게 준 가르침이라면 10-11절은 결혼한 자들에게 준 가르침입니다. 여기서 바울은 예수님의 가르침(막 10:5-9)을 인용합니다. 예수님은 하나님이 짝지어 주신 것을 사람이 나눌 수 없다고 가르치셨습니다.

모세의 율법에서 이혼증서를 써 주어 이혼을 허용한 것은 당시 사회적 약자였던 여성을 보호하기 위한 것이었습니다. 그런 제도가 없으면 이혼을 원하는 남성들은 심지어 부인을 죽여서라도 버리고 새로운 여자를 맞이할 것입니다. 예수님은 창세기에 나오는 율법의 본래 뜻을 회복하여 이혼을 금하셨습니다. 바울은 그런 예수님의 가르침을 따라 여자는 남편에게서 갈라서지 말고 남편도 아내를 버리지 말라고 가르칩니다.

12절 그 나머지 사람들에게 내가 말하노니 (이는 주의 명령이 아니라) 만일 어떤 형제에게 믿지 아니하는 아내가 있어 남편과 함께 살기를 좋아하거든 그를 버리지 말며 13절 어떤 여자에게 믿지 아니하는 남편이 있어 아내와 함께 살기를 좋아하거든 그 남편을 버리지 말라

이제 바울은 믿지 않는 사람과 결혼한 자들에게 권면합니다. 당시 처음 예수님을 믿은 일 세대 그리스도인들 가운데는 결혼한 후에 예수님을 믿은 사람들이 많이 있었습니다. 그들의 입장에서는 예수님을 믿고 보니 자신이 믿지 않는 사람과 결혼생활을 하고 있는 상황이 된 것입니다. 그런 경우 당연히 믿지 않는 아내나 남편과 계속 살아야 합니다. 간혹 이단종파에서 믿지 않는 배우자와 헤어지게 하는 극단적인 경우가 있습니다. 그것은 바른 성경적 가르침이 아닙니다. 성경은 분명히 그런 경우 헤어지지 말고 함께 살라고 권고합니다. 이미 결혼했다면 배우자와 잘 사는 것이 옳습니다.

14절 믿지 아니하는 남편이 아내로 말미암아 거룩하게 되고 믿지 아니하는 아내가 남편으로 말미암아 거룩하게 되나니 그렇지 아니하면 너희 자녀도 깨끗하지 못하니라 그러나 이제 거룩하니라

우리는 하나님의 섭리를 모두 알 수 없습니다. 하나님은 결혼생활을 통하여 믿지 않는 배우자를 구원할 수 있습니다. 그러므로 이미 믿지 않는 배우자와 사는 사람들은 그들을 구원하기 위해 노력해야 합니다. 자녀의 문제도 마찬가지입니다. 당시 부모 가운데 한 쪽만 믿는 사람인 경우 그 가정을 믿음의 가정으로 인정하였습니다. 그 자녀들 또한 믿음의 자녀로 인정한 것입니다. 이 말은 단순히 부모 가운데 한 분만 그리스도인이면 무조건 구원받는다는 뜻이 아닙니다. 부모 가운데 한 분만 믿음이 있어도 복음의 영향력이 있기 때문에 자녀는 그 영향으로 예수님을 믿고 거룩한 자가 된다는 뜻입니다. 그러므로 믿지 않는 가족이라고 해서 버릴 필요는 없습니다. 하나님은 그 한 사람을 통하여 가족 전체를 구원하실 것입니다. 그 소망으로 믿지 않는 가족들을 사랑해야 합니다.

15절 혹 믿지 아니하는 자가 갈리거든 갈리게 하라 형제나 자매나 이런 일에 구애될 것이 없느니라 그러나 하나님은 화평 중에서 너희를 부르셨느니라

이 말씀은 만약 믿지 않는 남편이나 아내가 신앙적인 이유로 이혼을 요구할 경우 어떻게 해야 할 것인가에 관하여 좋은 지침을 제공하고 있습니다. 본문은 믿지 않는 남편이나 아내가 신앙적인 이유로 이혼을 요구할 경우 허용하라고 합니다. 왜냐하면 그리스도인이 결혼에 매여 신앙생활을 못하게 되어서는 안 되기 때문입니다. 그런 특수한 경우에는 이혼이 허용됩니다. 다만 단서가 붙습니다. 하나님은 우리를 화평 중에 부르셨다는 것입니다. 그 말은 그런 상황에서도 다투지 말라는 뜻입니다. 결혼을 하든 이혼을 하든 중요한 것은 화평하는 것입니다. 결혼은 우리 인생 최고의 목적이 아닙니다. 우리 인생 최고의 목적은 하나님을 바르게 아는 것입니다. 그러므로 결혼이라는 제도 때문에 하나님을 바르게 알고 그를 따라가는 것에 방해되어서는 안 됩니다.

16절 아내 된 자여 네가 남편을 구원할는지 어찌 알 수 있으며 남편 된 자여 네가 네 아내를 구원할는지 어찌 알 수 있으리요

이 구절은 구원할 수 있을 것이라는 낙관적인 의미로 해석할 수도 있고 구원하기 어려울 것이라는 비관적인 의미로 해석할 수도 있습니다. 14절과 연결하면 낙관적으로 보이고, 15절과 연결하면 비관적으로 보입니다. 사실 알 수 없는 일입니다. 실제 상황을 보면 믿는 아내가 믿지 않는 남편을 구원하는 경우도 있고, 반대로 믿는 아내가 믿음을 버리는 경우도 있습니다. 그러므로 무조건 낙관적으로 보거나 무조건 비관적으로 볼 필요는 없습니다. 우리는 하나님의 섭리를 다 알 수 없습니다. 그러므로 겸손히 주님의 은혜를 구하는 수밖에 없습니다.

이제 17-24절에서 바울은 은사와 부르심의 문제를 다룹니다. 바울은 하나님이 부르신 모습 그대로 지내라고 권고합니다.

17절 오직 주께서 각 사람에게 나눠 주신 대로 하나님이 각 사람을 부르신 그대로 행하라 내가 모든 교회에서 이와 같이 명하노라

17절에서 바울은 이 문제에 관한 대원칙을 제시합니다. 그것은 바로 하나님이 부르신 그대로 살라는 것입니다. 할례자는 할례자로 살고, 무할례자는 무할례자로 살고, 종은 종으로 살라고 권합니다. 하나님의 부르심은 개인에 따라 매우 다양하므로 부르신 모습 그대로 살라는 것입니다.

18절 할례자로서 부르심을 받은 자가 있느냐 무할례자가 되지 말며 무할례자로 부르심을 받은 자가 있느냐 할례를 받지 말라 **19절** 할례 받는 것도 아무 것도 아니요 할례 받

지 아니하는 것도 아무 것도 아니로되 오직 하나님의 계명을 지킬 따름이니라 20절 각 사람은 부르심을 받은 그 부르심 그대로 지내라

당시 유대인들은 대부분 할례를 받았지만 이방인들은 할례 받는 것을 수치스럽게 여겼습니다. 심지어 어떤 이방인들은 할례를 받으면 장애인이 되는 것이라고 생각하기도 하였습니다. 그런데 유대인들이 할례를 주장하자 이방인들 가운데 갈등하는 사람들이 있었습니다. 반대로 이미 할례를 받은 유대인들 가운데 이방 문화를 접하면서 할례 받기 이전으로 복원하려는 사람도 있었습니다. 그런 상황에서 바울은 그냥 부르신대로 지내라고 합니다. 왜냐하면 할례가 중요한 것이 아니고 하나님의 계명을 지키는 것이 중요하기 때문입니다. 따라서 할례를 받지 않은 자가 굳이 할례를 받을 필요도 없고, 이미 할례를 받은 자가 굳이 복원할 필요도 없습니다. 그저 각 사람은 부르심을 받은 대로 지내는 것이 좋습니다.

21절 네가 종으로 있을 때에 부르심을 받았느냐 염려하지 말라 그러나 네가 자유롭게 될 수 있거든 그것을 이용하라

종으로 있다가 예수님을 믿은 자들이 있었습니다. 그들에게는 그런 것에 대해 염려하지 말라고 권합니다. 그렇지만 자유를 얻을 기회가 있다면 자연스럽게 자유를 얻도록 권합니다. 바울이 이렇게 권하는 이유가 있습니다. 당시 노예들이 반란을 일으키면 아주 잔인하게 진압되었습니다. 그런 상황이었기 때문에 바울은 무리하게 자유를 얻으려고 하다가 목숨을 잃는 것을 안타깝게 생각하였습니다. 그래서 종이라고 너무 염려하지 말고 그대로 지내라고 권한 것입니다. 그런데 때로는 자유를 얻을 수 있는 기회가 주어지기도 했습니다. 그럴 때는 자유를 얻으라고 권합니다. 그러나 만약 그런 기회가 주어지지 않는다면 무리하

게 목숨을 잃지 말고 그대로 지내라고 권면하는 것입니다.

22절 주 안에서 부르심을 받은 자는 종이라도 주께 속한 자유인이요 또 그와 같이 자유인으로 있을 때에 부르심을 받은 자는 그리스도의 종이니라

바울이 이렇게 권한 이유는 우리 그리스도인들에게는 영적인 자유가 더 중요하기 때문입니다. 주 안에서 부르심을 받은 자는 비록 그 신분이 종일지라도 주께 속한 자유인입니다. 반면에 자유인으로 부르심을 받은 자도 그리스도의 종으로 살아야 합니다. 그러므로 무리하게 육체의 자유를 얻으려고 하다가 목숨을 잃지 말고 부르심을 받은 대로 지내면서 진정한 영적 자유를 얻으라고 권면합니다.

23절 너희는 값으로 사신 것이니 사람들의 종이 되지 말라

그리스도께서 자신의 목숨을 값으로 지불하여 죄의 노예가 되어 있던 우리를 사셨기 때문에 이제 우리는 더 이상 죄의 종이 아닙니다. 우리는 완전히 해방된 자유인입니다. 그러므로 이제 더 이상 사람들의 종이 되어서는 안 됩니다. 당시 인간의 철학과 종교적 제도들은 성도들을 종으로 삼아 억압하려고 했습니다. 이제 그리스도인들은 그런 것들에 매일 필요가 없습니다. 왜냐하면 우리는 그리스도께서 값을 지불하고 해방시킨 자유인들이기 때문입니다.

24절 형제들아 너희는 각각 부르심을 받은 그대로 하나님과 함께 거하라

이 구절은 앞에 나왔던 20절과 내용이 거의 흡사합니다. 20절에서 바울은 각 사람은 부르심을 받은 그대로 지내라고 권고했습니다. 다만 이 구절에는 한 가

지가 추가되었습니다. 그것은 바로 "하나님과 함께"라는 내용입니다. 무슨 뜻일까요? 그리스도인은 언제 어떤 상황에 있든지 하나님께서 함께 하시며 하나님께서 그 자녀들을 결코 잊지 않는다는 사실을 기억해야 한다는 뜻입니다(cf. 시 27:10). 그리스도인들은 부르심을 받은 그대로 살아야 합니다. 그렇게 살려면 반드시 기억해야 할 것이 있습니다. 그것은 바로 하나님은 언제나 우리와 함께 하신다는 것입니다. 하나님은 결코 우리를 잊지 않는다는 것입니다. 그리스도인은 언제나 그렇게 하나님이 함께 하신다는 사실을 의식하며 살아야 합니다. 그런 확신을 가지고 부르심을 받은 대로 지내면 됩니다. 그런 확신이 있으면 어려운 상황 속에서도 인내하면서 살아갈 수 있습니다. 고난 중에도 낙심하지 않고 견딜 수 있습니다.

이제 결혼에 대한 고린도전서의 교훈을 정리해 보겠습니다.

첫째, 결혼을 하든 독신으로 살든 그것은 부르신 대로 할 일입니다. 무조건 결혼을 해야 한다거나 혹은 독신으로 살아야 한다고 주장해서는 안 됩니다.

둘째, 하나님의 일에 전념하기 위해 독신을 선택하는 것은 귀한 일입니다.

셋째, 독신으로 살면서 성적 욕망에 굴복하는 것은 옳지 않은 일이므로 그런 경우에는 결혼하는 편이 낫습니다.

넷째, 만약 현재 믿지 않는 사람과 살고 있다면 헤어지지 말고 그를 주님께로 인도하기 위해 노력해야 합니다.

다섯째, 이혼은 옳지 않은 일이므로 섣불리 이혼해서는 안 됩니다. 힘들어도 결혼생활을 유지하는 것이 좋습니다. 그러나 만약 믿지 않는 배우자가 믿음을 버리도록 요구하고 그렇게 하지 않으려면 이혼하자고 한다면 그 때는 어쩔 수 없습니다. 왜냐하면 결혼생활을 유지하는 것보다 더 중요한 것은 하나님을 바르게 섬기는 것이기 때문입니다.

2. 처녀와 과부에게 주는 권면(7:25-40)

²⁵처녀에 대하여는 내가 주께 받은 계명이 없으되 주의 자비하심을 받아서 충성스러운 자가 된 내가 의견을 말하노니 ²⁶내 생각에는 이것이 좋으니 곧 임박한 환난으로 말미암아 사람이 그냥 지내는 것이 좋으니라 ²⁷네가 아내에게 매였느냐 놓이기를 구하지 말며 아내에게서 놓였느냐 아내를 구하지 말라 ²⁸그러나 장가가도 죄 짓는 것이 아니요 처녀가 시집가도 죄 짓는 것이 아니로되 이런 이들은 육신에 고난이 있으리니 나는 너희를 아끼노라 ²⁹형제들아 내가 이 말을 하노니 그 때가 단축하여진 고로 이 후부터 아내 있는 자들은 없는 자 같이 하며 ³⁰우는 자들은 울지 않는 자 같이 하며 기쁜 자들은 기쁘지 않은 자 같이 하며 매매하는 자들은 없는 자 같이 하며 ³¹세상 물건을 쓰는 자들은 다 쓰지 못하는 자 같이 하라 이 세상의 외형은 지나감이니라 ³²너희가 염려 없기를 원하노라 장가가지 않은 자는 주의 일을 염려하여 어찌하여야 주를 기쁘시게 할까 하되 ³³장가 간 자는 세상 일을 염려하여 어찌하여야 아내를 기쁘게 할까 하여 ³⁴마음이 갈라지며 시집가지 않은 자와 처녀는 주의 일을 염려하여 몸과 영을 다 거룩하게 하려 하되 시집 간 자는 세상 일을 염려하여 어찌하여야 남편을 기쁘게 할까 하느니라 ³⁵내가 이것을 말함은 너희의 유익을 위함이요 너희에게 올무를 놓으려 함이 아니니 오직 너희로 하여금 이치에 합당하게 하여 흐트러짐이 없이 주를 섬기게 하려 함이라 ³⁶그러므로 만일 누가 자기의 약혼녀에 대한 행동이 합당하지 못한 줄로 생각할 때에 그 약혼녀의 혼기도 지나고 같이 할 필요가 있거든 원하는 대로 하라 그것은 죄 짓는 것이 아니니 그들로 결혼하게 하라 ³⁷그러나 그가 마음을 정하고 또 부득이한 일도 없고 자기 뜻대로 할 권리가 있어서 그 약혼녀를 그대로 두기로 하여도 잘하는 것이니라 ³⁸그러므로 결혼하는 자도 잘하거니와 결혼하지 아니하는 자는 더 잘하는 것이니라 ³⁹아내는 그 남편이 살아 있는 동안에 매여 있다가 남편이 죽으면 자유로워 자기 뜻대로 시집 갈 것이나 주 안에서만 할 것이니라 ⁴⁰그러나 내 뜻에는 그냥 지내는 것이 더욱 복이 있으리로다 나도 또한 하나님의 영을 받은 줄로 생각하노라

고린도전서 7장은 전체가 결혼에 관한 성경적 원리를 가르치는 말씀입니다. 그 중에 7:1-24이 일반적인 결혼에 관한 교훈을 다룬다면 7:25-40은 처녀와 과부, 곧 독신자들을 향한 교훈을 다루고 있습니다.

25절 처녀에 대하여는 내가 주께 받은 계명이 없으되 주의 자비하심을 받아서 충성스러운 자가 된 내가 의견을 말하노니

여기서 처녀라고 표현했지만 문맥을 보면 이 말은 독신남녀를 모두 염두에 둔 것이라고 볼 수 있습니다. 바울은 처녀에 대하여는 주님께 받은 계명이 없다고 말합니다. 그 말은 주님께서 지상사역을 하시면서 직접 주신 계명이 없다는 말입니다. 그러나 이 말씀을 근거로 이것은 단지 바울의 말이고 성경말씀이 아니라고 주장하는 것은 설득력이 없는 말입니다. 성경은 모두 하나님의 감동으로 계시된 것입니다. 다만 어떤 말씀은 직접 예수님께서 하신 말씀이고, 또 다른 말씀은 예수님의 말씀의 원리에 기초하여 적용한 것이라고 볼 수 있습니다. 이 말씀은 예수님께서 직접 하신 말씀은 아니지만 예수님의 충성된 제자로서 성령의 감동을 따라 바울이 하나님께 받아 말한 것입니다.

26절 내 생각에는 이것이 좋으니 곧 임박한 환난으로 말미암아 사람이 그냥 지내는 것이 좋으니라

바울은 임박한 환난을 생각할 때 독신자들은 결혼하지 말고 그냥 지내는 것이 좋다고 권면합니다. 여기서 임박한 환난이란 두 가지 차원으로 이해할 수 있습니다. 첫째는 예수님의 재림으로 이루어질 최종적인 종말이고, 둘째는 고린도에 다가올 미래적 환난을 가리킵니다. 당시 고린도에서는 이 두 가지 차원이 다

관련이 있었습니다. 당시 고린도는 심각한 기근에 시달리고 있었습니다(Craig Blomberg, 1 Corinthians, 151). 이런 기근은 환난의 징조로 여겨지는 경우가 많았습니다. 따라서 이 말씀의 의미는 심각한 기근으로 불안정한 시대에 과연 결혼할 필요가 있겠느냐는 것입니다. 결혼하는 것이 잘못된 것은 아니지만 죽음이 임박하다고 느끼는 사람은 굳이 결혼할 필요를 못 느끼는 것입니다.

27절 네가 아내에게 매였느냐 놓이기를 구하지 말며 아내에게서 놓였느냐 아내를 구하지 말라

26절에서 그냥 지내는 것이 좋다는 말은 결혼하지 말라는 말이 아닙니다. 바울은 이미 결혼하여 아내가 있는 사람들은 임박한 환난을 핑계로 아내와 이혼하지 말라고 권합니다. 또한 만약 이미 혼자 살고 있다면 굳이 아내를 구하려고 애쓰지 말라고 합니다. 그 이유는 앞에서 말한 것처럼 임박한 환난의 시대가 가까이 왔기 때문입니다.

28절 그러나 장가가도 죄 짓는 것이 아니요 처녀가 시집가도 죄 짓는 것이 아니로되 이런 이들은 육신에 고난이 있으리니 나는 너희를 아끼노라

바울은 결혼을 반대하지 않습니다. 왜냐하면 장가가고 시집가는 것은 죄 짓는 것이 아니기 때문입니다. 다만 당시 고린도지역에 닥친 심각한 기근이 결혼한 이들을 더욱 고통스럽게 할 것이기 때문에 바울은 그들을 아끼는 마음으로 결혼하지 말도록 권고합니다.

29절 형제들아 내가 이 말을 하노니 그 때가 단축하여진 고로 이 후부터 아내 있는 자

들은 없는 자 같이 하며 30절 우는 자들은 울지 않는 자 같이 하며 기쁜 자들은 기쁘지 않은 자 같이 하며 매매하는 자들은 없는 자 같이 하며 31절 세상 물건을 쓰는 자들은 다 쓰지 못하는 자 같이 하라 이 세상의 외형은 지나감이니라

29절에서는 그 때가 단축하여졌다고 말하고, 31절에서는 이 세상의 외형은 지나간다고 말합니다. 이런 표현들은 이 세상에 대한 그리스도인들의 관점을 잘 보여줍니다. 1세기 사람들은 이 세상은 파괴될 수 없고, 세상은 불변한다는 관점을 가지고 있었습니다(D. A. Carson & R. T. France, IVP성경주석 신약, 461). 그러나 그리스도인들은 새로운 삶의 가치관을 가지고 세상을 보았습니다. 그것은 바로 임박한 종말을 의식하며 살아야 한다는 것입니다. 우리 그리스도인들은 '크로노스'의 관점이 아니라 '카이로스'의 관점으로 세상을 보아야 합니다. 크로노스가 물리적인 시간을 가리킨다면 카이로스는 하나님의 때를 가리킵니다. 1세기 그리스도인들은 카이로스의 관점으로 세상을 보기 시작했습니다. 하나님의 때가 다가오고 있다는 의식을 가지고 살았습니다. 따라서 이제 결혼생활이나 인생의 슬픔, 혹은 돈 버는 일에 너무 매여서는 안 됩니다. 이제 아내가 있는 자들은 마치 없는 자처럼 살아야 합니다. 그 말은 단지 아내를 기쁘게 해 주는 삶만 살지 말라는 것입니다. 그저 단순히 행복한 결혼생활을 하는 것을 인생의 전부인 것처럼 그렇게 살지 말라는 말입니다. 우는 자들은 울지 않는 자처럼 하며 기쁜 자들은 기쁘지 않은 자처럼 살아야 합니다. 그 말은 인생에서 겪는 일상의 슬픔과 기쁨에 너무 매이지 말라는 말입니다. 또한 매매하는 자들은 없는 것 같이 해야 합니다. 그 말은 돈 버는 일에만 매여 있지 말라는 뜻입니다. 세상 물건을 쓰는 자들은 다 쓰지 못하는 자같이 해야 합니다. 이 세상 물건을 탐하고 그것을 누리는 것에만 매이지 말라는 뜻입니다. 한 마디로 이 세상에서 겪는 일상의 슬픔과 기쁨, 그리고 돈 벌고 누리고 먹고 사는 일 등에 너무 얽매이지 말

라는 말입니다. 왜냐하면 이 세상의 삶은 결국 지나가는 것이기 때문입니다.

32절 너희가 염려 없기를 원하노라 장가가지 않은 자는 주의 일을 염려하여 어찌하여야 주를 기쁘시게 할까 하되 **33절** 장가 간 자는 세상 일을 염려하여 어찌하여야 아내를 기쁘게 할까 하여 **34절** 마음이 갈라지며 시집가지 않은 자와 처녀는 주의 일을 염려하여 몸과 영을 다 거룩하게 하려 하되 시집 간 자는 세상 일을 염려하여 어찌하여야 남편을 기쁘게 할까 하느니라

바울은 성도들이 염려가 없기를 원합니다. 여기서 염려가 없기를 원한다는 말은 주님을 섬기는데 방해가 되는 그런 염려가 없기를 원한다는 말입니다. 장가가지 않은 자는 늘 주님의 일을 염려하여 어찌하여야 주님을 기쁘시게 할까를 생각합니다. 그러나 장가간 자는 어찌하여야 아내를 기쁘게 할까 염려합니다. 시집가지 않은 자와 처녀는 주의 일을 염려하여 몸과 영을 다 거룩하게 하려고 합니다. 미혼자는 주님을 위하여 몸과 영을 더욱 거룩히 성별할 수 있습니다. 그러나 시집간 자는 어찌해야 남편을 기쁘게 할까를 염려합니다.

이 말씀은 두 가지 사실을 전제합니다. 첫째로, 결혼생활은 기본적으로 이타적인 삶을 추구하는 것입니다. 결혼한 사람들은 자신을 위해서가 아니라 배우자를 위하여 살아야 합니다. 어떻게 하면 상대방을 행복하게 할까를 생각하는 것이 결혼생활이 되어야 합니다. 자신이 행복하려고 결혼하면 둘 다 불행해집니다. 반면에 상대방을 행복하게 하려고 하면 둘 다 행복해질 수 있습니다. 그리스도인의 결혼생활은 기본적으로 이타적인 삶의 원리위에 세워져야 합니다. 둘째로, 우리는 궁극적으로 주님을 기쁘시게 하는 삶을 살아야 합니다. 결혼한 사람이나 결혼하지 않은 사람이나 그리스도인은 모두 궁극적으로 주님을 기쁘시

게 하는 삶을 살아야 합니다. 바울은 지금 그런 전제 아래서 결혼한 사람은 아무래도 마음이 나누어지고 시간도 나누어 써야 하지만 결혼하지 않은 사람은 전적으로 주님만 기쁘시게 할 수 있다는 사실을 말하는 것입니다.

35절 내가 이것을 말함은 너희의 유익을 위함이요 너희에게 올무를 놓으려 함이 아니니 오직 너희로 하여금 이치에 합당하게 하여 흐트러짐이 없이 주를 섬기게 하려 함이라

이 말씀은 결혼을 반대하는 것이 아닙니다. 결혼생활을 반대하여 결혼한 자들을 올무에 빠트리려는 것이 아닙니다. 다만 바울의 의도는 고린도교회 성도들로 하여금 반듯하게 주를 섬기도록 하려는 것뿐입니다. 따라서 결혼하는 것도 죄가 아니고 독신으로 사는 것도 죄가 아닙니다. 어떤 선택을 하든지 중요한 것은 주님을 바르게 섬기는 것입니다. 독신으로 사는 사람도 주님을 바르게 섬겨야 하고, 결혼하여 사는 사람도 주님을 바르게 섬겨야 합니다. 그것이 바로 사도 바울의 강조점입니다.

36절 그러므로 만일 누가 자기의 약혼녀에 대한 행동이 합당하지 못한 줄로 생각할 때에 그 약혼녀의 혼기도 지나고 그같이 할 필요가 있거든 원하는 대로 하라 그것은 죄 짓는 것이 아니니 그들로 결혼하게 하라

이 말씀의 의미를 바르게 이해하려면 당시의 상황을 먼저 알아야 합니다. 당시 고린도는 심각한 기근으로 인하여 재난이 임박한 상황이었습니다(Craig Blomberg, 1 Corinthians, 151). 그런 상황이었기 때문에 많은 약혼한 부부들이 결혼을 미루고 있었습니다. 사실 때가 되었는데도 결혼을 미루는 것은 이치에 맞는 일이 아닙니다. 혼인할 때도 되었고, 혼인할 필요성이 인정된다면 결혼하게 하는

것이 좋습니다. 이런 말씀이 나온 이유는 임박한 환난 때문에 결혼하지 않고 사는 것이 더 좋다는 정서가 팽배해 있었기 때문입니다. 그러나 결혼하는 것이 죄는 아니므로 적절한 때가 되고 결혼할 수 있는 상황이라면 결혼하는 것도 좋습니다.

37절 그러나 그가 마음을 정하고 또 부득이한 일도 없고 자기 뜻대로 할 권리가 있어서 그 약혼녀를 그대로 두기로 하여도 잘하는 것이니라

그렇지만 만약 자신이 혼인하지 않기로 마음을 정했고, 주변 사람들의 강요도 없고, 자신의 성적 욕망을 제어할 수 있어서 결혼하지 않기로 작정하였다면 그런 경우는 결혼하지 않는 것도 좋은 것입니다.

38절 그러므로 결혼하는 자도 잘하거니와 결혼하지 아니하는 자는 더 잘하는 것이니라

36절과 37절은 결혼을 하는 것이 선이라거나 결혼을 하지 않는 것이 선이라고 말하지 않습니다. 반대로 결혼하는 것이 죄라거나 결혼하지 않는 것이 죄라고 말하지도 않습니다. 결혼하는 것도 잘 하는 일입니다. 그러나 이 말씀은 결혼하지 않는 것이 더 잘하는 것이라고 말합니다. 이 말씀은 당시의 배경 아래서 읽어야 바르게 이해할 수 있습니다. 앞에서 말씀드린 것처럼 당시 고린도는 임박한 환난 때문에 강한 종말론적인 신앙을 가지고 있었습니다. 그러므로 할 수만 있다면 결혼하지 않고 온전히 주님만 섬기는 것이 더 낫다고 말하는 것입니다. 다만 원리는 분명합니다. 결혼을 하든지, 하지 않든지, 중요한 것은 하나님을 신실하게 섬기는 것입니다. 결혼 자체가 선과 악의 판단 기준이 아닙니다.

39절 아내는 그 남편이 살아 있는 동안에 매여 있다가 남편이 죽으면 자유로워 자기 뜻대로 시집 갈 것이나 주 안에서만 할 것이니라

성경은 사별 후 재혼하는 것에 대해서는 아무런 제한을 하지 않습니다. 기본적으로 결혼관계는 이 땅에서 살아있을 동안에만 적용되는 관계입니다. 사후에 천국에서는 이 땅의 결혼관계가 이어지지 않습니다. 그러므로 성경은 사별 후 재혼을 막지 않습니다. 다만 사별 후 재혼할 때도 주 안에서 하라고 권합니다. 여기서 주 안에서 하라는 말은 그리스도인과 재혼하라는 말입니다.

40절 그러나 내 뜻에는 그냥 지내는 것이 더욱 복이 있으리로다 나도 또한 하나님의 영을 받은 줄로 생각하노라

그렇지만 바울은 재혼하지 않고 그냥 지내는 것이 더욱 복이 있다고 말합니다. 당시 로마법은 60세 이전의 여성이 과부가 되었으면 18개월 이내에 재혼해야 했습니다(Carson & France, 462). 그러나 바울은 그런 사회법과 관계없이 과부들이 재혼하지 않고 혼자 지내면서 전적으로 주님만 섬기는 것이 더 좋을 것이라고 말합니다. 당시는 남성 중심 사회였기 때문에 여성들이 많이 학대를 당했습니다. 그러므로 차라리 자유롭게 독신으로 살면서 주님을 섬기는 것이 더 행복할 것이라는 말입니다. 바울은 자신이 하는 말이 성령의 감동을 따른 것임을 분명하게 밝힙니다.

고린도전서 7장은 결혼생활에 관한 매우 실제적인 교훈들을 가르쳐 줍니다.

첫째로, 그리스도인들은 항상 임박한 종말을 의식하면서 살아야 합니다. 그리

스도인에게는 두 가지 종말이 있습니다. 첫째는 개인의 종말이고, 둘째는 역사의 종말입니다. 어느 것이 먼저 올지 사실 우리는 아무도 모릅니다. 다만 분명한 것이 있습니다. 그것은 바로 종말은 반드시 온다는 사실입니다. 종말이 반드시 온다는 것, 또한 그 종말이 임박했다는 것을 믿고 사는 것이 바로 종말론적인 신앙입니다. 사회가 불안정할 때는 대부분의 그리스도인들이 종말론적인 신앙을 가지고 삽니다. 그러나 사회가 안정되면 그런 의식이 사라집니다. 종말론적인 신앙을 상실하면 어떻게 될까요? 그렇게 되면 이 땅에서 먹고 사는 문제에만 함몰됩니다. 주님과 주님의 나라에 대한 생각을 잊고 살게 됩니다. 그러므로 항상 종말을 의식하면서 사는 종말론적인 신앙이 되어야 합니다.

둘째로, 독신으로 살면서 전적으로 주님만 섬길 수 있다면 그것은 참으로 귀한 일입니다. 바울 자신이나 존 스토트 신부 같은 사람들이 대표적인 예입니다. 드문 케이스이기는 하지만 간혹 주님을 위해 스스로 독신이 되기를 작정한 분들이 있습니다. 사도 바울이 자비량 사역을 할 수 있었던 현실적인 이유는 독신이었기 때문입니다. 존 스토트 신부는 자신이 그토록 많은 저술을 할 수 있었던 비결은 독신이었기 때문이라고 말했습니다. 물론 결코 쉽지 않습니다. 독신으로 살다가 성적인 유혹을 이기지 못하여 죄를 짓는 것은 아주 좋지 않은 일입니다. 그러므로 함부로 흉내 낼 일은 아닙니다. 그러나 만약 주님께서 주신 은사가 있어서 독신으로 살며 온전히 주님만 섬길 수 있다면 그것은 가장 귀한 일입니다.

셋째로, 결혼한 사람들은 결혼생활에 충실하되 결혼생활을 인생 최고의 가치로 여기지는 말아야 합니다. 성경은 결혼생활을 가볍게 생각하지 않습니다. 오히려 일관되게 결혼을 소중한 것으로 여깁니다. 그러므로 결혼한 사람들은 결혼생활을 잘 유지하기 위해 노력해야 합니다. 다만 결혼생활을 인생 최고의 가치로 여겨서는 안 됩니다. 가정을 우상처럼 여겨서는 안 됩니다. 가정생활과 자녀양육을 최고의 가치로 여기는 것은 결국 우상숭배가 될 뿐입니다. 그것은 바른 태도가 아닙니다. 행복한 결혼생활보다 더 중요한 것이 있습니다. 그것은 바로 가정을 주님을 잘 섬기는 장으로 만드는 것입니다. 결혼한 사람들은 믿음의 가정을 잘 이루어 온 가족이 다함께 주님을 섬기도록 하는데 힘써야 합니다. 주님을 우선순위로 삼는 바른 가치관 위에 가정을 세워 우리의 가정을 주님과 주님의 나라를 이 땅에 이루어가는 데 유익한 유기체적 공동체가 되도록 해야 합니다. 그것이 바로 가정에 대한 바른 태도입니다.

<복습 및 나눔질문>

1. 성적인 부도덕을 방지하기 위한 가장 좋은 예방책은 무엇입니까?(7:2-5)

2. 독신생활에 대해 성경은 어떻게 가르치고 있습니까?(8-9)

3. 믿지 않는 배우자와 사는 사람에게는 어떤 교훈을 주셨습니까?(12-16)

4. 가정생활과 신앙생활을 경쟁관계가 아닌 상호 보완하는 협력관계로 만들려면 어떻게 해야 할까요?

5. 이 장을 읽으면서 내 마음에 가장 와 닿았던 문장은 어떤 것입니까? 그 이유가 무엇이라고 생각하십니까?

= 1 CORINTHIANS =
고린도전서

8장

¹ 우상의 제물에 대하여는 우리가 다 지식이 있는 줄을 아나 지식은 교만하게 하며 사랑은 덕을 세우나니 ² 만일 누구든지 무엇을 아는 줄로 생각하면 아직도 마땅히 알 것을 알지 못하는 것이요 ³ 또 누구든지 하나님을 사랑하면 그 사람은 하나님도 알아주시느니라 ⁴ 그러므로 우상의 제물을 먹는 일에 대하여는 우리가 우상은 세상에 아무 것도 아니며 또한 하나님은 한 분밖에 없는 줄 아노라 ⁵ 비록 하늘에나 땅에나 신이라 불리는 자가 있어 많은 신과 많은 주가 있으나 ⁶ 그러나 우리에게는 한 하나님 곧 아버지가 계시니 만물이 그에게서 났고 우리도 그를 위하여 있고 또한 한 주 예수 그리스도께서 계시니 만물이 그로 말미암고 우리도 그로 말미암아 있느니라 ⁷ 그러나 이 지식은 모든 사람에게 있는 것은 아니므로 어떤 이들은 지금까지 우상에 대한 습관이 있어 우상의 제물로 알고 먹는 고로 그들의 양심이 약하여지고 더러워지느니라 ⁸ 음식은 우리를 하나님 앞에 내세우지 못하나니 우리가 먹지 않는다고 해서 더 못사는 것도 아니고 먹는다고 해서 더 잘사는 것도 아니니라 ⁹ 그런즉 너희의 자유가 믿음이 약한 자들에게 걸려 넘어지게 하는 것이 되지 않도록 조심하라 ¹⁰ 지식 있는 네가 우상의 집에 앉아 먹는 것을 누구든지 보면 그 믿음이 약한 자들의 양심이 담력을 얻어 우상의 제물을 먹게 되지 않겠느냐 ¹¹ 그러면 네 지식으로 그 믿음이 약한 자가 멸망하나니 그는 그리스도께서 위하여 죽으신 형제라 ¹² 이같이 너희가 형제에게 죄를 지어 그 약한 양심을 상하게 하는 것이 곧 그리스도에게 죄를 짓는 것이니라 ¹³ 그러므로 만일 음식이 내 형제를 실족하게 한다면 나는 영원히 고기를 먹지 아니하여 내 형제를 실족하지 않게 하리라

고린도전서 8:1-11:1은 '그리스도인의 자유'라는 주제를 다룹니다. 바울은 그리스도인의 자유에 따르는 특권과 책임을 함께 다룹니다. 8장은 우상에게 바쳤던 제물을 먹는 문제를 소재로 그리스도인의 특권과 책임을 다루고, 9장은 바울 자신의 사도권의 문제로 그리스도인의 특권과 책임을 다루며, 10장은 우상숭배의 문제로 그리스도인의 특권과 책임을 다룹니다.

이 단락을 잘 이해하려면 당시 우상숭배의 상황을 먼저 바르게 알아야 합

니다. 당시 우상에게 드려진 제물은 대략 삼등분되었습니다. 일부는 불태워졌고, 일부는 제사장에게 드려졌으며, 일부는 그 제물을 드린 자에게 다시 돌려주었습니다. 제사장이 자기 몫을 갖지 않는 경우 그 제물이 시장에 나왔습니다. 따라서 상당한 양의 제물이 시장에서 팔려 이방인들의 상에 올라가게 됩니다(Marion Soards, 170). 그러므로 어느 그리스도인이 이방인 친구의 집에 방문하여 식사할 때 그 음식이 영적으로 오염된 제물인지 아닌지 의문을 가질 수밖에 없었습니다. 이런 상황이었기 때문에 바울은 고린도전서에서 우상에게 바쳐진 제물의 문제를 매우 중요하게 다룹니다. 오늘 우리에게는 이런 일이 직접 적용되지 않습니다. 그렇지만 이 말씀에 담긴 원리를 잘 이해하면 믿지 않는 사람들과 어울려 살면서 어떻게 행해야 하는가를 이해하는 데 크게 도움이 됩니다.

1절 우상의 제물에 대하여는 우리가 다 지식이 있는 줄을 아나 지식은 교만하게 하며 사랑은 덕을 세우나니

'우상의 제물에 대하여는 우리가 다 지식이 있는 줄을' 안다는 말은 그리스도인이라면 누구나 우상에게 드려진 제물의 의미를 안다는 뜻입니다. 이 말은 아마도 고린도교회 교인들이 한 말을 바울이 인용한 것 같습니다. 고린도교회 교인들이 우상에게 바쳐진 제물에 대해 자신들도 지식이 있다고 말하는 것을 듣고 바울은 지식과 사랑을 대조하여 지식은 교만하게 하고 사랑은 덕을 세운다고 말합니다. 그렇다면 지식은 교만하게 하고 사랑은 덕을 세운다는 말은 무슨 뜻일까요? 7절을 보면 당시 고린도교회에 우상의 제물에 대해 잘못된 지식을 가지고 있는 사람이 있었습니다. 이 사람들은 우상의 제물을 먹어도 아무 상관이 없다고 주장했습니다. 그래서 그들은 우상의 제물인 줄 알면서도 자유롭게 먹었습니다. 잘못된 지식이 그들을 교만하게 만든 것입니다. 그 모습을 보고 실

족하는 사람들도 있었습니다. 그래서 사랑은 덕을 세운다고 한 것입니다. 만약 이 사람들이 약한 자들을 사랑하는 마음이 있었다면 약한 자들의 덕을 세우기 위해 우상의 제물을 함부로 먹지 않았을 것입니다. 그래서 지식은 교만하게 하며 사랑은 덕을 세운다고 한 것입니다.

2절 만일 누구든지 무엇을 아는 줄로 생각하면 아직도 마땅히 알 것을 알지 못하는 것이요

앞에서 말한 것처럼 지식은 사람을 교만하게 만듭니다. 많은 지식을 가진 사람은 자신이 마치 모든 것을 다 아는 것처럼 생각하여 교만해집니다. 이런 사람들의 문제는 자신이 아는 지식을 절대화하고 그 지식에 의존한다는 것입니다. 그러다 보면 진짜 중요한 것을 놓치게 됩니다. 진짜로 우리가 알아야 할 것들을 놓치게 됩니다. 그것이 무엇인가는 다음 절에 나옵니다.

3절 또 누구든지 하나님을 사랑하면 그 사람은 하나님도 알아주시느니라

2절을 보면 궁금증이 생깁니다. 그렇다면 우리가 진짜로 알아야 할 것은 무엇일까요? 3절은 그 궁금증을 풀어줍니다. 그것은 바로 지식이 아니고 하나님을 향한 사랑입니다. 누구든지 하나님을 사랑하면 그 사람은 하나님도 알아주십니다. 이 구절의 초점은 우리가 하나님을 사랑해야 한다는 것이 아닙니다. 사실 우리가 먼저 하나님을 사랑할 수 있는 것이 아닙니다. 만일 우리가 하나님을 사랑한다면 그것은 바로 하나님이 먼저 우리를 알고 계시다는 증거입니다. 그러므로 중요한 것은 지식이 아니고 사랑입니다. 그리스도인의 행동은 지식이 아니라 사랑에 기초해야 합니다. 하나님을 사랑하는 자가 바로 하나님께 알려진 자입니다.

4절 그러므로 우상의 제물을 먹는 일에 대하여는 우리가 우상은 세상에 아무 것도 아니며 또한 하나님은 한 분밖에 없는 줄 아노라

이 말도 고린도교회 교인들이 한 말을 바울이 인용하는 것입니다. 고린도교회 교인들 가운데 어떤 사람들은 하나님은 한 분밖에 없으므로 우상의 제물 따위는 전혀 신경 쓸 일이 아니라는 주장을 폈습니다. 바울도 그 말에는 당연히 동의합니다. 그렇지만 그들의 적용에는 동의하지 않습니다. 왜냐하면 당시 고린도교회의 일부 교인들은 이런 주장을 근거로 우상의 제물을 먹는 일을 가볍게 생각하고 있었기 때문입니다. 바울은 하나님은 한 분밖에 없다는 것에는 동의하지만 그런 식으로 우상의 제물을 가볍게 여기고 먹는 행위에는 동의하지 않습니다.

5절 비록 하늘에나 땅에나 신이라 불리는 자가 있어 많은 신과 많은 주가 있으나
6절 그러나 우리에게는 한 하나님 곧 아버지가 계시니 만물이 그에게서 났고 우리도 그를 위하여 있고 또한 한 주 예수 그리스도께서 계시니 만물이 그로 말미암고 우리도 그로 말미암아 있느니라

이제 바울은 고린도교회 교인들의 주장을 하나하나 해부하여 그 잘못을 밝힙니다. 하늘에나 땅에 신이라 불리는 자가 있습니다. 이 때 바울은 복수를 사용하여 그들은 참 신이 아님을 지적합니다. 그러나 우리에게는 한 하나님이 계십니다. 여기까지는 고린도교회 교인들의 주장과 일치하는 것처럼 보입니다. 그런데 그 다음부터 달라집니다. 그 하나님은 우리의 아버지이십니다. 모든 만물은 바로 우리의 아버지이신 하나님께로부터 났습니다. 물론 우리도 그를 위하여 존재합니다. 또한 한 주 예수 그리스도께서 계십니다. 그리고 만물이 예수 그리스도로

말미암아 존재하고 우리도 그로 말미암아 존재합니다.

고린도교회 교인들은 하나님이 한 분이라는 사실을 아는 것을 가지고 대단한 것처럼 자랑했습니다. 그러나 그들의 주장은 관념적인 수준에 머물렀습니다. 바울은 하나님이 한 분이라는 것을 넘어서 우리 모두가 한 아버지를 모시는 한 가족이라는 사실을 밝혀냈습니다. 우리 모두가 그로부터 나왔으므로 우리는 한 가족입니다. 따라서 우리의 모든 삶은 우리 형제들을 배려하는 삶이 되어야 합니다. 관념적인 지식만 있다고 되는 것이 아닙니다. 그 지식이 형제사랑으로 흘러가야 진짜 지식입니다. 하나님과 우리의 관계를 바르게 알고 그 바른 관계에 근거하여 형제를 사랑하는 자가 진짜 지식을 가진 자입니다.

7절 그러나 이 지식은 모든 사람에게 있는 것은 아니므로 어떤 이들은 지금까지 우상에 대한 습관이 있어 우상의 제물로 알고 먹는 고로 그들의 양심이 약하여지고 더러워지느니라

당시 고린도교회에는 한 종류의 교인들만 있었던 것이 아닙니다. 어떤 사람들은 우상의 제물을 먹어도 아무 관계없다고 생각했지만 아직도 우상이 실재한다고 생각하는 연약한 자들도 있었습니다. 우상이 실재하지 않는다고 생각하는 사람들은 자유롭게 제물을 먹었습니다. 그런데 그들의 영향을 받아 우상이 실재한다고 생각하는 사람들도 제물을 먹었습니다. 그들은 우상이 실재한다고 생각하면서 먹었기 때문에 양심에 거리낌이 있었습니다. 결국 우상이 실재하지 않는다고 생각하여 자유롭게 제물을 먹는 사람의 행동이 믿음이 연약한 지체들에게는 큰 시험거리가 된 것입니다. 바울은 지금 우상이 실재하지 않는다고 생각하고 교만한 행동을 하는 사람들의 교만을 교정하기 위해 이 말씀을 하고 있습니다.

8절 음식은 우리를 하나님 앞에 내세우지 못하나니 우리가 먹지 않는다고 해서 더 못 사는 것도 아니고 먹는다고 해서 더 잘사는 것도 아니니라 **9절** 그런즉 너희의 자유가 믿음이 약한 자들에게 걸려 넘어지게 하는 것이 되지 않도록 조심하라

사실 우상의 제물을 먹느냐 먹지 않느냐가 중요한 것은 아닙니다. 어떤 음식을 먹는다고 해서 하나님께 가까이 갈 수 있는 것이 아닙니다. 먹지 않는다고 해서 못사는 것도 아니고 먹는다고 해서 더 잘 사는 것도 아닙니다. 사실 우상의 제물 자체는 먹어도 그만, 안 먹어도 그만입니다. 우상의 제물을 먹는다고 해서 대단히 유익할 것도 없고, 안 먹는다고 해서 못 살 것도 아닙니다. 우리가 진정으로 관심을 가질 것은 우리의 자유가 약한 자들에게 걸림돌이 되지 않도록 조심하는 것입니다. 무슨 말입니까? 우리 그리스도인들에게는 사실 자유가 있습니다. "어차피 살아있는 우상도 아닌데 우상의 제물을 먹은들 무슨 문제가 있겠는가?" 그렇게 생각하며 자유롭게 먹는 사람이 있습니다. 사실 그 사람 본인에게는 그런 행동이 아무런 문제가 되지 않습니다.

문제는 공동체 안에는 아직도 우상숭배의 영향을 받는 약한 자들이 있다는 것입니다. 그런 자들은 우상의 제물을 자유롭게 먹는 자들을 보면 시험에 들 수 있습니다. 그러므로 우리는 자유할 수 있지만 우리의 자유가 믿음이 약한 자들에게 걸림돌이 되지 않도록 조심해야 합니다. 간혹 자유주의적인 신학 전통에서 공부한 목사님들 가운데 술을 자유롭게 마시는 분들이 있습니다. 본인은 술 한 잔 마시는 것이 무슨 문제가 되느냐고 항변합니다. 그렇지만 저는 성찬식의 포도주 외에는 술을 한 모금도 입에 대지 않습니다. 그 이유는 나의 자유가 약한 성도들에게 걸림돌이 되지 않기 위해서입니다. 그것이 그리스도인의 자유에 따르는 책임의식입니다. 비록 우리에게 자유가 있지만 우리는 그와 동시에 다른

지체에 대한 책임감을 가져야 합니다.

10절 지식 있는 네가 우상의 집에 앉아 먹는 것을 누구든지 보면 그 믿음이 약한 자들의 양심이 담력을 얻어 우상의 제물을 먹게 되지 않겠느냐

여기서 지식 있는 사람은 우상의 제물을 먹어도 아무 상관이 없다고 생각하는 사람을 가리킵니다. 그런 사람이 우상의 집에 앉아 음식을 먹는 것을 보면 믿음이 약한 자들도 담력을 얻어 제물을 먹게 되는 경우가 있습니다. 그런데 문제는 그 다음에 그 사람의 양심에 거리낌이 생겨 시험에 들 수 있다는 것입니다. 지금 바울은 위선적으로 행동하라고 하는 것이 아닙니다. 율법적인 한계를 정하려는 것도 아닙니다. 다만 그리스도인은 언제든지 다른 지체들, 특히 믿음이 약한 자들을 배려해야 한다는 말입니다. 혹시 나는 괜찮다고 해도 내 행동 때문에 다른 사람이 시험에 들 수 있다면 그 사람을 배려하여 스스로 자유를 제한하는 것이 그리스도인의 바른 태도입니다.

11절 그러면 네 지식으로 그 믿음이 약한 자가 멸망하나니 그는 그리스도께서 위하여 죽으신 형제라 **12절** 이같이 너희가 형제에게 죄를 지어 그 약한 양심을 상하게 하는 것이 곧 그리스도에게 죄를 짓는 것이니라

여기서 네 지식으로 그 믿음이 약한 자가 멸망한다는 말은 자신은 아무렇지도 않게 행동한 것이 믿음이 약한 신자를 멸망에 빠트린다는 뜻입니다. 실제로 이런 일이 얼마든지 있을 수 있습니다. 오늘날 교회를 떠난 사람들 가운데는 초신자 때 먼저 믿은 자들의 행동을 보고 시험에 들어서 떠난 경우가 있습니다. 그런데 그 사람도 그리스도께서 위하여 죽으신 형제입니다. 바울은 이런 것을 죄

라고 지적합니다. 개인 윤리 차원에서는 죄가 아닐지 모르지만 공동체적 윤리 차원에서는 죄가 됩니다. 바울은 형제를 실족하게 하는 것이 곧 그리스도에게 죄를 짓는 것이라고 말합니다.

13절 그러므로 만일 음식이 내 형제를 실족하게 한다면 나는 영원히 고기를 먹지 아니하여 내 형제를 실족하지 않게 하리라

바울은 만일 음식을 먹는 문제로 형제를 실족하게 할 가능성이 있다면 차라리 영원히 고기를 먹지 않아서 형제를 실족하지 않게 하겠다고 고백합니다. 이것이 바로 그리스도인에게 합당한 바른 윤리입니다. 이런 것을 공동체 윤리라고 합니다. 그리스도인은 공동체의 유익을 위해 자신의 행동을 스스로 절제할 줄 알아야 합니다.

사도 바울은 진정한 복음주의자였습니다. 그는 언제나 복음을 위해 살고 복음을 위해 죽을 각오를 하고 살았습니다. 십자가에서 죽으시고 부활하신 예수 그리스도를 믿는 자는 구원을 받는다는 이 복음을 위해 그는 자신의 모든 것을 다 버렸습니다. 바울은 오로지 그 복음을 위해 살고, 그 복음을 위해 죽었습니다. 그런 바울이 이번에는 복음을 위해서라면 영원히 고기를 먹지 않겠다고 선언합니다. 물론 무조건 고기를 먹지 않겠다는 말이 아닙니다. 만일 음식이 형제를 실족하게 한다면 형제를 실족시키지 않기 위해 영원히 고기를 먹지 않을 수도 있다는 말입니다. 복음을 위해서라면 자신의 음식에 대한 취향도 과감하게 포기하겠다는 말입니다.

그런 태도 때문에 바울은 때로 지조 없는 사람이라는 비난을 받기도 했습니다.

이중인격자라는 비난을 듣기도 했습니다. 왜냐하면 유대인에게는 유대인처럼 행동하고, 이방인에게는 이방인처럼 행동했기 때문입니다. 그러나 바울은 지조 없는 사람이 아닙니다. 오히려 그는 확실한 지조를 가지고 있었습니다. 그것은 바로 복음입니다. 그에게는 복음전파라는 분명한 목표가 있었습니다. 그 분명한 목표를 위해 그는 자신의 개인적인 지조를 과감히 버렸습니다. 그런 면에서 바울은 진정한 복음주의자입니다.

그리스도인은 자신이 믿는 복음을 전파하여 다른 사람을 구원하는 역할을 맡은 자들입니다. 그러므로 우리 그리스도인들은 개인윤리 차원에 머무르지 말고 공동체적 윤리를 생각해야 합니다. 나로 말미암아 형제나 자매가 실족하지 않도록 주의해야 합니다. 오히려 나를 통하여 형제나 자매가 힘을 얻고 은혜를 받아 주님을 더욱 바르게 믿도록 격려하는 역할을 해야 합니다. 그러기 위해서는 때로 내 취향과 기호도 포기할 수 있어야 합니다. 내가 누릴 수 있는 것도 포기할 줄 알아야 합니다. 괜히 주변 사람들의 눈치를 보며 살라는 말이 아닙니다. 형제와 자매를 더욱 신실하게 세우기 위해서 개인적인 자유를 스스로 제한하라는 말입니다. 내가 좀 불편하게 살아서 믿음이 어린 형제나 자매를 잘 세울 수 있다면 불편하게 사는 것도 충분히 가치가 있는 것이 아니겠습니까?

<복습 및 나눔질문>

1. "지식은 교만하게 하며 사랑은 덕을 세운다"는 말씀의 의미를 생각해 보십시오(1절). 고린도교회의 상황에서는 이 말씀을 어떻게 해석하는 것이 옳을까요? 지금 현재 우리 상황에서는 이 말씀을 어떻게 적용하는 것이 옳을까요?

2. "만일 음식이 내 형제를 실족하게 한다면 나는 영원히 고기를 먹지 아니하여 내 형제를 실족하지 않게 하리라"라는 바울의 고백을 통해 우리가 배워야 할 바른 신앙인의 자세를 생각해 보고 서로 자신의 적용을 나누어 보십시오.

3. 이 장을 읽으면서 내 마음에 가장 와 닿았던 문장은 어떤 것입니까? 그 이유가 무엇이라고 생각하십니까?

= 1 CORINTHIANS =
고린도전서

9장

8장 서론에서 말씀드렸던 것처럼 고린도전서 8:1-11:1은 '그리스도인의 자유'를 다루는 단락입니다. 8장이 우상에게 드린 제물을 먹는 문제로 그리스도인의 자유를 설명했다면 9장은 바울의 사도권으로 그리스도인의 자유를 다룹니다. 바울은 사도로서의 자신의 권리를 다 주장하지 않고 스스로 포기했습니다. 결혼할 권리, 재정적인 후원을 받을 권리 등을 자발적으로 포기했습니다. 그런 자신의 예를 통해 바울은 고린도교회 교인들에게도 다른 사람의 유익을 위해 자신의 자유를 스스로 제한하라고 권면합니다. 그것이 진정한 복음전파자의 태도이기 때문입니다.

1. 사도의 권리(9:1-14)

¹내가 자유인이 아니냐 사도가 아니냐 예수 우리 주를 보지 못하였느냐 주 안에서 행한 나의 일이 너희가 아니냐 ²다른 사람들에게는 내가 사도가 아닐지라도 너희에게는 사도이니 나의 사도됨을 주 안에서 인친 것이 너희라 ³나를 비판하는 자들에게 변명할 것이 이것이니 ⁴우리가 먹고 마실 권리가 없겠느냐 ⁵우리가 다른 사도들과 주의 형제들과 게바와 같이 믿음의 자매 된 아내를 데리고 다닐 권리가 없겠느냐 ⁶어찌 나와 바나바만 일하지 아니할 권리가 없겠느냐 ⁷누가 자기 비용으로 군 복무를 하겠느냐 누가 포도를 심고 그 열매를 먹지 않겠느냐 누가 양 떼를 기르고 그 양 떼의 젖을 먹지 않겠느냐 ⁸내가 사람의 예대로 이것을 말하느냐 율법도 이것을 말하지 아니하느냐 ⁹모세의 율법에 곡식을 밟아 떠는 소에게 망을 씌우지 말라 기록하였으니 하나님께서 어찌 소들을 위하여 염려하심이냐 ¹⁰오로지 우리를 위하여 말씀하심이 아니냐 과연 우리를 위하여 기록된 것이니 밭 가는 자는 소망을 가지고 갈며 곡식 떠는 자는 함께 얻을 소망을 가지고 떠는 것이라 ¹¹우리가 너희에게 신령한 것을 뿌렸은즉 너희

의 육적인 것을 거두기로 과하다 하겠느냐 ¹²다른 이들도 너희에게 이런 권리를 가졌거든 하물며 우리일까보냐 그러나 우리가 이 권리를 쓰지 아니하고 범사에 참는 것은 그리스도의 복음에 아무 장애가 없게 하려 함이로다 ¹³성전의 일을 하는 이들은 성전에서 나는 것을 먹으며 제단에서 섬기는 이들은 제단과 함께 나누는 것을 너희가 알지 못하느냐 ¹⁴이와 같이 주께서도 복음 전하는 자들이 복음으로 말미암아 살리라 명하셨느니라

1절 내가 자유인이 아니냐 사도가 아니냐 예수 우리 주를 보지 못하였느냐 주 안에서 행한 나의 일이 너희가 아니냐 **2절** 다른 사람들에게는 내가 사도가 아닐지라도 너희에게는 사도이니 나의 사도됨을 주 안에서 인친 것이 너희라

1-2절에서 바울은 먼저 사도로서의 자격과 증거를 제시합니다. 바울은 먼저 자신이 믿음으로 구원받았으며 우상의 제물에 얽매이지 않는 자유자라는 사실을 밝힙니다. 그 다음에 사도의 자격을 제시합니다. "사도가 아니냐 예수 우리 주를 보지 못하였느냐"는 말이 바로 사도의 자격을 제시하는 부분입니다. 사도의 자격 가운데 제일 중요한 것은 '예수님의 목격자인가' 하는 것입니다. 당시 고린도교회 교인들 중에는 바울은 예수님의 목격자가 아니기 때문에 진정한 사도가 아니라고 공격하는 사람들이 있었습니다.

그런 공격에 대해 바울은 분명하게 반박합니다. "내가 사도가 아니냐 예수 우리 주를 보지 못하였느냐" 그렇다면 언제 바울이 예수를 목격했을까요? 사도행전 9장에 보면 바울이 다메섹 도상에서 부활하신 예수님을 목격하는 모습이 나옵니다. 바울은 그 사실을 근거로 제시합니다. 아마 어떤 사람들은 이렇게 반박하고 싶을 것입니다. "그것은 영적인 차원의 경험이지 진정한 목격이 아니다." 그렇지만 한 번 생각해 보십시오. 예수님의 열 두 제자들은 예수님과 더불어 먹

고 자고 살면서도 예수님의 정체를 바르게 알지 못했습니다. 예수님을 눈으로 보면서도 정작 보아야 할 것은 보지 못한 것입니다. 그러나 바울은 부활하신 예수님을 목격하고 그를 하나님으로 인정하였습니다. 그렇다면 정말 중요한 것이 무엇입니까? 단순히 눈으로 목격한 것입니까? 아니면 예수님을 바르게 경험하는 것입니까? 답은 분명합니다. 단순히 눈으로 목격하는 것이 중요한 것이 아닙니다. 예수님의 실체를 보고 바르게 아는 것이 중요합니다. 그러므로 바울은 사도의 자격을 갖춘 사람입니다.

1절 하반절과 2절에서 바울은 이제 사도의 증거를 제시합니다. "주 안에서 행한 나의 일이 너희가 아니냐" 고린도교회 성도들은 바울의 사역을 통하여 맺어진 열매들입니다. 그러므로 고린도교회 교인들이야말로 바울이 사도라는 진정한 증거입니다. 그래서 2절에서 이렇게 말합니다. "다른 사람들에게는 내가 사도가 아닐지라도 너희에게는 사도다." 바울의 말은 이런 뜻입니다. "다른 사람들은 몰라도 너희가 나의 사도권을 문제 삼을 수는 없다. 너희들이야말로 내가 진정한 사도라는 증거가 아니냐?" 그래서 바울은 2절 마지막에 쐐기를 박듯 말합니다. "내가 사도됨을 주 안에서 인친 것이 너희다." 바로 고린도교회 교인들이 바울이 사도임을 나타내는 도장이나 싸인(Sign)과 같다는 말입니다.

3절 나를 비판하는 자들에게 변명할 것이 이것이니 **4절** 우리가 먹고 마실 권리가 없겠느냐 **5절** 우리가 다른 사도들과 주의 형제들과 게바와 같이 믿음의 자매 된 아내를 데리고 다닐 권리가 없겠느냐 **6절** 어찌 나와 바나바만 일하지 아니할 권리가 없겠느냐

이제 바울은 자신을 변증하기 위해 자신의 권리를 열거합니다. 첫째로, 바울에게도 먹고 마실 권리가 있습니다. 무슨 말입니까? 바울도 교회에서 생활비를

지원받을 권리가 있다는 말입니다. 6절에서는 어찌하여 자신과 바나바만 일해야 하느냐고 항변합니다. 자신들도 일하지 않고 후원받으며 살 수 있는 권리가 있다는 말입니다. 둘째로, 믿음의 자매 된 아내를 데리고 다닐 권리가 있습니다. 그 말은 자신도 결혼하여 아내와 함께 살 권리가 있다는 말입니다. 그 말을 하면서 바울은 '주의 형제들과 게바와 같이'라고 말합니다. 이 말을 볼 때 다른 사도들과 베드로는 결혼하여 아내와 함께 다닌 것으로 보입니다. 바울은 자신에게도 그럴 수 있는 권리가 있다고 말합니다. 이 말씀을 통하여 우리는 바울이 결혼하지 않고 독신으로 살았으며 후원받지 않고 자비량으로 사역했다는 사실을 알 수 있습니다. 사실 바울에게도 그런 것을 누릴 권리가 있습니다. 권리가 없어서 누리지 않는 것이 아닙니다. 그러나 바울은 그런 권리를 누리지 않고 자비량으로 선교사역을 감당했습니다.

7절 누가 자기 비용으로 군 복무를 하겠느냐 누가 포도를 심고 그 열매를 먹지 않겠느냐 누가 양 떼를 기르고 그 양 떼의 젖을 먹지 않겠느냐

이제 바울은 일꾼이 삯을 받는 것이 마땅하다는 사실을 보여주기 위해 세 가지 직업을 예로 듭니다. 그 세 직업은 군인, 농부, 목자입니다. 자기 돈으로 군 복무를 하는 사람은 없습니다. 군 복무하는 사람의 비용은 모집한 기관이 지불합니다. 어느 농부가 포도를 심고 그 열매를 먹지 않겠습니까? 포도를 심은 사람이 그 포도 열매를 먹는 것은 당연합니다. 어느 목자가 양 떼를 기르고 그 양 떼의 젖을 먹지 않겠습니까? 양을 기른 목자가 그 양 떼의 젖을 먹는 것은 너무도 당연한 일입니다.

8절 내가 사람의 예대로 이것을 말하느냐 율법도 이것을 말하지 아니하느냐

9절 모세의 율법에 곡식을 밟아 떠는 소에게 망을 씌우지 말라 기록하였으니 하나님께서 어찌 소들을 위하여 염려하심이냐 **10절** 오로지 우리를 위하여 말씀하심이 아니냐 과연 우리를 위하여 기록된 것이니 밭 가는 자는 소망을 가지고 갈며 곡식 떠는 자는 함께 얻을 소망을 가지고 떠는 것이라

이제 바울은 자신의 주장이 자기 자신의 개인적인 의견이 아니라는 사실을 밝히기 위해 구약의 율법을 예로 듭니다. "곡식을 밟아 떠는 소에게 망을 씌우지 말라"는 말씀은 신명기 25:4에서 인용한 말씀입니다. 그 말은 일차적으로 동물에게도 최소한의 복지를 인정해 주라는 말입니다. 곡식을 밟아 떠는 소에게 망을 씌워 놓으면 곡식을 전혀 먹을 수 없지 않습니까? 그러니 최소한 동물도 곡식을 먹을 수 있게 해 주라는 말입니다. 물론 이 말이 동물을 위해서 한 말은 아닙니다. 그 말은 결국 가난한 일꾼들에게도 먹을 권리를 주라는 말입니다. 바울은 이 모세의 율법을 일꾼에게는 마땅히 삯을 받을 권리가 있다는 말씀으로 적용합니다.

11절 우리가 너희에게 신령한 것을 뿌렸은즉 너희의 육적인 것을 거두기로 과하다 하겠느냐

여기서 신령한 것은 복음을 가리키고, 육적인 것은 생활비를 가리킵니다. 이 말은 단순히 복음을 전했으니 생활비를 받는 것이 마땅하다는 말이 아닙니다. 아무 조건 없이 복음을 전한 바울 일행이 그 교인들을 통하여 생활비를 지원받는다고 해서 무슨 큰 잘못이라고 할 수 있겠느냐는 말입니다. 그게 무슨 큰 흠이라도 되느냐는 말입니다. 전 시간을 바쳐 열심히 복음을 전한 사람들이 교회로부터 생활비를 지원받는다고 해서 그것을 과하다고 말할 수는 없지 않느냐는 말입니다.

> **12절** 다른 이들도 너희에게 이런 권리를 가졌거든 하물며 우리일까보냐 그러나 우리가 이 권리를 쓰지 아니하고 범사에 참는 것은 그리스도의 복음에 아무 장애가 없게 하려 함이로다

이제 바울은 자신이 이런 기본적인 권리를 누리지 않는 이유를 밝힙니다. 사실 바울에게는 충분히 이런 권리를 누릴 자격이 있습니다. 특별히 고린도교회에 대해서는 더욱 그렇습니다. 바울은 고린도교회를 개척한 사람입니다. 스스로 천막을 만드는 일을 하며 아무 대가 없이 교회를 개척하고 사역했습니다. 그런 사람이기 때문에 사실 고린도교회에서 생활비를 지원받는다고 해도 그리 잘못된 것은 아닙니다. 고린도교회의 다른 사역자들이 그런 권리를 가지고 있다면 교회의 개척자인 바울 일행은 마땅히 그럴 권리가 있습니다.

그럼에도 불구하고 바울은 이런 권리들을 쓰지 않고 참았습니다. 그 이유가 무엇입니까? 그 이유는 그리스도의 복음에 아무런 장애가 없도록 하기 위해서입니다. 그 당시 고린도에는 떠돌이 철학자들이 있었습니다. 그들은 철학을 가르치고 돈을 받았습니다(Gordon Fee, 411). 따라서 만약 바울이 고린도에서 말씀을 가르치고 돈을 받으면 바울 일행도 그런 떠돌이 철학자들 가운데 하나로 오해받을 수 있는 상황이었습니다. 그래서 바울은 복음의 영광을 가리지 않기 위해 생활비를 받지 않고 자비량으로 일했습니다. 이런 면을 보면 바울은 진정한 사도이고 진정한 복음주의자입니다. 그는 복음전파를 위해 자신의 자유와 권한을 스스로 제한한 사람입니다. 누릴 권리가 없어서가 아닙니다. 누릴 줄 몰라서 그런 것이 아닙니다. 오직 복음을 위해서 스스로 자기 권리를 제한한 것입니다. 그러므로 바울이야말로 진짜 사도입니다. 진정한 복음주의자입니다.

13절 성전의 일을 하는 이들은 성전에서 나는 것을 먹으며 제단에서 섬기는 이들은 제단과 함께 나누는 것을 너희가 알지 못하느냐

성전의 일을 하는 자들과 제단에서 섬기는 자들은 구약의 레위인과 제사장을 가리킵니다. 율법은 레위인들과 제사장들에게 그 일에만 전념할 수 있도록 생활을 책임져 주게 하였습니다. 바울은 그들을 예로 들어 일꾼이 삯을 받을 권리가 있다는 사실을 설명합니다.

14절 이와 같이 주께서도 복음 전하는 자들이 복음으로 말미암아 살리라 명하셨느니라

우리 주님도 마태복음 10:10과 누가복음 10:7에서 복음을 전하는 자들은 복음으로 말미암아 살 것이라고 말씀하셨습니다.

"여행을 위하여 배낭이나 두 벌 옷이나 신이나 지팡이를 가지지 말라 이는 일꾼이 자기의 먹을 것 받는 것이 마땅함이라"(마 10:10)

"그 집에 유하며 주는 것을 먹고 마시라 일꾼이 그 삯을 받는 것이 마땅하니라 이 집에서 저 집으로 옮기지 말라"(눅 10:7)

2. 권리를 포기한 사도(9:15-18)

> ¹⁵그러나 내가 이것을 하나도 쓰지 아니하였고 또 이 말을 쓰는 것은 내게 이같이 하여 달라는 것이 아니라 내가 차라리 죽을지언정 누구든지 내 자랑하는 것을 헛된 데로 돌리지 못하게 하리라 ¹⁶내가 복음을 전할지라도 자랑할 것이 없음은 내가 부득불 할 일임이라 만일 복음을 전하지 아니하면 내게 화가 있을 것이로다 ¹⁷내가 내 자의로 이것을 행하면 상을 얻으려니와 내가 자의로 아니한다 할지라도 나는 사명을 받았노라 ¹⁸그런즉 내 상이 무엇이냐 내가 복음을 전할 때에 값없이 전하고 복음으로 말미암아 내게 있는 권리를 다 쓰지 아니하는 이것이로다

이 단락에서 바울은 자신이 복음을 위해 스스로 자기 권리를 내려놓았다는 사실을 밝힙니다.

<u>**15절** 그러나 내가 이것을 하나도 쓰지 아니하였고 또 이 말을 쓰는 것은 내게 이같이 하여 달라는 것이 아니라 내가 차라리 죽을지언정 누구든지 내 자랑하는 것을 헛된 데로 돌리지 못하게 하리라</u>

바울은 자신이 그런 권리를 하나도 쓰지 않았다고 밝힙니다. 또한 이런 말을 하는 것이 자신에게 그런 권리를 달라고 요구하려는 것이 아님을 명백하게 밝힙니다. 원문에 보면 '내가 차라리 죽을지언정' 다음에 잠시 공백이 있습니다. 아마도 바울이 이 글을 쓰다가 감정에 북받쳤던 것 같습니다. 그래서 잠시 글을 멈추었다가 다시 씁니다. 사실 자비량으로 사역하는 것이 얼마나 힘들었겠습니까? 그래도 그런 것은 견딜 수 있었습니다. 그런데 자비량으로 사역하는 것을 보고 진짜 사도가 아니기 때문에 사례비도 못 받는 것이라고 모함하는 사람들이 있었습니다. 그런 말을 들었을 때 얼마나 억울했겠습니까? 그래서 자신에

게도 그런 권리가 있다는 것을 논리적으로 설명합니다. 그럼에도 불구하고 바울에게는 자신이 수고한 대가를 요구하지 않겠다는 분명한 의지가 있었습니다. 사실 바울의 자비량 사역은 바울 자신과 고린도교회의 자랑거리였습니다. 그러므로 아무리 힘들어도, 차라리 죽을지언정, 돈을 받아서 그 자랑거리를 헛되게 하지 않겠다는 것입니다.

<u>**16절** 내가 복음을 전할지라도 자랑할 것이 없음은 내가 부득불 할 일임이라 만일 복음을 전하지 아니하면 내게 화가 있을 것이로다</u>

복음을 전하는 것은 자랑할 일이 아닙니다. 왜냐하면 우리는 복음에 빚진 자이기 때문입니다. 빚진 자가 할 일은 그 빚을 갚는 것입니다. 그러므로 그것은 마땅히 할 일입니다. 빚을 지는 방법은 두 가지입니다. 첫 번째는 상대방에게 돈을 빌리는 것이고, 두 번째는 누군가에게 전해 주도록 돈을 맡는 것입니다. 우리는 첫 번째 방식으로 복음에 빚진 것은 아닙니다. 우리가 복음에 빚졌다고 할 때는 두 번째 방식으로 빚을 진 것입니다. 주님은 우리에게 복음을 전하라고 맡겨주셨습니다. 그러므로 내가 그 복음을 전할 때까지 나는 복음에 빚진 자입니다(존 스토트, 로마서강해, 66-67). 복음을 전하는 것은 자랑할 일이 아닙니다. 그것은 다만 빚을 갚는 일이기 때문입니다. 그래서 바울은 자신이 복음을 전하지 아니하면 자신에게 화가 있을 것이라고 했습니다. 빚진 자가 빚을 갚지 않고 있는 것이기 때문입니다. 그것이 바로 복음에 빚졌다는 말의 의미입니다. 우리도 마찬가지입니다. 우리도 모두 복음에 빚진 자입니다. 주님은 우리에게 복음을 전파하라고 맡겨주셨습니다. 그러므로 복음 전파는 복음을 받은 그리스도인이라면 부득불 할 일인 것입니다.

17절 내가 내 자의로 이것을 행하면 상을 얻으려니와 내가 자의로 아니한다 할지라도 나는 사명을 받았노라

자의로 한다는 말은 자유인으로서 이 일을 한다는 뜻입니다. 그러면 상을 얻습니다. 왜냐하면 자유인이 일을 할 때는 언제나 그에 따른 보상이 있기 때문입니다. 반면에 자의로 아니한다는 말은 종으로서 이 일을 한다는 뜻입니다. 그러면 보상을 받지 못합니다. 왜냐하면 종에게는 아무런 보상이 없기 때문입니다. 바울은 자신이 종으로서 복음사역을 감당하는 것도 괜찮을 것이라고 생각합니다. 왜냐하면 복음을 전하는 것은 대가를 바라는 일이 아니라 사명이기 때문입니다.

18절 그런즉 내 상이 무엇이냐 내가 복음을 전할 때에 값없이 전하고 복음으로 말미암아 내게 있는 권리를 다 쓰지 아니하는 이것이로다

이제 바울은 놀라운 고백을 합니다. 바울은 복음전도자로서의 자신의 상을 말합니다. 그 상은 바로 복음을 전할 때 값없이 전하고 자신의 권리를 다 쓰지 않는 것입니다. 값없이 복음을 전하고, 권리를 다 쓰지 않는 것은 한 마디로 말하면 희생입니다. 바울은 지금 희생이 자신의 상이라고 말합니다. 진정한 복음주의자는 복음을 위해 희생하는 것을 자신의 상으로 여기는 자입니다. 누릴 권리도 있고, 누릴 능력도 있지만 복음을 위해 그 권리와 능력을 사용하지 않는 것, 그것이 바로 복음주의자의 상입니다. 이 얼마나 놀라운 고백입니까? 과연 오늘 우리에게는 이런 고백이 있습니까? 이런 생각이 있습니까? 많이 누리는 것을 자랑하지 말고 누릴 것을 포기하는 것을 자랑하십시오. 그런 자가 진정한 복음주의자입니다.

3. 사도의 결단(9:19-27)

> ¹⁹내가 모든 사람에게서 자유로우나 스스로 모든 사람에게 종이 된 것은 더 많은 사람을 얻고자 함이라 ²⁰유대인들에게 내가 유대인과 같이 된 것은 유대인들을 얻고자 함이요 율법 아래에 있는 자들에게는 내가 율법 아래에 있지 아니하나 율법 아래에 있는 자 같이 된 것은 율법 아래에 있는 자들을 얻고자 함이요 ²¹율법 없는 자에게는 내가 하나님께는 율법 없는 자가 아니요 도리어 그리스도의 율법 아래에 있는 자이나 율법 없는 자와 같이 된 것은 율법 없는 자들을 얻고자 함이라 ²²약한 자들에게 내가 약한 자와 같이 된 것은 약한 자들을 얻고자 함이요 내가 여러 사람에게 여러 모습이 된 것은 아무쪼록 몇 사람이라도 구원하고자 함이니 ²³내가 복음을 위하여 모든 것을 행함은 복음에 참여하고자 함이라 ²⁴운동장에서 달음질하는 자들이 다 달릴지라도 오직 상을 받는 사람은 한 사람인 줄을 너희가 알지 못하느냐 너희도 상을 받도록 이와 같이 달음질하라 ²⁵이기기를 다투는 자마다 모든 일에 절제하나니 그들은 썩을 승리자의 관을 얻고자 하되 우리는 썩지 아니할 것을 얻고자 하노라 ²⁶그러므로 나는 달음질하기를 향방 없는 것 같이 아니하고 싸우기를 허공을 치는 것 같이 아니하며 ²⁷내가 내 몸을 쳐 복종하게 함은 내가 남에게 전파한 후에 자신이 도리어 버림을 당할까 두려워함이로다

19절 내가 모든 사람에게서 자유로우나 스스로 모든 사람에게 종이 된 것은 더 많은 사람을 얻고자 함이라

바울은 나면서부터 로마시민권을 가지고 있었습니다. 당시 로마시민권을 가진 사람은 로마제국 내에서 일등 시민으로 인정받고 있었습니다. 그런 면에서 바울은 정말 자유인이었습니다. 그러나 그는 스스로 모든 사람의 종이 되었습니다. 그 이유는 더 많은 사람을 복음의 길로 인도하기 위해서입니다. 이제 바울은 20절부터 자신이 어떻게 스스로 모든 사람의 종이 되었는지 상세하게 예를 들어 설명합니다.

20절 유대인들에게 내가 유대인과 같이 된 것은 유대인들을 얻고자 함이요 율법 아래에 있는 자들에게는 내가 율법 아래에 있지 아니하나 율법 아래에 있는 자 같이 된 것은 율법 아래에 있는 자들을 얻고자 함이요

바울은 유대인들을 얻기 위해 스스로 유대인과 같이 되었습니다. 비록 자신은 율법에 매이지 않지만 스스로 율법 아래 있는 자 같이 살기도 하였습니다. 사도행전에 보면 바울이 율법을 지키는 모습이 나옵니다. 바울은 디모데에게 할례를 행했습니다. "바울이 그를 데리고 떠나고자 할새 그 지역에 있는 유대인으로 말미암아 그를 데려다가 할례를 행하니 이는 그 사람들이 그의 아버지는 헬라인인 줄 다 앎이러라"(행 16:3) 또한 바울은 유대인들을 복음의 길로 인도하기 위해 결례를 행하기도 하였습니다. "바울이 이 사람들을 데리고 이튿날 그들과 함께 결례를 행하고 성전에 들어가서 각 사람을 위하여 제사 드릴 때까지의 결례 기간이 만기된 것을 신고하니라"(행 21:26) 바울은 율법에 매인 사람이 아니고 은혜 아래 있는 자이지만 유대인들을 얻기 위해 율법을 준수하기도 하였습니다. "죄가 너희를 주장하지 못하리니 이는 너희가 법 아래에 있지 아니하고 은혜 아래에 있음이라"(롬 6:14)

21절 율법 없는 자에게는 내가 하나님께는 율법 없는 자가 아니요 도리어 그리스도의 율법 아래에 있는 자이나 율법 없는 자와 같이 된 것은 율법 없는 자들을 얻고자 함이라

여기서 율법 없는 자는 율법 밖에 있는 이방인들을 가리킵니다. 바울은 율법 밖에 있는 이방인이 아닙니다. 그도 역시 유대인입니다. 그러나 그는 죄가 되지 않는 한 이방인들의 삶에 참여하기도 하였습니다. 그 이유는 단순합니다. 이방인들을 복음의 길로 인도하기 위해서입니다.

22절 약한 자들에게 내가 약한 자와 같이 된 것은 약한 자들을 얻고자 함이요 내가 여러 사람에게 여러 모습이 된 것은 아무쪼록 몇 사람이라도 구원하고자 함이니

여기서 약한 자들이란 우상의 제물을 먹지 못하는 믿음이 약한 자들을 가리킵니다. 바울은 믿음이 약한 자가 아니었습니다. 그는 우상의 제물을 먹어도 아무 상관이 없다고 생각하던 사람입니다. 그러나 그는 믿음이 약한 자들을 위해 우상의 제물을 먹지 않았습니다. 그 이유도 역시 믿음이 약한 사람들을 다만 몇 명이라도 구원하기 위해서였습니다.

23절 내가 복음을 위하여 모든 것을 행함은 복음에 참여하고자 함이라

바울은 이 모든 것을 복음을 위하여 했습니다. 여기서 '복음을 위하여'라는 말은 정확히 말하면 '복음의 확장을 위하여'라는 말입니다. 유대인들에게는 유대인과 같이 되고, 이방인들에게는 이방인과 같이 되고, 믿음이 약한 자들에게는 약한 자와 같이 된 것은 '복음의 확장을 위하여' 한 것입니다. 또한 그렇게 복음의 확장을 위하여 모든 일을 행한 목적은 복음에 참여하기 위해서입니다. 여기서 복음에 참여한다는 말은 정확히 말하면 복음의 축복에 참여하기 위해서라는 말입니다. 복음전도자로서 바울은 모든 면에 절제하였습니다. 그 이유는 그 자신도 복음의 축복에 참여하기 위해서입니다.

이제 24-27절에서 바울은 복음을 전하고 막상 자신은 버림받는 사람이 되지 않기 위해 어떻게 살아야 할 것인가를 제시합니다.

24절 운동장에서 달음질하는 자들이 다 달릴지라도 오직 상을 받는 사람은 한 사람인

줄을 너희가 알지 못하느냐 너희도 상을 받도록 이와 같이 달음질하라

복음전도자는 목표가 분명해야 합니다. 운동장에서 달리기하는 사람이 많이 있지만 상을 얻는 자는 한 명밖에 없습니다. 우리 전도자들도 이렇게 상 받기를 사모하면서 달음질해야 합니다. 여기서 바울이 말하는 상은 어떤 상일까요? 복음전도자들은 이 땅의 상이 아니라 하나님 나라의 상을 사모하며 살아야 합니다. 이렇게 목표가 분명하지 않으면 시류에 휩쓸립니다. 복음전도자들은 하나님 나라의 상이라는 분명한 목표를 붙잡고 살아야 합니다.

25절 이기기를 다투는 자마다 모든 일에 절제하나니 그들은 썩을 승리자의 관을 얻고자 하되 우리는 썩지 아니할 것을 얻고자 하노라

하나님 나라의 상을 얻고자 하는 복음전도자는 어떻게 살아야 할까요? 이런 사람은 모든 일에 절제해야 합니다. 이 세상의 상을 추구하는 사람들도 상당히 절제합니다. 운동선수들을 보십시오. 그들이 얼마나 절제합니까? 그들은 잠시 있다가 썩어버릴 승리자의 관을 얻기 위해서도 그렇게 절제합니다. 그런데 우리는 썩지 않을 관을 얻고자 하는 사람입니다. 그러므로 복음전도자는 어느 누구보다 절제하는 삶을 살아야 합니다.

26절 그러므로 나는 달음질하기를 향방 없는 것 같이 아니하고 싸우기를 허공을 치는 것 같이 아니하며

이제 바울은 분명한 목적이 있는 삶을 설명하기 위해 달리기 선수와 권투선수를 예로 들어 설명합니다. 달리기 선수에게는 목표지점이 있습니다. 권투선수

도 싸울 대상이 있습니다. 만약 달리기 선수가 목표를 잘 모르고, 권투선수가 싸울 대상을 잘 모른다면 어떻게 되겠습니까? 그런 운동선수는 무의미한 고생을 하는 것입니다. 바울은 그렇게 목적 없는 삶을 살지 않는다고 고백합니다. 열심히 싸웠는데 아무런 성과도 없는 그런 삶을 살지 않았다고 고백합니다.

27절 내가 내 몸을 쳐 복종하게 함은 내가 남에게 전파한 후에 자신이 도리어 버림을 당할까 두려워함이로다

바울이 이렇게 자기 삶을 절제하며 자기를 쳐서 복종시키는 이유가 무엇일까요? 그 이유는 바로 자신이 다른 사람에게 복음을 전파하고 자신이 도리어 버림받을까 두려워하기 때문입니다. 실제로 이런 사람들이 많이 있습니다. 일평생 복음전도자로 살았는데 인생의 말년에 온갖 추한 욕심에 사로잡혀 추악하게 마감하는 사람들이 있습니다. 오늘날 우리 한국교회에 이런 사람이 얼마나 많습니까? 왜 이런 일이 벌어질까요? 자신의 삶의 목표를 끝까지 붙잡지 않았기 때문입니다. 교회를 크게 성장시켰으니 이제 됐다고 생각하는 것입니다. 젊은 날에는 복음을 위해 절제하다가 나이가 들어서는 영광을 누리려고 합니다. 사도 바울처럼 복음전파라는 분명한 목표를 가지고 평생 절제하는 삶을 살아야 하는데 그렇게 하지 않기 때문입니다.

성도들 가운데는 자신이 구원받은 자라는 사실에 대한 확신 때문에 방종하는 이들이 있습니다. 물론 우리는 구원받은 자입니다. 우리의 구원은 영원토록 변하지 않는 하나님의 말씀에 근거한 것입니다. 그러나 우리가 구원받은 자라는 사실이 우리를 방종하게 해서는 안 됩니다. 구원받은 자이므로 아무렇게나 살아도 괜찮다는 식으로 생각해서는 안 됩니다. 언제나 선 줄로 생각하는 자는 넘

어질까 조심해야 합니다(고전 10:12). 복음전파자의 삶은 일평생 경주하는 삶이어야 합니다. 복음전파자는 달리기 선수와 같습니다. 그렇게 삶의 목표가 뚜렷한 사람은 자기 삶을 절제할 줄 압니다. 그런데 이제 자신은 성취했다고 생각하는 사람들이 있습니다. 그런 사람은 더 이상 헌신하지 않습니다. 더 이상 절제하지 않습니다. 그러다가 남에게 전파한 후에 도리어 자기가 버림이 되는 것입니다.

복음전도자는 일평생 경주하는 삶을 살아야 한다는 사실을 잊지 마십시오. 복음전파에는 은퇴가 없습니다. 우리는 받은 은혜를 따라 일평생 복음을 전하며 살아야 합니다. 복음을 전하기 위해 세워진 기관인 주님의 교회를 일평생 섬겨야 합니다. 이런 일에는 은퇴가 없습니다. 복음전파하고 봉사하는 일을 은퇴하면 점점 삶이 나태해집니다. 그러다 보면 어느 순간부터 절제하는 삶이 사라집니다. 그저 이 땅에서 안락한 삶을 누리는 것에만 집착하게 됩니다. 이제 다시 일어나 복음을 전하십시오. 다시 낮은 곳으로 가서 봉사하십시오. 다시 신발 끈을 조이고 경주하는 인생을 사십시오. 그래야 내 모든 삶을 절제할 수 있습니다. 복음전파라는 분명한 목표를 이루기 위해 끝까지 절제하며 영광스러운 열매를 맺는 삶을 사시기를 바랍니다.

<복습 및 나눔질문>

1. 사도의 자격과 증거와 권리를 정리해 보십시오(9:1-14).

2. 복음전도자는 어떤 상을 기대하면서 사역해야 할까요?(9:18)

3. 바울은 복음전도자의 정체성을 보여주기 위해 어떤 비유를 들고 있습니까?(9:24-26) 복음전도자로서 경주하는 삶을 살기 위해 자신이 절제해야 할 것들을 써보십시오.

4. 이 장을 읽으면서 내 마음에 가장 와 닿았던 문장은 어떤 것입니까? 그 이유가 무엇이라고 생각하십니까?

= 1 CORINTHIANS =
고린도전서

10:1-11:1

고린도전서 10:1-11:1은 그리스도인의 자유(8:1-11:1)를 다루는 큰 단락의 마지막 부분입니다. 바울은 8장에서 우상의 제물에 드려진 음식을 먹는 문제를 소재로 그리스도인의 자유를 설명했고, 9장에서 자신의 사도권의 문제를 소재로 그리스도인의 자유를 말했습니다. 이제 '그리스도인의 자유'를 다루는 마지막 단락인 10:1-11:1에서 바울은 자기 절제를 하지 않은 구약시대 이스라엘 백성들을 예로 들어 고린도교회 교인들에게 경고하고, 주의 만찬에 참여한 자로서 우상숭배를 멀리할 것을 권고합니다.

1. 자기절제를 하지 못한 이스라엘 백성들의 예를 통한 경고 (10:1-13)

¹형제들아 나는 너희가 알지 못하기를 원하지 아니하노니 우리 조상들이 다 구름 아래에 있고 바다 가운데로 지나며 ²모세에게 속하여 다 구름과 바다에서 세례(침례)를 받고 ³다 같은 신령한 음식을 먹으며 ⁴다 같은 신령한 음료를 마셨으니 이는 그들을 따르는 신령한 반석으로부터 마셨으매 그 반석은 곧 그리스도시라 ⁵그러나 그들의 다수를 하나님이 기뻐하지 아니하셨으므로 그들이 광야에서 멸망을 받았느니라 ⁶이러한 일은 우리의 본보기가 되어 우리로 하여금 그들이 악을 즐겨 한 것 같이 즐겨 하는 자가 되지 않게 하려 함이니 ⁷그들 가운데 어떤 사람들과 같이 너희는 우상 숭배하는 자가 되지 말라 기록된 바 백성이 앉아서 먹고 마시며 일어나서 뛰논다 함과 같으니라 ⁸그들 중의 어떤 사람들이 음행하다가 하루에 이만 삼천 명이 죽었나니 우리는 그들과 같이 음행하지 말자 ⁹그들 가운데 어떤 사람들이 주를 시험하다가 뱀에게 멸망하였나니 우리는 그들과 같이 시험하지 말자 ¹⁰그들 가운데 어떤 사람들이 원망하다가 멸망시키는 자에게 멸망하였나니 너희는 그들과 같이 원망하지 말라 ¹¹그들에게 일어난

> 이런 일은 본보기가 되고 또한 말세를 만난 우리를 깨우치기 위하여 기록되었느니라 [12]그런즉 선 줄로 생각하는 자는 넘어질까 조심하라 [13]사람이 감당할 시험 밖에는 너희가 당한 것이 없나니 오직 하나님은 미쁘사 너희가 감당하지 못할 시험 당함을 허락하지 아니하시고 시험 당할 즈음에 또한 피할 길을 내사 너희로 능히 감당하게 하시느니라

이 단락에서 바울은 구약시대에 이스라엘 백성들이 지은 죄를 고린도교회 교인들을 경고하기 위한 예로 사용합니다. 비록 이스라엘 백성들이 언약의 축복을 갖고 있었고, 기적적으로 이집트에서 구출되었지만 그들 가운데 대부분은 불순종과 불신앙 때문에 광야에서 죽었습니다. 바울은 그들의 경험을 고린도교회 교인들을 권고하기 위한 예로 사용하고 있습니다.

1절 형제들아 나는 너희가 알지 못하기를 원하지 아니하노니 우리 조상들이 다 구름 아래에 있고 바다 가운데로 지나며 2절 모세에게 속하여 다 구름과 바다에서 세례(침례)를 받고 3절 다 같은 신령한 음식을 먹으며 4절 다 같은 신령한 음료를 마셨으니 이는 그들을 따르는 신령한 반석으로부터 마셨으매 그 반석은 곧 그리스도시라

바울은 먼저 이스라엘 백성들이 경험한 하나님의 은혜를 소개합니다. 그들은 다 구름아래에 있었습니다. 이스라엘 백성들은 광야를 통과하는 동안 구름 기둥으로 인도하시는 하나님을 경험하였습니다. 그들은 또한 바다 가운데로 지났습니다. 이것은 홍해에서 구원받은 것을 가리킵니다. 구름과 바다에서 세례(침례)를 받았습니다. 바울은 구름 기둥으로 인도를 받고 홍해를 건넌 일을 세례(침례)로 비유했습니다. 다 같은 신령한 음식을 먹었습니다. 이스라엘 백성들은 광야에서 만나를 먹었습니다. 이스라엘 백성들은 다 같은 신령한 음료를 마셨습

니다. 이것은 반석에서 난 물을 함께 먹은 것을 가리킵니다. 바울은 구름 기둥으로 인도받고 홍해 바다에서 구원받은 것을 세례(침례)로 비유했고, 만나와 반석에서 난 물을 마신 것을 주의 만찬으로 비유했습니다. 왜 바울은 이스라엘 백성들의 영적 경험을 세례(침례)와 주의 만찬으로 비유했을까요? 고린도교회 교인들이 세례(침례)를 받고 주의 만찬에 참여한 것처럼 구약시대의 이스라엘 백성들도 나름대로 하나님의 은혜를 체험했었다는 사실을 상기시키기 위해서입니다.

5절 그러나 그들의 다수를 하나님이 기뻐하지 아니하셨으므로 그들이 광야에서 멸망을 받았느니라 **6절** 이러한 일은 우리의 본보기가 되어 우리로 하여금 그들이 악을 즐겨 한 것 같이 즐겨 하는 자가 되지 않게 하려 함이니

그런 은혜를 체험했음에도 불구하고 이스라엘 백성들은 대부분 광야에서 멸망하고 말았습니다. 이런 일은 우리에게 소중한 본보기가 됩니다. 구약성경은 우리에게 좋은 반면교사가 됩니다. 구약성경이 하나님을 따르는데 실패한 이스라엘 백성들의 모습을 보여주는 이유는 우리로 하여금 그들처럼 악을 행하지 않게 하기 위함입니다.

7절 그들 가운데 어떤 사람들과 같이 너희는 우상 숭배하는 자가 되지 말라 기록된 바 백성이 앉아서 먹고 마시며 일어나서 뛰논다 함과 같으니라 **8절** 그들 중의 어떤 사람들이 음행하다가 하루에 이만 삼천 명이 죽었나니 우리는 그들과 같이 음행하지 말자 **9절** 그들 가운데 어떤 사람들이 주를 시험하다가 뱀에게 멸망하였나니 우리는 그들과 같이 시험하지 말자 **10절** 그들 가운데 어떤 사람들이 원망하다가 멸망시키는 자에게 멸망하였나니 너희는 그들과 같이 원망하지 말라

구약시대 이스라엘 백성들은 구체적으로 어떤 죄를 지었을까요? 첫째로, 이스라엘 백성들은 우상을 숭배했습니다. 모세가 십계명을 받으러 산에 간 사이에 아론과 이스라엘 백성들은 금송아지를 만들어 경배하는 우상숭배를 저질렀습니다(출 32:4). 둘째로, 이스라엘 백성들은 간음을 행했습니다. 이스라엘 백성들은 싯딤에서 모압 여자들과 음행했다가 심판을 받았습니다(민 25:1-9). 셋째로, 이스라엘 백성들은 주님을 시험했습니다. 이스라엘 백성들은 먹을 것도 없고 물도 없다는 이유로 모세에게 항의하고 다투었다가 뱀에게 물려 죽었습니다(민 21:5-6). 모세는 이것을 여호와를 시험한 것으로 이해했습니다. 왜냐하면 그들은 근본적으로 여호와를 믿지 못한 것이기 때문입니다. 넷째로, 이스라엘 백성들은 원망하는 죄를 저질렀습니다. 이스라엘 백성들은 고라일당이 죽는 것을 보고 모세와 아론을 원망하였다가 염병의 재앙으로 죽임을 당합니다(민 16:41). 바울은 이스라엘 백성들의 죄를 한 가지씩 열거하면서 그들과 같이 우상숭배하고, 음행하고, 시험하고, 원망하지 말자고 호소합니다.

11절 그들에게 일어난 이런 일은 본보기가 되고 또한 말세를 만난 우리를 깨우치기 위하여 기록되었느니라 **12절** 그런즉 선 줄로 생각하는 자는 넘어질까 조심하라

구약성경에 이런 일들을 기록한 이유는 우리에게 본보기를 삼기 위해서입니다. 말세를 만난 우리를 깨우치기 위해서입니다. 그런데 문제는 고린도교회 교인들도 모세시대의 이스라엘 백성들과 비슷한 잘못을 행하고 있다는 것입니다. 모세시대의 이스라엘 백성들이 하나님의 은혜를 경험했지만 불순종과 불신앙을 행했던 것처럼, 고린도교회 교인들도 비슷한 문제점을 가지고 있었습니다. 고린도교회 교인들은 세례(침례)를 받았고 주의 만찬에 참여했습니다. 그들은 자신들은 그런 경험을 했으므로 이미 구원받았다고 생각하여 방종한 삶을 살았습니다.

우리가 그리스도를 알고 점점 성숙한 사람이 되기 위해서는 양 극단을 피하고 균형을 유지해야 합니다. 12-13절은 이런 균형을 우리에게 보여줍니다. 먼저 12절은 성경에 있는 이런 인물들을 보면서 그들을 거울로 삼아 경계하고 주의하라고 권고합니다. 성경이 이런 사례들을 많이 기록한 이유는 우리 인간의 악한 본성 때문입니다. 인간은 안전하다고 생각한 순간 방종에 빠집니다. 무엇인가 보장이 되면 그 다음부터 열심을 내지 않고 방종합니다. 구약에 있는 인물들은 우리에게 거울의 역할을 합니다. 그들을 거울로 삼아 넘어질까 조심하는 삶을 살아야 할 것입니다.

13절 <u>사람이 감당할 시험 밖에는 너희가 당한 것이 없나니 오직 하나님은 미쁘사 너희가 감당하지 못할 시험 당함을 허락하지 아니하시고 시험 당할 즈음에 또한 피할 길을 내사 너희로 능히 감당하게 하시느니라</u>

구약의 인물을 거울로 삼아 주의하는 동시에, 우리는 하나님이 어떤 분인가를 알고 바른 확신을 가져야 합니다. 하나님은 신실하신 분입니다. 그러므로 그 분이 우리에게 허락하시는 것은 우리가 감당할 수 없는 것이 아닙니다. 우리 하나님은 감당할 시험만 허락하십니다. 시험 당할 때 피할 길을 내어 능히 그 시험을 이겨내게 하십니다. 여기서 피할 길이란 고속도로의 출구(exit)와 같은 것입니다. 하나님은 우리가 시험당할 때 우리 인생에 출구를 허락하십니다. 출구 없는 시험은 없습니다(Gordon Fee, 461). 피할 길, 곧 출구를 통해 새 힘을 주시고 우리를 재정비해 주셔서 다시 한 번 삶의 길을 경주하도록 인도하십니다.

언뜻 보면 12절과 13절은 서로 모순되는 것 같습니다. 12절은 넘어질까 조심하며 살라고 권고하는 반면 13절은 신실하신 하나님을 의지하고 확신 가운데

걸어가라고 권고합니다. 이 두 말씀은 상호 모순되는 것이 아니라 상호 보완되는 것입니다. 우리 그리스도인들은 인간의 연약함을 인정하고 조심스럽게 살아야 합니다. 동시에 신실하신 하나님께서 내 인생의 길을 바르게 인도해 주실 것을 믿고 확신 가운데 담대하게 살아야 합니다.

2. 우상숭배하는 일을 피하라(10:14-22)

> ¹⁴그런즉 내 사랑하는 자들아 우상 숭배하는 일을 피하라 ¹⁵나는 지혜 있는 자들에게 말함과 같이 하노니 너희는 내가 이르는 말을 스스로 판단하라 ¹⁶우리가 축복하는 바 축복의 잔은 그리스도의 피에 참여함이 아니며 우리가 떼는 떡은 그리스도의 몸에 참여함이 아니냐 ¹⁷떡이 하나요 많은 우리가 한 몸이니 이는 우리가 다 한 떡에 참여함이라 ¹⁸육신을 따라 난 이스라엘을 보라 제물을 먹는 자들이 제단에 참여하는 자들이 아니냐 ¹⁹그런즉 내가 무엇을 말하느냐 우상의 제물은 무엇이며 우상은 무엇이냐 ²⁰무릇 이방인이 제사하는 것은 귀신에게 하는 것이요 하나님께 제사하는 것이 아니니 나는 너희가 귀신과 교제하는 자가 되기를 원하지 아니하노라 ²¹너희가 주의 잔과 귀신의 잔을 겸하여 마시지 못하고 주의 식탁과 귀신의 식탁에 겸하여 참여하지 못하리라 ²²그러면 우리가 주를 노여워하시게 하겠느냐 우리가 주보다 강한 자냐

14절 그런즉 내 사랑하는 자들아 우상 숭배하는 일을 피하라 **15절** 나는 지혜 있는 자들에게 말함과 같이 하노니 너희는 내가 이르는 말을 스스로 판단하라

이 단락에서 바울은 구약시대 이스라엘 백성들의 예를 고린도교회의 교인들

에게 적용합니다. 바울은 8장에서 다루었던 우상에게 바쳐진 제물을 먹는 문제를 다시 언급합니다. 그렇다면 왜 바울은 이 문제를 반복해서 다루고 있을까요? 그 이유는 이것이 단순히 우상에게 드려진 음식을 먹는 문제를 넘어서 우상숭배로 빠질 수 있는 위험성을 안고 있기 때문입니다. 바울은 이것을 주의 만찬에 참여하는 것을 예로 들어 설명합니다. 우리가 주의 만찬에 참여함으로 주님과 관계를 맺는 것처럼 우상의 제단에 참여하는 것은 우상숭배가 될 수 있습니다. 바울은 지금 그런 사실을 경고합니다.

이제 바울은 이 문제를 논증하기 위해 세 가지 단계로 설명합니다.

16절 우리가 축복하는 바 축복의 잔은 그리스도의 피에 참여함이 아니며 우리가 떼는 떡은 그리스도의 몸에 참여함이 아니냐 **17절** 떡이 하나요 많은 우리가 한 몸이니 이는 우리가 다 한 떡에 참여함이라

여기서 축복의 잔과 떡은 주의 만찬을 가리킵니다. 우리가 주의 만찬에 참여할 때 잔을 받고 떡을 먹는 것은 그리스도의 피와 몸에 참여하는 것입니다. 그것은 곧 우리가 영적으로 한 몸이라는 것을 나타냅니다.

18절 육신을 따라 난 이스라엘을 보라 제물을 먹는 자들이 제단에 참여하는 자들이 아니냐

이스라엘 백성들이 하나님께 제사를 지내고, 그 제물을 함께 먹으면 그 제물을 먹는 자들도 결국 제단에 참여한 것으로 인정합니다.

19절 그런즉 내가 무엇을 말하느냐 우상의 제물은 무엇이며 우상은 무엇이냐 **20절** 무릇 이방인이 제사하는 것은 귀신에게 하는 것이요 하나님께 제사하는 것이 아니니 나는 너희가 귀신과 교제하는 자가 되기를 원하지 아니하노라 **21절** 너희가 주의 잔과 귀신의 잔을 겸하여 마시지 못하고 주의 식탁과 귀신의 식탁에 겸하여 참여하지 못하리라 **22절** 그러면 우리가 주를 노여워하시게 하겠느냐 우리가 주보다 강한 자냐

위의 두 가지 논리에 따라서 제물을 먹는 것은 결국 그 제사에 동참하는 것입니다. 주의 만찬에 참여할 때 우리는 그리스도의 피와 몸에 참여하는 것입니다. 그런데 이방인의 제사는 모두 귀신에게 하는 것이므로 그 귀신의 제물을 먹는 자는 결국 귀신과 교제하는 자가 됩니다. 그렇다면 주의 만찬에 참여한 자가 귀신에게 바친 제사에도 참여한다면 어떻게 되겠습니까? 그리스도인은 귀신의 잔과 주의 잔을 겸하여 마실 수 없습니다. 만약 그렇게 하면 우리는 결국 주님과도 교제하고 귀신과도 교제하는 사람이 됩니다. 그러면 결국 주님의 질투를 사게 됩니다. 22절을 보십시오. "그러면 우리가 주를 노여워하시게 하겠느냐? 우리가 주보다 강한 자냐?" 무슨 말입니까? 우리는 주님보다 약한 자이기 때문에 만약 우리가 주님의 질투를 유발한다면 결국 그 질투를 극복할 수 없다는 말입니다. 우리와 주님의 관계는 부부관계와 유사한 측면이 있습니다. 주님은 우리와 독점적인 사랑의 관계를 맺고 싶어 하십니다. 주님의 그런 마음은 너무도 당연한 것입니다. 왜냐하면 그 분은 우리를 위해 생명을 주셨기 때문입니다. 그리스도인은 결코 하나님과 우상을 겸하여 섬길 수 없습니다.

3. 다 하나님의 영광을 위하여 하라(10:23-11:1)

> ²³모든 것이 가하나 모든 것이 유익한 것은 아니요 모든 것이 가하나 모든 것이 덕을 세우는 것은 아니니 ²⁴누구든지 자기의 유익을 구하지 말고 남의 유익을 구하라 ²⁵무릇 시장에서 파는 것은 양심을 위하여 묻지 말고 먹으라 ²⁶이는 땅과 거기 충만한 것이 주의 것임이라 ²⁷불신자 중 누가 너희를 청할 때에 너희가 가고자 하거든 너희 앞에 차려 놓은 것은 무엇이든지 양심을 위하여 묻지 말고 먹으라 ²⁸누가 너희에게 이것이 제물이라 말하거든 알게 한 자와 그 양심을 위하여 먹지 말라 ²⁹내가 말한 양심은 너희의 것이 아니요 남의 것이니 어찌하여 내 자유가 남의 양심으로 말미암아 판단을 받으리요 ³⁰만일 내가 감사함으로 참여하면 어찌하여 내가 감사하는 것에 대하여 비방을 받으리요 ³¹그런즉 너희가 먹든지 마시든지 무엇을 하든지 다 하나님의 영광을 위하여 하라 ³²유대인에게나 헬라인에게나 하나님의 교회에나 거치는 자가 되지 말고 ³³나와 같이 모든 일에 모든 사람을 기쁘게 하여 자신의 유익을 구하지 아니하고 많은 사람의 유익을 구하여 그들로 구원을 받게 하라 ¹내가 그리스도를 본받는 자가 된 것 같이 너희는 나를 본받는 자가 되라

23절 모든 것이 가하나 모든 것이 유익한 것은 아니요 모든 것이 가하나 모든 것이 덕을 세우는 것은 아니니 **24절** 누구든지 자기의 유익을 구하지 말고 남의 유익을 구하라

바울은 이 단락에서 다시 8장의 주제로 돌아갑니다. 8장에서 바울은 우상에게 드렸던 제물을 먹는 것이 아무런 문제될 것이 없다고 설명했었습니다. 이제 바울은 그 문제를 좀 더 심도 있게 다룹니다. 바울은 이렇게 정리합니다. "모든 것이 가하나 모든 것이 유익한 것은 아니다. 모든 것이 가하나 모든 것이 덕을 세우는 것은 아니다. 누구든지 자기의 유익을 구하지 말고 남의 유익을 구하라" 비록 우상에게 드렸던 제물을 먹는 것 자체는 문제될 것이 없지만 그리스도인

은 자신의 유익이 아니라 다른 사람의 유익을 구해야 합니다. 그러므로 내게는 자유하지만 다른 사람에게 덕이 되지 않는다면 절제하는 것이 옳습니다.

<u>25절 무릇 시장에서 파는 것은 양심을 위하여 묻지 말고 먹으라 26절 이는 땅과 거기 충만한 것이 주의 것임이라 27절 불신자 중 누가 너희를 청할 때에 너희가 가고자 하거든 너희 앞에 차려 놓은 것은 무엇이든지 양심을 위하여 묻지 말고 먹으라 28절 누가 너희에게 이것이 제물이라 말하거든 알게 한 자와 그 양심을 위하여 먹지 말라 29절 내가 말한 양심은 너희의 것이 아니요 남의 것이니 어찌하여 내 자유가 남의 양심으로 말미암아 판단을 받으리요</u>

우상에게 드렸던 제물을 먹는 문제와 관련하여 이제 성경은 몇 가지로 결론을 내립니다. 첫째로, 우상을 숭배하는 축제에 참여하거나 신전에 참여하여 우상의 제물을 먹는 것은 분명히 우상숭배입니다(10:20). 둘째로, 시장에서 파는 것이나 불신자의 집에서 먹는 것은 죄가 아니니 자유롭게 먹어도 됩니다. 왜냐하면 그런 것들은 이미 종교적인 의미를 상실한 것이기 때문입니다. 바울은 종교적인 의미가 담긴 우상의 제물을 먹는 것과 시장에서 파는 물건을 사 먹는 것을 조심스럽게 구별합니다. 우상의 신전에서 우상의 제물을 먹는 것은 문제가 되지만 시장에서 판매되는 음식을 먹는 것은 문제될 것이 없습니다. 이것은 결국 문화와 종교를 구별하는 기준이 될 수 있습니다.

그렇다면 어떤 기준으로 이런 상황을 구분할 수 있을까요? 바울은 이미 23절에서 원칙을 제시하였습니다. 우리 그리스도인들은 다른 사람의 유익을 구하고 덕을 세우는 자가 되어야 합니다. 이것이 바로 그리스도인의 자유를 주장할 때 늘 염두에 두어야 할 원칙입니다. 그리스도인의 자유는 다른 사람의 유익을 구하기 위한 자유이지 자기 마음대로 살아서 남에게 상처를 줄 자유가 아닙니다. 셋째로, 만약 누군가 그것이 제물이라고 알려주었다면 그 사람의 양심을 위하여 먹지 말아야 합니다. 여기에서도 역시 다른 사람의 유익을 구하라는 원리와 연결됩니다. 바울은 자기가 다른 사람의 양심에 관하여 말하고 있음을 명확히 함으로써 이웃이 느끼는 양심의 가책과 필요가 그리스도인의 행동을 결정한다는 사실을 강조합니다(Carson & France, 467).

30절 만일 내가 감사함으로 참여하면 어찌하여 내가 감사하는 것에 대하여 비방을 받으리요

이 구절은 이해하기가 어려운 난해한 구절입니다. 이 구절은 바로 앞에 있는 28-29절에 연결된다기보다 25-26절에 연결된다고 보아야 합니다. 26절에 있는 "땅과 거기 충만한 것이 주의 것"이라는 말씀은 유대인들이 식사하기 전에 드렸던 축복기도입니다. 바울은 유대인에게는 유대인처럼, 이방인에게는 이방인처럼 행동하였습니다. 따라서 바울이 유대인들처럼 이 축도와 함께 감사함으로 식사에 참여한다면 그렇게 감사함으로 식사에 참여한 것 때문에 다른 사람에게 비방 받을 이유는 없는 것입니다(Gordon Fee, 487).

31절 그런즉 너희가 먹든지 마시든지 무엇을 하든지 다 하나님의 영광을 위하여 하라 **32절** 유대인에게나 헬라인에게나 하나님의 교회에나 거치는 자가 되지 말고 **33절** 나와 같이 모든 일에 모든 사람을 기쁘게 하여 자신의 유익을 구하지 아니하고 많은 사람의 유익을 구하여 그들로 구원을 받게 하라 **1절** 내가 그리스도를 본받는 자가 된 것 같이 너희는 나를 본받는 자가 되라

이제 바울은 그리스도인이 반드시 기억해야 할 삶의 대 원칙을 선포합니다. 성경에서 명확히 정의하지 않은 문제에 관하여 결정해야 할 상황에서 그리스도인들이 염두에 두어야 할 원칙은 바로 이것입니다. "그런즉 너희가 먹든지 마시든지 무엇을 하든지 다 하나님의 영광을 위하여 하라." 그렇다면 하나님의 영광을 위하여 하라는 말은 구체적으로 무슨 뜻일까요? 32-33절은 하나님께 영광을 돌린다는 말의 의미를 구체적으로 풀어줍니다. 그것은 한 마디로 말하면 다른 사람의 유익을 구하라는 것입니다. 유대인에게나 헬라인에게나 하나님의 교회에나 거치는 자가 되지 말라는 말은 믿는 사람에게나 믿지 않는 사람에게나 교회 안에 있는 연약한 자들에게 거치는 자가 되지 말라는 말입니다. 하나님께 영광을 돌린다는 것은 사도 바울이 본을 보여준 것처럼 많은 사람의 유익을 구하여 그들이 구원에 이르도록 돕는 것을 가리킵니다. 바울은 마지막으로 자신이 그리스도를 본받은 것처럼 자신을 본받으라고 권면합니다. 바울은 항상 하나님의 영광을 위해 다른 사람의 유익을 구하는 삶의 본을 보였습니다. 그러므로 하나님의 영광을 위하여 사는 삶은 결코 추상적인 것이 아닙니다. 왜냐하면 바울이 그 자신의 행동으로 본을 보여주었기 때문입니다.

<복습 및 나눔질문>

1. 고린도전서 10장 12절과 13절은 어떤 면에서 서로 모순되는 것이 아닐까요? 왜 이렇게 서로 모순되는 것처럼 보이는 말씀이 연속적으로 기록되어 있을까요?

2. 우상숭배의 본질을 한 마디로 정의한다면 무엇이라고 할 수 있을까요?(10:21)

3. 성경에 정확히 언급되지 않은 것에 관하여 성경적인 답을 얻고자 할 때 필요한 대원칙은 무엇입니까?(10:31-33)

4. 이 장을 읽으면서 내 마음에 가장 와 닿았던 문장은 어떤 것입니까? 그 이유가 무엇이라고 생각하십니까?

= 1 CORINTHIANS =
고린도전서

11:2-34

고린도전서 11장에는 두 가지 주제의 말씀이 나옵니다. 첫 번째 주제는 여성들이 머리에 수건을 쓰는 문제입니다(11:2-16). 바울은 당시의 일반적인 관습이었던 여성들이 머리에 수건을 쓰는 문제를 통해 예배 질서의 문제를 다룹니다. 두 번째 주제는 주의 만찬입니다(11:17-34). 바울은 주의 만찬을 통하여 당시 고린도교회에 존재하던 분열의 문제를 지적합니다.

1. 여자가 머리를 가리는 것(11:2-16)

²너희가 모든 일에 나를 기억하고 또 내가 너희에게 전하여 준 대로 그 전통을 너희가 지키므로 너희를 칭찬하노라 ³그러나 나는 너희가 알기를 원하노니 각 남자의 머리는 그리스도요 여자의 머리는 남자요 그리스도의 머리는 하나님이시라 ⁴무릇 남자로서 머리에 무엇을 쓰고 기도나 예언을 하는 자는 그 머리를 욕되게 하는 것이요 ⁵무릇 여자로서 머리에 쓴 것을 벗고 기도나 예언을 하는 자는 그 머리를 욕되게 하는 것이니 이는 머리를 민 것과 다름이 없음이라 ⁶만일 여자가 머리를 가리지 않거든 깎을 것이요 만일 깎거나 미는 것이 여자에게 부끄러움이 되거든 가릴지니라 ⁷남자는 하나님의 형상과 영광이니 그 머리를 마땅히 가리지 않거니와 여자는 남자의 영광이니라 ⁸남자가 여자에게서 난 것이 아니요 여자가 남자에게서 났으며 ⁹또 남자가 여자를 위하여 지음을 받지 아니하고 여자가 남자를 위하여 지음을 받은 것이니 ¹⁰그러므로 여자는 천사들로 말미암아 권세 아래에 있는 표를 그 머리 위에 둘지니라 ¹¹그러나 주 안에는 남자 없이 여자만 있지 않고 여자 없이 남자만 있지 아니하니라 ¹²이는 여자가 남자에게서 난 것 같이 남자도 여자로 말미암아 났음이라 그리고 모든 것은 하나님에게서 났느니라 ¹³너희는 스스로 판단하라 여자가 머리를 가리지 않고 하나님께 기도하는 것이 마땅하냐 ¹⁴만일 남자에게 긴 머리가 있으면 자기에게 부끄러움이 되는 것을 본성이 너희에게 가르치지 아니하느냐 ¹⁵만일 여자가 긴 머리가 있으면 자기에게 영광이 되나니 긴 머리는 가리는 것

을 대신하여 주셨기 때문이니라 [16]논쟁하려는 생각을 가진 자가 있을지라도 우리에게나 하나님의 모든 교회에는 이런 관례가 없느니라

2절 너희가 모든 일에 나를 기억하고 또 내가 너희에게 전하여 준 대로 그 전통을 너희가 지키므로 너희를 칭찬하노라

고린도교회 교인들의 문제점을 지적하기 전에 바울은 먼저 그들이 잘 한 것들을 칭찬합니다. 첫째로, 그들은 모든 일에 바울을 기억했습니다. 비록 고린도교회의 일부 교인들이 바울을 대적했지만 사실 대다수의 교인들은 모든 일에 바울을 기억했습니다. 둘째로, 그들은 바울이 전해 준 신앙적 전통들을 잘 지켰습니다. 일부 교인들은 바울이 전해 준 신앙적 전통들을 거부했지만 대다수의 교인들은 그런 전통들을 잘 지켰습니다. 바울은 먼저 그들이 잘한 점을 칭찬합니다. 어떤 주석가들은 고린도교회의 문제점을 지적하기에 앞서 이런 칭찬을 하는 것을 보고 논리적 일관성이 없다고 지적하기도 합니다. 그러나 이것은 논리적 일관성의 문제가 아닙니다. 바울은 기본적으로 말씀대로 순종하려고 애쓰는 교인들을 귀하게 여기고 있었습니다. 비록 문제를 일으키는 일부 교인들 때문에 고린도교회를 책망하고 있지만 그런 순간에도 여전히 바울은 신실한 성도들을 칭찬합니다.

3절 그러나 나는 너희가 알기를 원하노니 각 남자의 머리는 그리스도요 여자의 머리는 남자요 그리스도의 머리는 하나님이시라

이 구절을 바르게 해석하려면 머리의 의미를 바르게 정의해야 합니다. 유대

적 관점으로 본다면 '머리'는 권위를 가리킵니다. 그러나 헬라적 관점으로 본다면 '머리'는 원천을 가리킵니다. 만약 이 구절에 나오는 머리를 원천으로 본다면 그리스도의 머리는 하나님이라는 구절이 문제가 됩니다. 왜냐하면 그리스도는 하나님께로부터 피조된 존재가 아니기 때문입니다. 따라서 이 구절에 나오는 머리는 권위로 해석하는 것이 자연스럽습니다(Craig Blomberg, 208-209; Marion Soards, 228-229). 각 남자의 권위는 그리스도에게 있고, 여자의 권위는 남자에게 있으며, 그리스도의 권위는 하나님께 있다는 뜻입니다. 여기서 말하는 권위는 반드시 한 쪽은 우월하고 다른 쪽은 열등하다는 뜻이 아닙니다. 남자는 우월하고 여자는 열등하다는 그런 뜻이 아닙니다. 만약 그런 식으로 해석한다면 하나님은 우월하고 그리스도는 열등하다는 뜻이 됩니다. 남자와 여자는 가치 면에서 동등합니다. 마찬가지로 하나님과 그리스도도 동등한 위격을 갖습니다. 여기서 말하는 권위는 단순히 질서의 문제입니다. 하나님은 질서의 측면에서 그리스도의 권위라고 말할 수 있습니다. 마찬가지로 남편도 질서의 측면에서 아내의 권위라고 말할 수 있습니다.

4절 무릇 남자로서 머리에 무엇을 쓰고 기도나 예언을 하는 자는 그 머리를 욕되게 하는 것이요

이제 바울은 여자가 머리에 수건을 쓰는 문제를 다룹니다. 그런데 여자가 머리에 수건을 쓰는 문제를 다루기 전에 바울은 3절에서 먼저 질서의 문제를 다룹니다. 이런 사실을 통해 우리는 바울이 어떤 관점으로 이 문제를 대하는지 짐작할 수 있습니다. 바울은 지금 여자가 머리에 수건을 쓰는 문제를 예배 질서의 문제로 이해하고 있습니다. 바울은 당시 남성과 여성의 구별을 강조했던 관습을 먼저 다룹니다. 당시 관습에서는 만약 남자가 머리에 무엇을 쓰고 예배를 드린

다면 그것은 머리를 욕되게 하는 것입니다. 왜냐하면 남자가 여자와 같은 복장을 갖추었기 때문입니다. 이것은 남녀를 철저하게 구별했던 당시 관습을 어기는 것입니다.

5절 무릇 여자로서 머리에 쓴 것을 벗고 기도나 예언을 하는 자는 그 머리를 욕되게 하는 것이니 이는 머리를 민 것과 다름이 없음이라

당시 여성들은 머리에 수건을 쓰는 관습이 있었습니다. 고대 근동사람들은 여성이 머리를 노출하는 것을 성적인 수치로 여겼습니다. 그런데 당시에 이런 관습을 깨트리는 사람들이 있었습니다. 우선 창녀들은 머리에 수건을 쓰지 않았습니다. 그들은 부끄러움을 모르는 사람들이었기 때문입니다. 또한 당시 상류층 여성 가운데 지나치게 치장하기를 좋아하는 여성들이 머리에 수건 쓰기를 거부하기도 했습니다. 화려하게 장식한 머리를 보여주고 싶었기 때문입니다. 이런 사회적 흐름이 교회 안에도 들어와서 많은 논란을 야기하고 있었습니다. 머리에 수건을 쓰는 관습을 깨트리고 교회에 오는 여성들 때문에 남녀 간에 갈등이 생겼습니다. 화려한 머리 장식을 하고 수건을 쓰지 않는 상류층 여성들 때문에 계층 간에 갈등이 생기기도 하였습니다. 이런 상황에서 바울은 여자가 머리에 수건을 쓰지 않는 것은 그 머리를 욕되게 하는 것이라고 말합니다. 그것은 마치 여자가 머리를 밀어버린 것처럼 수치스러운 행동입니다.

6절 만일 여자가 머리를 가리지 않거든 깎을 것이요 만일 깎거나 미는 것이 여자에게 부끄러움이 되거든 가릴지니라

바울은 그런 여성들에게 머리를 가리지 않으려면 차라리 깎으라고 말합니다.

이 말은 실제로 깎으라는 뜻이 아니고 일종의 조롱 섞인 반어법입니다. 당시 여자가 머리를 미는 것은 대단히 수치스러운 일이었습니다. 여자가 머리를 가리지 않거든 깎으라는 말은 머리에 수건을 쓰지 않는 것은 마치 머리를 미는 것과 같은 수치스러운 일이라는 뜻입니다. 만약 머리를 깎거나 미는 것이 수치스럽다면 가리는 것이 마땅합니다.

그렇다면 이 말씀은 오늘날 어떻게 적용되어야 할까요? 이 말씀에 대한 바른 적용은 예배드리러 오는 사람은 당시 사회에서 용납될만한 복장을 갖추고 와야 한다는 것입니다. 하나님께 예배드리러 오는 사람이 일반 사회의 사람들 사이에서도 용납되기 어려운 복장을 한다면 어떻게 되겠습니까? 예배드리러 오는 사람은 누가 보아도 크게 무리가 없는 단정한 복장을 하는 것이 옳습니다. 자신의 자유만 주장하며 다른 사람을 불편하게 만드는 것은 좋은 태도가 아닙니다. 그리스도인의 자유는 다른 사람을 존중하고 섬기기 위한 자유입니다. 내 자유가 남에게 피해를 주어서는 안 됩니다. 그리스도인들은 사회의 기본적인 관습과 예절을 잘 지킬 필요가 있습니다. 예절과 질서를 지나치게 파괴하여 다른 사람을 불쾌하게 만드는 것은 그리스도인의 바른 태도가 아닙니다.

머리에 수건을 쓰는 문제로 시작했던 바울은 이제 영적인 질서의 문제를 다룹니다. 이런 논리 전개는 바울이 머리에 수건을 쓰는 문제를 영적 질서의 문제로 이해하고 있다는 뜻입니다.

7절 남자는 하나님의 형상과 영광이니 그 머리를 마땅히 가리지 않거니와 여자는 남자의 영광이니라 남자는 하나님의 형상과 영광을 드러내는 존재입니다. 따라서 머리를 가리지 말아야 합니다. 머리를 드러냄으로써 하나님의 형상과 영광을 드러내야 한다는 뜻입니다. 반면에 여자는 남자를 돕는 배필로 지음 받았으므로 남자의 영광입니다(창 2:22-23). 여기서 여자에게는 남자의 영광이라고만 하고 남자의 형상이라는 말을 사용하지 않은 것은 남자나 여자나 모두 기본적으로 하나님의 형상으로 지음받은 존재이기 때문입니다. 다만 여자는 남자의 영광이기 때문에 머리에 수건을 써야 합니다. 만약 여자가 머리에 수건을 쓰지 않으면 남자의 영광을 드러내는 격이 됩니다. 남자나 여자나 모두 우리가 할 일은 하나님의 영광을 드러내는 것이지 사람의 영광을 드러내는 것이 아닙니다. 따라서 남자는 하나님의 영광을 드러내기 위해 머리를 노출하고, 여자는 하나님의 영광을 드러내기 위해 남자의 영광인 자신의 머리를 가리라는 뜻입니다.

8절 남자가 여자에게서 난 것이 아니요 여자가 남자에게서 났으며

이제 바울은 창조질서를 언급합니다. 창세기에 따르면 하나님은 남자를 창조한 후 그 남자의 갈빗대를 취하여 여자를 만드셨습니다. 그런 창조 순서에 따라 여자가 남자에게서 났다고 하는 것입니다.

9절 또 남자가 여자를 위하여 지음을 받지 아니하고 여자가 남자를 위하여 지음을 받은 것이니

여자가 남자를 위하여 지음을 받았다는 말은 하나님께서 독처하는 남자를 돕기 위해 여자를 지었다는 창세기의 창조기사에 근거한 것입니다. 하나님은 여자를 남자를 돕는 배필로 지으셨습니다. 여기서 돕는 배필이라는 말은 남자의

우월성을 강조하는 말이 아닙니다. 구약성경은 하나님을 일컬어 우리를 돕는 자라고 표현합니다. 또한 성령님도 우리를 도우신다고 했습니다. 이런 말씀을 볼 때 돕는다는 말을 근거로 남녀차별을 정당화하는 것은 옳지 못합니다. 돕는다는 말에는 차별적인 요소가 들어 있지 않습니다.

10절 그러므로 여자는 천사들로 말미암아 권세 아래에 있는 표를 그 머리 위에 둘지니라

바울은 여기서 여자가 머리에 수건을 쓰는 것을 권위 아래 두는 것이라고 설명합니다. 그렇다면 '천사들로 말미암아'라는 말은 무슨 뜻일까요? 하나님의 천사들은 인간을 창조할 때에도 지켜보았고, 지금 성도들이 예배할 때도 적절한 자세로 예배하는지 지켜봅니다. 이 말씀은 그 천사들이 보기에도 문제가 없도록 머리에 권위에 순종한다는 표시를 하고 예배드리라는 말입니다.

그렇다면 왜 바울은 창조질서까지 이야기하며 여성들이 머리에 수건을 쓰지 않는 문제를 지적하고 있을까요? 이것은 당시의 배경을 알아야 바르게 이해할 수 있습니다. 당시 여성들은 남성에 비해 상대적으로 교육을 많이 받지 못했습니다. 당시에는 주로 여성이 남성에게 교육을 받는 입장이었습니다. 그런데 남녀차별을 철폐하는 복음을 듣고 여성들이 급격하게 남녀평등을 주장하면서 교회 안에서 문제가 제기되었습니다. 제대로 말씀으로 교육받지 않은 채 무조건 평등을 주장하면서 사회적 관습을 정면으로 거스르는 여성들이 생겨났습니다. 그런 태도는 교회 안에서 많은 문제를 일으켰습니다. 또한 대체로 남성은 이성적이고 여성은 감성적인 측면이 있습니다. 그래서 종교적 경험도 여성들이 더 풍부하게 합니다. 그런 감성적 종교성에는 장단점이 있습니다. 하나님의 은혜를

잘 받아들인다는 장점도 있고, 종교적인 감정에 쉽게 빠진다는 단점도 있습니다. 그런 여성들이 체계적으로 교육받기도 전에 자신들의 주장을 펼치면서 교회의 질서가 많이 무너졌습니다. 그래서 바울은 창조질서까지 언급하면서 예배 질서를 지킬 것을 요청하는 것입니다.

11절 그러나 주 안에는 남자 없이 여자만 있지 않고 여자 없이 남자만 있지 아니하니라

이제 바울은 고린도교회 성도들이 오해하지 않도록 잘 정리해줍니다. 바울의 주장을 얼핏 보면 마치 바울이 여성차별주의자처럼 보입니다. 그러나 바울은 결코 여성차별주의자가 아닙니다. 사도행전과 바울서신을 보면 바울은 수많은 여성 사역자들과 동역했습니다. 브리스길라, 루디아, 뵈뵈 등이 모두 바울의 사역을 도운 여성사역자들이었습니다. 그 중에서 브리스길라는 유명한 설교자 아볼로를 가르치기도 했습니다. 이런 정황을 볼 때 바울은 결코 여성차별주의자가 아닙니다. 그런 오해를 방지하기 위해 바울은 다시 한 번 설명합니다. 남자와 여자는 서로에게 절대적으로 필요한 존재입니다. 남자 없이 여자만 있고, 여자 없이 남자만 있을 수 없습니다. 남자와 여자는 서로 돕는 존재입니다.

12절 이는 여자가 남자에게서 난 것 같이 남자도 여자로 말미암아 났음이라 그리고 모든 것은 하나님에게서 났느니라

창조 때에 여자가 남자에게서 나왔다면 출생 시에 남자는 여자로부터 나옵니다. 그리고 결국 남자나 여자나 모두 하나님에게서 납니다. 그러므로 남자가 여자보다 우월하다는 생각은 성경적인 생각이 아닙니다. 앞에서 바울이 강조한

것은 남녀의 역할에 따른 구별을 가리키는 것이지 차별을 가리키는 것이 아닙니다. 그런 오해를 방지하기 위해 바울은 모든 것은 하나님에게서 났다고 선언합니다.

13절 너희는 스스로 판단하라 여자가 머리를 가리지 않고 하나님께 기도하는 것이 마땅하냐

이제 바울은 고린도교회 교인들의 상식에 호소합니다. 당시 사회는 남자의 짧은 머리와 여자의 긴 머리가 상식으로 통용되던 시대입니다. 그 시대에 적절하게 인정되는 상식적인 통념에 호소하여 바울은 여성들에게 머리를 가리라고 요구합니다.

14절 만일 남자에게 긴 머리가 있으면 자기에게 부끄러움이 되는 것을 본성이 너희에게 가르치지 아니하느냐 **15절** 만일 여자가 긴 머리가 있으면 자기에게 영광이 되나니 긴 머리는 가리는 것을 대신하여 주셨기 때문이니라

이제 다시 한 번 바울은 당시에 널리 인정되던 사회적 통념에 근거하여 예배 질서를 지키라고 호소합니다. 당시 남자의 긴 머리는 부끄러운 것으로 인정되었습니다. 반면에 여자의 긴 머리는 영광스러운 것으로 인정되었습니다. 왜냐하면 긴 머리카락은 여자의 머리를 가려주기 때문입니다.

16절 논쟁하려는 생각을 가진 자가 있을지라도 우리에게나 하나님의 모든 교회에는 이런 관례가 없느니라

마지막으로 바울은 더 이상 논쟁하지 말라고 주문합니다. 왜냐하면 고린도교회에서나 다른 교회에서나 여자가 머리에 쓰지 않고 예배드리는 관례가 없기 때문입니다.

바울이 여성들에게 머리에 수건을 쓰라고 권고한 본질적인 이유는 무엇일까요? 앞에서 설명한 것처럼 당시 고대 근동지역의 여성들은 머리에 수건을 두르는 것이 일반적인 관습이었습니다. 머리에 수건을 두르는 것은 오늘날로 말하면 몸을 노출하지 않고 잘 가리고 다니는 것과 비슷합니다. 그런데 복음을 통하여 해방된 여성들이 그런 관습을 깨트리는 경우가 있었습니다. 자신들에게 주어진 복음의 자유를 방종의 기회로 사용하고 있는 것입니다. 어느 순간부터 고린도교회에는 머리에 수건을 쓰지 않고 예배드리는 여성들이 생겨나기 시작했습니다. 그런 행동은 크게 두 가지 문제를 일으켰습니다.

첫째로, 머리에 수건을 쓰지 않는 여성들로 인하여 남성들은 성적인 자극을 받게 되었습니다. 사실 고대 유대교에서는 남녀가 함께 모여 예배드리지도 않았습니다. 그런데 바울은 그런 차별을 깨트리고 남녀가 함께 모여 예배를 드리게 하였습니다. 이것 자체가 매우 파격적인 일이었습니다. 그런데 어떤 여성들이 예배 시간에 머리에 수건을 쓰지 않기 시작했습니다. 남녀가 완전히 구별되어 함께 모이지도 않던 시대에 남녀가 함께 모이는 것만 해도 파격적인데 심지어 머리를 가리지도 않은 여성들이 예배드린다고 할 때 남성들에게 얼마나 성적 자극이 되었겠습니까? 조선 시대에 어떤 여성이 미니스커트를 입고 다리를 다 노출한 채 예배드리러 왔다고 생각해 보십시오. 그런 행동이 얼마나 예배에 방해가 되겠습니까?

둘째로, 머리에 수건을 쓰지 않은 여성들로 인하여 불신자 사회에서 기독교에 대한 부정적 인식이 확산되고 있었습니다. 한 번 생각해 보십시오. 남녀가 완전히 구별되던 시대에 교회에 가면 남녀가 함께 모입니다. 남녀가 함께 모여 때로는 밤늦게까지 예배를 드립니다. 그런데 교회의 여성들은 머리에 수건도 쓰지 않습니다. 요즘으로 말하면 노출을 심하게 한 옷차림을 한 여성들이 밤늦게까지 남자들과 함께 예배를 드립니다. 그렇게 되면 외부에서 얼마나 많은 오해를 받겠습니까?

이 문제에 대한 결정적 증거가 한 가지 있습니다. 1세기말 비두니아와 본토의 총독이었던 플리니가 로마 황제 트라야누스에게 쓴 편지에 이런 내용이 있습니다. "제게 일단의 그리스도인들이 붙잡혀 왔습니다. 그들이 새벽부터 모여서 그리스도라는 자에게 찬송을 하고 자기들끼리 예배하고 종교의식을 갖는데, 제게 잡혀 온 죄목은 이들이 남녀 혼음을 하고 아이들을 제사한다는 것입니다. 그런데 제가 문초해 보니까 고발 내용은 사실이 아닌 것 같습니다. 그럼에도 불구하고 제가 이들을 어떻게 처리해야 좋을지 모르겠으니 황제께서 제게 지침을 내려주십시오."(김세윤, 고린도전서강해, 288)

1세기 중엽 그리스도인들은 외부세계의 음해를 받고 있었습니다. 유대인들에게 음해를 받고 이방인들에게도 음해를 받았습니다. 그리스도인들은 유대교의 율법도 거부하였고, 이방인들의 우상숭배도 거부하였습니다. 물론 당연히 로마황제를 숭배하는 것도 거부하였습니다. 그 결과 그리스도인들은 사회로부터 소외당했습니다. 그런 상황에서 남녀가 모여 밤을 새워 예배드리니 외부에서는 남녀가 모여 혼음하고 아이들을 제사한다는 악의적 소문까지 난 것입니다.

바울은 복음을 위해 살고 복음을 위해 죽고자 했던 진정한 복음주의자입니다. 그런데 여성들이 머리에 수건을 쓰지 않는 행동 때문에 이런 문제가 발생하여 복음전파에 심각한 방해가 되고 있었습니다. 그래서 바울은 고린도교회 성도들에게 외부인들에게 공격할 빌미를 주지 않도록 복장을 단정히 갖추라고 요구하는 것입니다. 이런 배경을 생각하면 바울이 얼마나 복음전파를 중요하게 여겼는가를 알 수 있습니다. 바울은 복음전파에 방해가 되지 않도록 하려고 결혼도 하지 않고, 생활비 지원도 받지 않고, 온전히 자기를 희생하여 복음을 전파한 사람입니다. 그런데 그깟 머리에 수건을 쓰는 문제를 가지고 자유를 주장하여 복음전파에 방해가 된다면 그것은 얼마나 어리석은 일입니까?

오늘 우리가 가져야 할 바른 가치관이 바로 이것입니다. 오늘 우리에게는 복음주의적 가치관이 필요합니다. 복음전파를 위해서라면 내 자유도 스스로 제한하고 다른 사람을 위해 자원하여 종이 되는 것이 바로 바울이 강조한 복음주의적 가치관입니다. 자신을 한 번 돌아보십시오. 나는 과연 바울과 같이 복음주의적 가치관을 가지고 있습니까? 복음을 위해 내 자유를 스스로 제한하고 살고 있습니까? 복음을 위해 내가 누릴 것을 스스로 포기하고 삽니까? 혹시 내 자유를 주장하고 누리느라 복음에 방해가 되는 삶을 살고 있는 것은 아닙니까? 복음전파를 통해 그리스도만 높아지도록 스스로 자신의 자유를 제한하고 살아가는 참된 복음주의자가 될 수 있기를 바랍니다.

2. 주의 만찬의 제정(11:17-34)

[17]내가 명하는 이 일에 너희를 칭찬하지 아니하나니 이는 너희의 모임이 유익이 못되고 도리어 해로움이라 [18]먼저 너희가 교회에 모일 때에 너희 중에 분쟁이 있다 함을 듣고 어느 정도 믿거니와 [19]너희 중에 파당이 있어야 너희 중에 옳다 인정함을 받은 자들이 나타나게 되리라 [20]그런즉 너희가 함께 모여서 주의 만찬을 먹을 수 없으니 [21]이는 먹을 때에 각각 자기의 만찬을 먼저 갖다 먹으므로 어떤 사람은 시장하고 어떤 사람은 취함이라 [22]너희가 먹고 마실 집이 없느냐 너희가 하나님의 교회를 업신여기고 빈궁한 자들을 부끄럽게 하느냐 내가 너희에게 무슨 말을 하랴 너희를 칭찬하랴 이것으로 칭찬하지 않노라 [23]상 내가 너희에게 전한 것은 주께 받은 것이니 [23]하 곧 주 예수께서 잡히시던 밤에 떡을 가지사 [24]축사하시고 떼어 이르시되 이것은 너희를 위하는 내 몸이니 이것을 행하여 나를 기념하라 하시고 [25]식후에 또한 그와 같이 잔을 가지시고 이르시되 이 잔은 내 피로 세운 새 언약이니 이것을 행하여 마실 때마다 나를 기념하라 하셨으니 [26]너희가 이 떡을 먹으며 이 잔을 마실 때마다 주의 죽으심을 그가 오실 때까지 전하는 것이니라 [27]그러므로 누구든지 주의 떡이나 잔을 합당하지 않게 먹고 마시는 자는 주의 몸과 피에 대하여 죄를 짓는 것이니라 [28]사람이 자기를 살피고 그 후에야 이 떡을 먹고 이 잔을 마실지니 [29]주의 몸을 분별하지 못하고 먹고 마시는 자는 자기의 죄를 먹고 마시는 것이니라 [30]그러므로 너희 중에 약한 자와 병든 자가 많고 잠자는 자도 적지 아니하니 [31]우리가 우리를 살폈으면 판단을 받지 아니하려니와 [32]우리가 판단을 받는 것은 주께 징계를 받는 것이니 이는 우리로 세상과 함께 정죄함을 받지 않게 하려 하심이라 [33]그런즉 내 형제들아 먹으러 모일 때에 서로 기다리라 [34]만일 누구든지 시장하거든 집에서 먹을지니 이는 너희의 모임이 판단 받는 모임이 되지 않게 하려 함이라 그 밖의 일들은 내가 언제든지 갈 때에 바로잡으리라

이 단락은 주의 만찬을 행할 때 자주 인용하는 말씀입니다. 사도 바울이 고린도교회에게 주의 만찬에 관한 교훈을 하는 데는 배경이 있습니다. 널리 알려진 것처럼 당시 고린도교회는 분쟁의 문제에 휩싸여 있었습니다. 그 분쟁은 사회

계층적인 차원에서 발생했습니다. 당시 고린도교회에는 일부 부유한 사람들이 있었습니다. 초대교회는 대부분 집에서 모인 가정교회 형태였기 때문에 아무래도 많은 사람들이 모이기 좋은 부잣집에서 모이는 경우가 많았습니다. 그런 모임에서 부유한 사람들이 가난한 사람들과 함께 먹는 것이 싫어서 먼저 음식을 먹는 일이 있었습니다. 그 결과 늦게 온 가난한 사람들은 먹을 것이 없는 상황이 발생했습니다. 만약 오늘날처럼 주의 만찬이 작은 빵과 포도주를 먹는 방식이었다면 그런 문제가 발생하지 않았을 텐데 당시 주의 만찬은 실제 식사와 비슷하게 많은 음식을 먹는 방식이었습니다. 그런데 부자들이 먼저 음식을 가져다 먹어서 가난한 사람들은 먹을 것이 없는 황당한 상황이 벌어진 것입니다.

17절 내가 명하는 이 일에 너희를 칭찬하지 아니하나니 이는 너희의 모임이 유익이 못 되고 도리어 해로움이라

사도 바울은 이제 주의 만찬에 대해 권면하려고 합니다. 그런데 이 일에 대해서는 도저히 고린도교회를 칭찬할 수 없습니다. 왜냐하면 당시 고린도교회의 주의 만찬은 교회에게 유익이 되지 못하고 오히려 해가 되었기 때문입니다.

18절 먼저 너희가 교회에 모일 때에 너희 중에 분쟁이 있다 함을 듣고 어느 정도 믿거니와

바울은 고린도교회에 분쟁의 문제가 있다는 것을 들었고 그것이 어느 정도 사실이라는 것을 믿고 있었습니다.

19절 너희 중에 파당이 있어야 너희 중에 옳다 인정함을 받은 자들이 나타나게 되리라

이 말씀은 개역성경의 번역이 이해하기 어렵게 되어 있습니다. 새번역은 이 구절을 이렇게 번역합니다. "하기야 여러분 가운데서 바르게 사는 사람들이 환히 드러나려면, 여러분 가운데 파당도 있어야 할 것입니다." 교회 안에는 진실한 믿음을 가진 자도 있고, 그렇지 못한 자도 있습니다. 그런데 진실한 믿음을 가진 자는 분쟁이 생겼을 때 오히려 더욱 잘 드러납니다. 바울은 이런 분쟁을 통하여 진실한 믿음을 가진 자가 드러나면 좋겠다고 말합니다. 사실 이 말은 약간 냉소적인 말입니다. 분쟁이 없어야 하는데 분쟁이 있다고 하니 그렇다면 차라리 그 분쟁이 진실한 믿음을 가진 자들을 드러내기라도 했으면 좋겠다는 말입니다.

20절 그런즉 너희가 함께 모여서 주의 만찬을 먹을 수 없으니 **21절** 이는 먹을 때에 각각 자기의 만찬을 먼저 갖다 먹으므로 어떤 사람은 시장하고 어떤 사람은 취함이라 **22절** 너희가 먹고 마실 집이 없느냐 너희가 하나님의 교회를 업신여기고 빈궁한 자들을 부끄럽게 하느냐 내가 너희에게 무슨 말을 하랴 너희를 칭찬하랴 이것으로 칭찬하지 않노라

이제 바울은 당시 고린도교회에서 벌어졌던 문제를 구체적으로 지적합니다. 당시 모임에 먼저 온 부자들이 가난한 자들을 기다리지 않고 만찬을 갖다 먹어서 어떤 사람은 먹을 것이 없고, 또 다른 사람들은 취할 정도가 되었습니다. 주의 만찬은 교회의 하나됨을 위하여 같은 믿음을 가진 성도들이 신앙고백적 차원에서 행하는 것입니다. 그런데 지금 고린도교회 성도들의 주의 만찬은 오히려 교회를 분열시키고 있습니다. 그것은 하나님의 교회를 업신여기는 것이고, 가난한 자들을 부끄럽게 하는 것입니다. 교회는 서로 다른 사람들이 하나가 된 곳입니다. 유대인과 이방인이, 남자와 여자가, 종과 주인이 오직 그리스도의 사랑으로 하나가 되어 세상에 빛을 비추는 곳입니다. 그런 주의 만찬을 도리어 계층 간에 갈등을 조장하는 기회로 삼았으니 얼마나 안타까운 일입니까? 그러므

로 바울은 도저히 고린도교회를 칭찬할 수 없었습니다.

오늘날도 의도와 달리 교회 안에서 계층 간에 위화감을 조성할 수 있습니다. 한 교회 안에서 부유한 자와 가난한 자가 서로 편을 나누어 분열된다면 어찌 그리스도의 피로 세워진 한 교회라고 할 수 있겠습니까? 교회는 약자를 배려하는 곳이 되어야 합니다. 부유한 사람들은 우선적으로 교회 안에 있는 사회적 약자들을 돌보고 배려해야 합니다. 그럴 때 서로 다른 사회적 계층에서 모인 사람들이 그리스도의 사랑 안에서 하나가 될 수 있습니다. 주의 만찬은 바로 그렇게 서로 다른 사람들이 그리스도 안에서 하나됨을 드러내는 시간이 되어야 합니다.

23절 상 내가 너희에게 전한 것은 주께 받은 것이니

바울은 이미 고린도교회 성도들에게 주의 만찬에 관하여 전해 주었습니다. 이제 바울은 올바른 주의 만찬을 회복하기 위하여 다시 한 번 주의 만찬을 가르칩니다. 바울이 전해 준 주의 만찬의 원리는 주님께 받은 것입니다. 그 말은 바울이 주님께 직접 주의 만찬의 원리를 배웠다는 뜻이 아닙니다. 다만 바울이 전한 주의 만찬이 주님께로부터 기원했다는 말입니다.

23절 하 곧 주 예수께서 잡히시던 밤에 떡을 가지사 **24절** 축사하시고 떼어 이르시되 이것은 너희를 위하는 내 몸이니 이것을 행하여 나를 기념하라 하시고

복음서를 보면 예수님께서 체포당하시던 밤에 주의 만찬을 거행하셨습니다 (눅 22:14-23). 예수님은 먼저 떡을 들고 축복하신 후 떼어 주시면서 이렇게 말씀하셨습니다. "이것은 너희를 위하는 내 몸이니 이것을 행하여 나를 기념하라"

여기서 이것을 행하여 나를 기념하라는 말은 주의 만찬을 행하여 예수님을 기억하라는 말입니다. 주님은 떡을 떼어주시면서 이것은 너희를 위하는 내 몸이라고 하셨습니다. 떡이 주님의 몸이라는 말 자체는 상징이지만 이것은 막연하고 추상적인 상징이 아닙니다. 왜냐하면 주님은 실제로 자신의 몸을 십자가에서 희생의 제물로 바치셨기 때문입니다. 주님은 떡을 떼어주시면서 이 예식을 반복하여 주님을 기억하라고 하셨습니다. 그렇다면 도대체 무엇을 기억하라는 말입니까? 주님께서 우리를 위하여 자신의 몸을 희생하셨다는 사실을 기억하라는 말입니다. 주님께서 떡을 떼신 것은 십자가에서 자신의 몸을 떼실 것을 상징합니다. 주의 만찬에서 떡을 먹는 것은 이처럼 극화된 방식으로 주님이 나를 위해 죽으신 것을 기억하게 만드는 것입니다.

25절 식후에 또한 그와 같이 잔을 가지시고 이르시되 이 잔은 내 피로 세운 새 언약이니 이것을 행하여 마실 때마다 나를 기념하라 하셨으니

먼저 떡을 떼신 예수님은 식사 후에 잔을 가지시고 이렇게 말씀하셨습니다. "이 잔은 내 피로 세운 새 언약이니 이것을 행하여 마실 때마다 나를 기념하라" 먼저 우리가 주목해야 할 말씀은 '이 잔은 내 피로 세운 새 언약'이라는 말입니다. 주님은 자신의 피로 새 언약을 세우셨습니다. 시내산에서 모세를 통하여 제정한 것이 옛 언약이라면 지금 주님이 제정하신 것은 새 언약입니다. 옛 언약을 통하여 이스라엘 백성들이 하나님의 백성이 되었다면 이제 제자들은 예수님의 죽음으로 세워진 새 언약을 힘입어 하나님의 백성이 되어 구원을 받을 것입니다. 주님은 잔을 마실 때마다 바로 그 사실을 기억하라고 하셨습니다. 주님이 십자가에서 피 흘려 죽으심으로 내가 새 언약의 백성이 된 것을 기억하라는 말입니다.

26절 너희가 이 떡을 먹으며 이 잔을 마실 때마다 주의 죽으심을 그가 오실 때까지 전하는 것이니라

주의 만찬은 일종의 극과 같습니다. 설교가 말로 복음을 선포하는 것이라면 주의 만찬은 극으로 복음을 선포하는 것입니다. 주의 만찬에 참여하는 사람들은 떡을 먹고 잔을 마실 때마다 주님이 나를 위하여 죽으신 것을 전파합니다. 주의 만찬을 통해 우리는 극화된 방식으로 주님의 죽으심을 전파하는 셈입니다. 언제까지 전파해야 할까요? 그가 오실 때까지, 곧 주님이 재림하실 때까지 우리는 주의 만찬을 행하여 주님의 죽으심을 전파해야 합니다.

27절 그러므로 누구든지 주의 떡이나 잔을 합당하지 않게 먹고 마시는 자는 주의 몸과 피에 대하여 죄를 짓는 것이니라

이제 바울은 합당하지 못한 주의 만찬을 지적하고 바로 잡습니다. 먼저 바울은 주의 떡이나 잔을 합당하지 않게 먹고 마시는 죄를 지적합니다. 주의 떡이나 잔을 합당하지 않게 먹고 마신다는 것은 구체적으로 무엇을 가리킬까요? 이 말씀의 배경을 생각한다면 이것은 곧 계층 간에 벽을 쌓은 채 먹고 마시는 것을 가리킵니다. 그렇다면 왜 그것이 주의 몸과 피에 대하여 죄를 짓는 것일까요? 주의 만찬은 주님의 죽으심으로 우리가 구원받은 사건을 기념하는 것입니다. 주님은 자신의 죽으심으로 우리에게 구원의 선물을 주셨습니다. 그렇다면 그 구원은 어떤 결과를 가져다줄까요? 우리가 구원받으면 하나님과 화목하게 되고, 다른 사람들과도 화목하게 됩니다. 그래서 유대인이나 이방인이나 종이나 자유자나 남자나 여자가 다 그리스도 안에서 하나가 되는 것입니다. 그런데 그렇게 구원받은 사람들이 자신들을 구원한 예수님의 십자가 죽음을 기념하면서 동시

에 계층 간에 갈등을 일으키며 갈라진다면 얼마나 부끄러운 일입니까? 그것은 곧 우리에게 구원을 선물로 주시고 화목하게 하신 예수님의 희생을 욕되게 하는 것입니다. 그런 차원에서 이러한 차별은 매우 심각한 죄입니다.

28절 사람이 자기를 살피고 그 후에야 이 떡을 먹고 이 잔을 마실지니

이제 바울은 주의 만찬에 참여하기 전에 먼저 자신을 살피고 그 다음에 참여하라고 말합니다. 이것은 곧 주의 만찬에 참여하기 전에 만찬의 의미를 깊이 새긴 후에 바른 태도를 가지고 참여하라는 말입니다. 물론 이 말은 도덕적으로 완벽한 사람만 주의 만찬에 참여할 수 있다는 뜻은 아닙니다. 그렇지만 최소한 주의 만찬에 참여하는 사람은 주의 만찬의 의미를 바르게 알고 그에 합당한 삶을 살겠다는 결단과 함께 참여해야 한다는 말입니다. 사회적 신분에 따라 사람을 차별하여 형제와 다툼을 일으키는 죄를 짓고 회개하지 않은 채 주의 만찬에 참여한다면 그것은 합당하지 않게 주의 만찬을 범하는 것이 됩니다. 그러므로 언제든지 주의 만찬에 참여하는 사람은 자신을 살펴 죄를 회개하고 이제는 주님의 죽으심을 본 받아 살겠다는 결단과 함께 참여해야 합니다.

29절 주의 몸을 분별하지 못하고 먹고 마시는 자는 자기의 죄를 먹고 마시는 것이니라

이제 바울은 주의 몸을 분별하지 못하고 먹고 마시는 자는 자기의 죄를 먹고 마시는 것이라고 말합니다. 여기서 주의 몸은 이중적 의미를 갖습니다. 한 가지는 십자가에 달린 주의 몸이고, 다른 한 가지는 주님의 몸인 교회입니다. 십자가에서 희생하신 그리스도의 몸은 우리를 살리기 위한 대속의 제물입니다. 우리는 그 주님의 죽으심으로 구속받아 그리스도의 몸인 교회를 이루었습니다. 이

제 교회는 이 땅에 남은 그리스도의 몸이 되어 서로 다른 사람들을 하나로 품어야 합니다. 유대인과 이방인의 차별이 없이, 종이나 자유자의 차별이 없이, 남자나 여자의 차별이 없이, 부유한 자나 가난한 자의 차별이 없이 하나가 되어야 합니다. 주의 만찬은 바로 그런 하나됨을 고백하는 예식입니다. 그런데 그런 의미를 바르게 알지 못한 채, 곧 주의 몸을 분별하지 못하고 먹고 마시는 자는 자신의 죄를 먹고 마시는 것입니다. 여기서 죄라고 번역된 단어는 원어에서 심판이라는 단어입니다. 그러므로 그런 자는 자기의 심판을 먹고 마신다는 뜻입니다. 그렇다면 심판을 먹고 마신다는 말이 무슨 뜻입니까? 그런 사람은 주의 만찬을 통해 은혜를 입는 것이 아니라 오히려 심판을 자초한다는 말입니다. 이 말은 죄를 지은 자는 주의 만찬에 참여할 수 없다는 말이 아닙니다. 오히려 우리는 죄인이기 때문에 주의 만찬을 통해 은혜를 입어야 합니다. 그러나 주의 만찬의 의미를 바르게 알지 못한 채 약자를 차별하고 교회를 분열시키며 주술적인 의미로 주의 만찬에 참여하는 사람은 만찬을 통해 은혜를 입는 것이 아니라 도리어 심판을 자초한다는 뜻입니다.

30절 그러므로 너희 중에 약한 자와 병든 자가 많고 잠자는 자도 적지 아니하니

바울은 고린도교회의 약한 자와 병든 자, 그리고 죽은 자들을 주의 몸을 분별하지 못하고 먹고 마시는 죄의 결과라고 해석합니다. 왜 바울은 이런 해석을 하고 있을까요? 아마도 그 이유는 고린도교회의 일부 열광주의자들이 주의 만찬에 참여한 것으로 구원이 보증된 것처럼 과신하고 있었기 때문일 것입니다. 바울은 그런 식으로 주술적인 의미로 참여하는 사람은 오히려 심판을 받게 될 것이라고 말합니다. 물론 모든 질병이나 고난을 그 사람의 죄의 결과로 해석하는 것은 옳지 않습니다. 근본적으로는 모든 질병이 죄의 결과인 것이 맞지만 반드

시 내 죄의 결과로 내가 고통을 당하는 것은 아닙니다. 때로는 내 죄 때문에 다른 이가 고통을 당할 수도 있고, 다른 이의 죄 때문에 내가 고통을 당할 수도 있습니다. 악한 독재자로 인하여 일반 백성들이 고통을 당할 수도 있습니다. 그렇지만 때로는 내 죄 때문에 내가 고통을 당하는 경우도 분명히 있습니다. 그러므로 고난을 당할 때는 먼저 자신의 삶을 돌아보아야 합니다. 만약 자신의 죄로 인하여 벌어진 고난이라면 즉각 회개해야 합니다. 그러나 그런 경우가 아닌데 너무 심하게 자책하는 것은 바람직하지 않습니다. 형제가 고통당하는 것을 보고 그의 죄 때문이라고 정죄하는 것은 더 더욱 옳지 않습니다.

31절 우리가 우리를 살폈으면 판단을 받지 아니하려니와 **32절** 우리가 판단을 받는 것은 주께 징계를 받는 것이니 이는 우리로 세상과 함께 정죄함을 받지 않게 하려 하심이라

살핀다는 말은 자신을 돌아보아 자기의 옳고 그름을 잘 분별하는 것을 가리킵니다. 또한 판단을 받는다는 말은 심판을 받는다는 뜻입니다. 우리가 자신을 잘 돌아보아서 죄에 빠지지 않거나, 혹은 죄를 지었더라도 즉각 회개한다면 우리는 하나님의 심판을 받지 않을 것입니다. 만약 우리가 심판을 받는다면 그것은 주님의 징계를 받는 것입니다. 여기서 징계와 영원한 심판은 완전히 다릅니다. 징계는 사랑하는 자식을 바르게 세울 목적으로 하는 것이지만 심판은 영원히 멸망시키려는 것입니다. 하나님께서 당신의 자녀들을 징계하시는 이유는 세상과 함께 정죄를 받지 않게 하기 위해서입니다. 잠언 3:12은 이렇게 말합니다. "대저 여호와께서 그 사랑하시는 자를 징계하시기를 마치 아비가 그 기뻐하는 아들을 징계함 같이 하시느니라" 주님은 자기 자녀가 최후의 심판을 받지 않도록 하기 위해 사랑하는 자녀들을 징계하시는 분입니다.

33절 그런즉 내 형제들아 먹으러 모일 때에 서로 기다리라 34절 만일 누구든지 시장하거든 집에서 먹을지니 이는 너희의 모임이 판단 받는 모임이 되지 않게 하려 함이라 그 밖의 일들은 내가 언제든지 갈 때에 바로잡으리라

이제 바울은 이런 문제를 해결하기 위한 방안을 제시합니다. 첫째로, 먼저 온 사람들은 다른 사람들이 모일 때까지 기다려야 합니다. 둘째로, 만약 기다리지 못할 정도로 시장하다면 집에서 미리 식사를 하고 와야 합니다. 만약 그렇게 하지 않고 지금처럼 주의 만찬을 제 멋대로 한다면 그런 모임은 결국 심판받는 모임이 되고 말 것입니다. 따라서 그렇게 심판받는 모임이 되지 않으려면 잘못된 주의 만찬을 바로 잡아야 합니다. 마지막으로 바울은 그 밖의 일들은 자신이 직접 갈 때 바로잡을 것이라고 말합니다. 이 말은 여자들이 머리를 가리는 문제와 주의 만찬에 관한 문제 외에도 고린도교회에는 많은 문제가 있었다는 뜻입니다.

지금 우리의 시선으로 고린도교회를 바라보면 고린도교회는 보통 문제가 많은 교회가 아닙니다. 부자들이 가난한 자와 함께 주의 만찬을 하는 것이 싫어서 먼저 갖다 먹어버린다는 것이 말이 됩니까? 그런데 사실 분쟁의 문제는 우리 시대에도 여전히 벌어지고 있습니다. 그렇다면 왜 이런 분쟁이 발생할까요? 여러 가지 세부적인 이유가 있겠지만 근본적인 이유는 복음의 감격이 약해졌기 때문입니다. 십자가의 은혜와 감격이 사라졌기 때문입니다. 십자가의 은혜가 사라지고 대신 사람들의 목소리가 커지면 언제든지 분열될 수밖에 없습니다. 왜냐하면 사람의 생각은 다 다르기 때문입니다. 사실 우리 가운데 교회에서 큰 소리 칠 수 있는 사람은 아무도 없습니다. 교회 안에서 큰소리칠 수 있는 사람이 누가 있습니까? 우리는 모두 죄와 사망에서 건짐 받은 사람들입니다. 그리스도의 십자가의 은혜로 구원받은 사람들입니다. 우리의 심령에 그 은혜가 충만하다면 어

떻게 이런 작은 문제로 다투겠습니까?

어느 교회든지 작은 문제로 교회 안에 분열이 생기는 이유는 복음의 감격이 약해졌기 때문입니다. 복음의 감격으로 충만하면 누가 알아주지 않아도 즐거운 마음으로 봉사할 수 있습니다. 다른 사람의 연약함을 용납할 수 있습니다. 분열을 방지하는 가장 좋은 길은 복음의 영광을 회복하는 것입니다. 십자가의 은혜를 회복하는 것입니다. 나를 위해 십자가에서 죽으신 우리 주님의 그 거룩한 희생을 날마다 생각하십시오. 그 십자가의 감격으로 형제를 용서하고 형제에게 용서를 구하며 은혜 가운데 거하십시오.

<복습 및 나눔질문>

1. 여성들에게 머리에 수건을 쓰라고 한 바울의 권고를 오늘 우리에게는 어떻게 적용할 수 있을까요?(11:2-16)

2. 작은 일로 교회 안에서 다툼과 분열이 생기는 것을 보신 적이 있습니까? 그런 경험이 있다면 서로 나누어 보십시오. 그런 다툼과 분열을 방지하려면 어떻게 해야 할까요?(11:20-21)

3. 이 장을 읽으면서 내 마음에 가장 와 닿았던 문장은 어떤 것입니까? 그 이유가 무엇이라고 생각하십니까?

= 1 CORINTHIANS =
고린도전서

12장

고린도전서 12장은 소위 은사장으로 알려져 있습니다. 이 장에서 바울은 성령의 은사에 대한 입장을 정리합니다. 당시 고린도교회는 은사의 남용 문제로 시끄러웠습니다. 그런 상황이었기 때문에 바울은 은사에 대해 입장을 정리할 필요가 있었습니다.

1. 성령 받은 증거(12:1-3)

> ^{1}형제들아 신령한 것에 대하여 나는 너희가 알지 못하기를 원하지 아니하노니 ^{2}너희도 알거니와 너희가 이방인으로 있을 때에 말 못하는 우상에게로 끄는 그대로 끌려갔느니라 ^{3}그러므로 내가 너희에게 알리노니 하나님의 영으로 말하는 자는 누구든지 예수를 저주할 자라 하지 아니하고 또 성령으로 아니하고는 누구든지 예수를 주시라 할 수 없느니라

1절 형제들아 신령한 것에 대하여 나는 너희가 알지 못하기를 원하지 아니하노니

1절에서 신령한 것이란 성령의 은사들을 가리킵니다. 바울은 고린도교회 성도들이 은사에 대해 바르게 알기를 원한다고 말합니다. 어떤 문제로 시끄러워지면 아예 그 문제를 덮어버리려는 사람들이 있습니다. 그러나 그것은 바른 태도가 아닙니다. 은사 문제로 교회가 시끄럽다고 해서 아예 은사에 대해 모르는 것이 낫다고 하는 것은 바른 태도가 아닙니다. 은사의 남용 문제로 교회가 시끄럽다면 은사에 대해 바르게 알기 위해 노력해야 합니다. 그래서 바울은 너희가 성령의 은사에 대해 알지 못하기를 원하지 않는다고 말한 것입니다.

2절 너희도 알거니와 너희가 이방인으로 있을 때에 말 못하는 우상에게로 끄는 그대로 끌려갔느니라

고린도교회 교인들은 예수님을 믿기 전에 우상에게 이끌려 다녔습니다. 그 말은 바른 삶이 무엇인지 알지 못한 채 사탄의 지배를 받는 삶을 살았다는 말입니다.

3절 그러므로 내가 너희에게 알리노니 하나님의 영으로 말하는 자는 누구든지 예수를 저주할 자라 하지 아니하고 또 성령으로 아니하고는 누구든지 예수를 주시라 할 수 없느니라

하나님의 영으로 말하는 자는 누구든지 예수를 저주할 자라고 하지 않습니다. 왜 바울은 갑자기 이런 말을 할까요? 당시 고린도교회에 성령의 은사를 따라 예언한다고 하면서 예수를 저주할 자라고 하는 자가 있었던 것 같습니다. 본래 예수를 저주할 자라고 하는 말은 예수님을 핍박한 유대인들이 한 말입니다. 그런데 고린도교회 교인 가운데 이런 말을 하는 자가 생겼던 것 같습니다. 더 큰 문제는 그런 말을 듣고 현혹당하는 교인들이 있었다는 사실입니다. 언뜻 생각하면 이런 말도 안 되는 말에 현혹당한다는 것이 잘 이해가 안 됩니다. 그런데 각종 신령한 은사를 가지고 예언하는 사람이 이런 소리를 하면 그의 영적 권위에 눌려 그의 말을 무조건 성령의 음성이라고 생각하는 경우가 있습니다. 지금 고린도교회에 그런 문제가 발생한 것입니다. 바울은 그런 문제에 대해 명확한 기준을 제시합니다. 하나님의 영으로 말하는 자는 절대로 예수를 저주할 자라고 말하지 않습니다. 또한 예수를 주라고 부르는 자는 분명히 성령의 역사로 말미암은 것입니다. 이 구절은 은사의 남용으로 인하여 발생한 문제에 대해 명확한

지침을 제공합니다. 과연 무엇이 성령의 역사일까요? 예수를 주로 고백하는 것만이 성령의 역사입니다. 제 아무리 고상한 경험을 하고, 뛰어난 능력을 나타낸다고 해도 예수를 저주할 자라고 말하는 것은 결코 성령의 역사가 아닙니다.

2. 성령의 은사(12:4-11)

> ⁴은사는 여러 가지나 성령은 같고 ⁵직분은 여러 가지나 주는 같으며 ⁶또 사역은 여러 가지나 모든 것을 모든 사람 가운데서 이루시는 하나님은 같으니 ⁷각 사람에게 성령을 나타내심은 유익하게 하려 하심이라 ⁸어떤 사람에게는 성령으로 말미암아 지혜의 말씀을, 어떤 사람에게는 같은 성령을 따라 지식의 말씀을, ⁹다른 사람에게는 같은 성령으로 믿음을, 어떤 사람에게는 한 성령으로 병 고치는 은사를, ¹⁰어떤 사람에게는 능력 행함을, 어떤 사람에게는 예언함을, 어떤 사람에게는 영들 분별함을, 다른 사람에게는 각종 방언 말함을, 어떤 사람에게는 방언들 통역함을 주시나니 ¹¹이 모든 일은 같은 한 성령이 행하사 그의 뜻대로 각 사람에게 나누어 주시는 것이니라

4절 은사는 여러 가지나 성령은 같고 **5절** 직분은 여러 가지나 주는 같으며 **6절** 또 사역은 여러 가지나 모든 것을 모든 사람 가운데서 이루시는 하나님은 같으니 **7절** 각 사람에게 성령을 나타내심은 유익하게 하려 하심이라

이 구절들에서는 은사의 기원과 특성과 목적이 잘 나타나 있습니다. 은사의 기원은 성령님이십니다(4절). 모든 은사는 한 성령께서 주십니다. 은사의 특징은 바로 다양성입니다(4-6절). 한 성령께서 여러 가지 다양한 은사를 나누어주

십니다. 은사의 다양성은 건강한 교회의 특성이기도 합니다. 이 말씀에는 모두 아홉 가지 은사가 나옵니다. 그러나 이것도 모든 은사를 총망라한 것이 아닙니다. 로마서에는 여기에 나온 은사들 외에 다른 은사도 나옵니다. 따라서 본문에 기록된 은사가 모든 은사를 총망라한 것이라고 생각할 필요는 없습니다. 다만 우리는 이런 사실을 통하여 은사의 다양성이 건강한 교회의 특성이라는 사실을 알 수 있습니다. 건강한 교회에서는 다양한 은사를 가진 사람들이 서로를 존중하면서 사역합니다. 은사의 목적은 교회를 유익하게 하는 것입니다(7절). 그러므로 교회에 유익이 되지 않고 오히려 해가 된다면 그 사람은 은사를 잘 못 사용하는 것입니다.

8절 어떤 사람에게는 성령으로 말미암아 지혜의 말씀을, 어떤 사람에게는 같은 성령을 따라 지식의 말씀을, 9절 다른 사람에게는 같은 성령으로 믿음을, 어떤 사람에게는 한 성령으로 병 고치는 은사를, 10절 어떤 사람에게는 능력 행함을, 어떤 사람에게는 예언함을, 어떤 사람에게는 영들 분별함을, 다른 사람에게는 각종 방언 말함을, 어떤 사람에게는 방언들 통역함을 주시나니 11절 이 모든 일은 같은 한 성령이 행하사 그의 뜻대로 각 사람에게 나누어 주시는 것이니라

이 구절들에서 바울은 다양한 은사들을 소개합니다. '지혜의 말씀'의 은사란 십자가에 달리신 그리스도를 아는 지혜(1:17-2:16)를 가리킵니다. '지식의 말씀'의 은사란 성령의 조명을 통해 성경의 의미를 깨닫는 지혜를 가리킵니다. '믿음'의 은사는 일반적인 믿음과는 구별되는 초자연적인 믿음을 가리킵니다. 하나님이 구체적인 상황에서 특별한 방법으로 그의 능력을 나타내실 것이라고 믿는 믿음으로서 흔히 산을 옮길만한 믿음이라고 표현됩니다. '병 고치는' 은사는 초자연적인 역사로 질병을 치유하는 은사로서 메시아의 시대가 도래했다는 징

표로 여겨집니다. '능력 행함'의 은사란 병 고치는 은사외의 모든 다른 종류의 초자연적 능력을 행하는 것들을 가리킵니다. '예언'의 은사란 성령의 영감아래서 하나님의 백성들에게 말씀을 증거하는 것으로서 구약시대에는 특별한 계층의 사람들이 예언의 은사를 가졌으나 신약시대에는 요엘서의 예언에 따라 모든 사람에게 잠재적으로 가능하다고 보았습니다. 흔히 생각하는 '엑스타시'의 상태에서 하는 것은 성경적인 예언과는 전혀 관계가 없습니다. 참된 예언은 말씀의 의미를 바르게 이해한 상태에서 말씀을 증거하는 것을 가리킵니다. '영분별'의 은사는 방언과 방언통역처럼 예언과 한 쌍으로 보아야 합니다. 따라서 영분별의 은사란 누군가의 예언에 대하여 공동체내에 있는 다른 사람이 판단하고 분별하는 것을 가리킵니다. '방언'의 은사는 성령으로 영감된 것으로서 다른 사람이 아니라 직접 하나님을 향한 것입니다. 성경적인 방언의 은사는 '엑스타시' 상태나 자기 통제력을 잃은 상태에서 말하는 것이 아닙니다. '방언통역'의 은사는 방언의 은사와 함께 짝을 이루는 것으로서 공동체의 유익을 위해 방언은사가 야기할 수 있는 소통(Communication)의 약점을 보완하는 것입니다. 이렇게 은사는 다양하지만 모든 은사는 성령께서 자신의 뜻에 따라 각 사람에게 나누어 주는 것입니다.

3. 하나의 몸과 많은 지체(12:12-31)

> [12]몸은 하나인데 많은 지체가 있고 몸의 지체가 많으나 한 몸임과 같이 그리스도도 그러하니라 [13]우리가 유대인이나 헬라인이나 종이나 자유인이나 다 한 성령으로 세례(침례)를 받아

한 몸이 되었고 또 다 한 성령을 마시게 하셨느니라 [14]몸은 한 지체뿐만 아니요 여럿이니 [15]만일 발이 이르되 나는 손이 아니니 몸에 붙지 아니하였다 할지라도 이로써 몸에 붙지 아니한 것이 아니요 [16]또 귀가 이르되 나는 눈이 아니니 몸에 붙지 아니하였다 할지라도 이로써 몸에 붙지 아니한 것이 아니니 [17]만일 온 몸이 눈이면 듣는 곳은 어디며 온 몸이 듣는 곳이면 냄새 맡는 곳은 어디냐 [18]그러나 이제 하나님이 그 원하시는 대로 지체를 각각 몸에 두셨으니 [19]만일 다 한 지체뿐이면 몸은 어디냐 [20]이제 지체는 많으나 몸은 하나라 [21]눈이 손더러 내가 너를 쓸 데가 없다 하거나 또한 머리가 발더러 내가 너를 쓸 데가 없다 하지 못하리라 [22]그뿐 아니라 더 약하게 보이는 몸의 지체가 도리어 요긴하고 [23]우리가 몸의 덜 귀히 여기는 그것들을 더욱 귀한 것들로 입혀 주며 우리의 아름답지 못한 지체는 더욱 아름다운 것을 얻느니라 그런즉 [24]우리의 아름다운 지체는 그럴 필요가 없느니라 오직 하나님이 몸을 고르게 하여 부족한 지체에게 귀중함을 더하사 [25]몸 가운데서 분쟁이 없고 오직 여러 지체가 서로 같이 돌보게 하셨느니라 [26]만일 한 지체가 고통을 받으면 모든 지체가 함께 고통을 받고 한 지체가 영광을 얻으면 모든 지체가 함께 즐거워하느니라 [27]너희는 그리스도의 몸이요 지체의 각 부분이라 [28]하나님이 교회 중에 몇을 세우셨으니 첫째는 사도요 둘째는 선지자요 셋째는 교사요 그 다음은 능력을 행하는 자요 그 다음은 병 고치는 은사와 서로 돕는 것과 다스리는 것과 각종 방언을 말하는 것이라 [29]다 사도이겠느냐 다 선지자이겠느냐 다 교사이겠느냐 다 능력을 행하는 자이겠느냐 [30]다 병 고치는 은사를 가진 자이겠느냐 다 방언을 말하는 자이겠느냐 다 통역하는 자이겠느냐 [31]너희는 더욱 큰 은사를 사모하라 내가 또한 가장 좋은 길을 너희에게 보이리라

12절 몸은 하나인데 많은 지체가 있고 몸의 지체가 많으나 한 몸임과 같이 그리스도도 그러하니라 **13절** 우리가 유대인이나 헬라인이나 종이나 자유인이나 다 한 성령으로 세례(침례)를 받아 한 몸이 되었고 또 다 한 성령을 마시게 하셨느니라

이제 바울은 교회를 인간의 몸에 비유합니다. 몸은 하나인데 많은 지체가 있고 몸의 지체가 많지만 한 몸입니다. 그리스도의 몸인 교회도 그와 마찬가지입

니다. 우리는 다 한 성령으로 말미암아 한 몸이 되었습니다. 13절은 구원받을 때의 성령의 역사를 두 가지 비유로 표현합니다. 첫째로, 우리는 한 성령 안에서 세례(침례)를 받았습니다. 둘째로, 우리는 다 한 성령을 마셨습니다. 그래서 우리는 결국 구원받고 한 몸이 되었습니다. 이제 교회는 그리스도를 머리로 모신 한 몸을 이루게 되었습니다.

`14절` 몸은 한 지체뿐만 아니요 여럿이니

이제 바울은 몸을 이미지로 사용하여 다양성을 설명합니다. 한 몸에 여러 지체가 있습니다.

`15절` 만일 발이 이르되 나는 손이 아니니 몸에 붙지 아니하였다 할지라도 이로써 몸에 붙지 아니한 것이 아니요 `16절` 또 귀가 이르되 나는 눈이 아니니 몸에 붙지 아니하였다 할지라도 이로써 몸에 붙지 아니한 것이 아니니 `17절` 만일 온 몸이 눈이면 듣는 곳은 어디며 온 몸이 듣는 곳이면 냄새 맡는 곳은 어디냐 `18절` 그러나 이제 하나님이 그 원하시는 대로 지체를 각각 몸에 두셨으니

하나님은 자신의 뜻에 따라 그리스도의 몸인 교회에 다양한 지체를 두셨습니다. 그러므로 교회 안에 있는 성도들은 누구든지 다 하나님의 뜻과 섭리에 따라 세워진 소중한 지체들입니다.

`19절` 만일 다 한 지체뿐이면 몸은 어디냐 `20절` 이제 지체는 많으나 몸은 하나라

바울은 다시 한 번 지체는 다양하지만 몸은 하나라는 사실을 강조합니다.

21절 눈이 손더러 내가 너를 쓸 데가 없다 하거나 또한 머리가 발더러 내가 너를 쓸 데가 없다 하지 못하리라

눈과 머리 못지않게 손과 발도 중요합니다. 교회 안에는 중요하지 않은 지체가 없습니다. 고린도교회 교인들은 방언을 말하는 성도가 다른 성도보다 더 우월하다고 생각하는 경향이 있었습니다. 바울이 이 말씀에서 중요하지 않은 지체는 없다는 사실을 강조하는 이유는 아마도 고린도교회에 만연해 있던 은사에 대한 잘못된 생각을 교정하기 위해서일 것입니다.

22절 그뿐 아니라 더 약하게 보이는 몸의 지체가 도리어 요긴하고

여기서 더 약하게 보이는 지체는 아마도 인체 내부의 기관들을 가리키는 것 같습니다. 우리 인체 내부의 기관들은 매우 약하지만 도리어 요긴합니다.

23절 우리가 몸의 덜 귀히 여기는 그것들을 더욱 귀한 것들로 입혀 주며 우리의 아름답지 못한 지체는 더욱 아름다운 것을 얻느니라 그런즉 **24절** 우리의 아름다운 지체는 그럴 필요가 없느니라 오직 하나님이 몸을 고르게 하여 부족한 지체에게 귀중함을 더하사

23절에서 몸의 덜 귀히 여기는 것들은 성적인 기관들을 가리킵니다. 고대 사회에서는 성적인 기관들을 상대적으로 덜 귀한 것으로 여겼습니다. 그렇지만 막상 그런 기관들은 귀한 것들로 입혀줍니다. 그 말은 아름다운 옷을 입어 성적인 기관들을 가리는 것을 가리킵니다. 결과적으로 아름답지 못한 지체가 더욱 아름다운 것을 얻습니다. 그렇다면 여기서 아름다운 지체란 무엇을 가리킬까요? 24절에서 아름다운 지체는 아마도 얼굴을 가리킬 것입니다. 아름다운 얼굴

에는 막상 아름다운 것을 입히지 않습니다. 이런 원리에 기초하여 바울은 하나님이 교회에서도 부족한 지체에게 귀중함을 더한다고 말합니다. 교회는 마땅히 그래야 하는 곳입니다. 교회는 연약하고 부족한 지체를 더욱 귀하게 여겨야 합니다.

25절 몸 가운데서 분쟁이 없고 오직 여러 지체가 서로 같이 돌보게 하셨느니라 **26절** 만일 한 지체가 고통을 받으면 모든 지체가 함께 고통을 받고 한 지체가 영광을 얻으면 모든 지체가 함께 즐거워하느니라 **27절** 너희는 그리스도의 몸이요 지체의 각 부분이라

하나님께서는 이렇게 부족한 지체를 더욱 존귀하게 여기십니다. 이렇게 하면 몸 가운데서 분쟁이 사라집니다. 여러 지체가 서로 돌보기 때문입니다. 그렇게 한 몸을 이룬 교회 공동체는 고통 받는 지체와 함께 고통을 받고, 영광을 얻는 지체와 함께 즐거워합니다. 왜냐하면 우리는 그리스도의 몸이요 지체의 각 부분이기 때문입니다.

28절 하나님이 교회 중에 몇을 세우셨으니 첫째는 사도요 둘째는 선지자요 셋째는 교사요 그 다음은 능력을 행하는 자요 그 다음은 병 고치는 은사와 서로 돕는 것과 다스리는 것과 각종 방언을 말하는 것이라

이제 바울은 교회의 직분과 은사를 정리합니다. 처음에는 직분을 다루고, 나중에는 은사들을 다룹니다. 직분도 결국 은사에 따른 것이기 때문에 직분과 은사는 상호 관련성이 있습니다. 이 구절을 바르게 이해하기 위해 생각해 보아야 할 것이 있습니다. 이 직분들은 단순한 나열일까요, 아니면 중요성에 따라 순위를 매긴 것일까요? 처음에 나온 세 직분의 순위를 매긴 것으로 보아서 이것은

단순한 나열은 아닌 것 같습니다. 그렇다면 더욱 이상합니다. 바울은 분명히 앞에서 은사에는 우열이 없다고 주장했습니다. 그렇다면 왜 이제 와서 이런 식으로 직분의 우선순위를 매기고 있을까요? 그 이유는 이 세 직분이 모두 교회를 세우는 데 지대한 영향을 미치기 때문입니다. 은사의 주된 역할은 바로 교회를 세우는 것입니다. 그래서 바울은 초대교회를 세우는 데 결정적인 영향을 미친 세 직분을 우선적으로 언급하는 것입니다.

사도는 교회의 기초입니다. 사도들은 교회의 절대적인 권위를 갖는 신약성경을 기록하였습니다. 교회의 모든 신앙고백은 사도들의 가르침 위에 있어야 합니다. 그러므로 교회를 세우는 데 제일 중요한 직분은 바로 사도입니다. 선지자는 구약의 선지자가 아니라 예언의 은사를 가진 자들을 가리킵니다. 여기서 말하는 예언은 다른 사람들의 앞날에 대해 말해주는 그런 예언을 가리키는 것이 아닙니다. 예언의 은사를 가진 사람들은 초대교회에서 말씀을 풀어주는 해석자의 역할을 했습니다. 당시 선지자들은 사도들과 함께 말씀사역의 한 축을 담당했습니다. 교사는 성경을 잘 풀어서 가르치는 사람을 가리킵니다. 오늘날의 목사는 바로 이 교사의 역할을 하는 것이라고 볼 수 있습니다. 에베소서에서 목사와 교사라고 할 때 그 말의 의미는 바로 목사가 곧 교사라는 말입니다. 목사의 역할에는 여러 가지가 있지만 그 중에 가장 중요한 것이 바로 말씀을 가르치는 역할입니다. 이 세 직분에는 한 가지 중요한 공통점이 있습니다. 그것은 바로 말씀사역과 관련이 있다는 것입니다. 바울은 교회를 세우는 것이 바로 하나님의 말씀이라고 믿었기 때문에 말씀사역과 관련된 세 직분을 우선적으로 언급합니다.

그 다음에는 여러 다양한 은사들을 열거합니다. 나머지 것들은 특별히 중요한 순서대로 배치된 것 같지는 않습니다. 방언이 제일 마지막에 나오는 이유는 방언이 덜 중요해서라기보다는 고린도교회에서 문제가 되고 있었기 때문입니다. 또한 교회를 세우는 데 있어서 다른 은사들보다는 덜 필수적인 것으로 취급되었기 때문입니다. 교회에서는 직분에 따른 우열은 있을 수 없습니다. 어떤 은사든지, 어떤 직분이든지 모두 소중합니다. 다만 교회를 세우는 데 필수적인 직분인 말씀사역을 담당하는 자들을 중요하게 여기고 존중할 필요는 있습니다.

29절 다 사도이겠느냐 다 선지자이겠느냐 다 교사이겠느냐 다 능력을 행하는 자이겠느냐 **30절** 다 병 고치는 은사를 가진 자이겠느냐 다 방언을 말하는 자이겠느냐 다 통역하는 자이겠느냐

이 구절들은 누구든지 자신이 맡은 직분에 충실할 것을 강조합니다. 다 사도가 될 수는 없습니다. 다 선지자가 될 수는 없습니다. 다 교사가 될 수도 없습니다. 다 능력을 행하는 자가 될 수도 없습니다. 다 병 고치는 은사를 가진 자가 될 수도 없습니다. 다 방언을 말하고 다 통역하는 자가 될 수도 없습니다. 은사는 어차피 다양하고 각 사람은 자신이 받은 은사를 가지고 봉사하면 됩니다. 그러니 다른 사람의 은사를 부러워하지 말고 자신이 받은 은사를 가지고 충성스럽게 섬기시면 됩니다.

31절 너희는 더욱 큰 은사를 사모하라 내가 또한 가장 좋은 길을 너희에게 보이리라

흔히 여기서 말하는 더욱 큰 은사를 13장에 나오는 사랑을 가리키는 것으로 이해하는 경우가 있습니다. 그러나 여기서 말하는 더욱 큰 은사는 사랑을 가리키는 것이 아닙니다. 원문을 보면 더욱 큰 은사라고 할 때 그 은사라는 단어가 복수로 되어 있습니다. 반면에 그 다음에 나오는 가장 좋은 길은 단수로 되어 있

습니다. 따라서 여기서 더욱 큰 은사와 가장 좋은 길은 같은 것을 가리킬 수 없습니다. 더욱 큰 은사들은 바로 앞에서 강조한 교회를 세우는 데 가장 긴요한 은사들을 가리킵니다. 그런 은사들을 사모하라는 것입니다. 한편 여기 나오는 가장 좋은 길은 다음에 나오는 사랑을 가리킵니다. 사랑은 은사가 아니라 열매입니다(갈 5:22-23). 따라서 여기서 더욱 큰 은사들을 사모하라는 말은 앞에서 열거한 교회를 세우는 데 필수적인 은사들을 더욱 사모하라는 말입니다. 은사는 교회를 세우는 데 필수적인 것이므로 은사를 사모하는 자는 언제나 교회를 세우는 것에 더욱 관심을 가지고 은사들을 사모해야 합니다.

이제 바울의 은사론을 정리해 보겠습니다.

첫째, 모든 은사는 성령께로부터 나오며 성령으로 말하는 자는 예수를 저주할 자라고 말하지 않습니다. 그러므로 만약 어떤 예언의 은사를 가진 자가 예수를 저주한다면 그는 바른 은사를 가진 자가 아닙니다. 바른 은사를 가진 자는 반드시 성령의 역사를 통하여 예수님을 주로 고백하게 됩니다.

둘째, 은사는 매우 다양합니다. 건강한 교회에는 다양한 은사가 나타납니다. 다양한 은사를 존중하는 교회가 건강한 교회입니다. 그러므로 연약하게 보이는 지체라고 하여 함부로 무시해서는 안 됩니다. 오히려 연약한 지체를 더욱 존중하는 교회가 바른 교회입니다. 인간적으로 본다면 별 것 아닌 것으로 보이는 은사라고 하여도 주님의 몸된 교회에서는 매우 중요합니다. 그런 다양성을 인정하는 교회가 건강한 교회입니다.

셋째, 은사의 목적은 교회를 세우는 것입니다. 그러므로 교회를 세우는 데 도움이 되지 않거나 오히려 방해가 된다면 그것은 은사를 바르게 사용하지 못하고 있는 것입니다. 우리는 그리스도의 몸인 교회를 세우는 자들입니다. 그러므로 언제든지 은사를 받은 사람은 어떻게 하면 내 은사로 주님의 몸된 교회를 세울 것인가를 생각해야 합니다.

넷째, 은사를 받기 원하는 자는 은사들을 사모해야 합니다. 은사들을 사모할 때는 단순히 은사를 받고 싶다고 하면 되는 것이 아닙니다. 은사를 사모하는 것은 교회를 사랑하는 것에 기초해야 합니다. 사랑하는 주님의 교회를 잘 섬기기 위해 은사를 사모해야 합니다. 목회자들은 가르치는 은사를 달라고 간구해야 합니다. 그 이유는 하나님의 말씀을 잘 가르쳐서 주님의 몸된 교회를 잘 세워야 하기 때문입니다. 주님의 교회를 잘 섬기고 싶다는 선한 동기로 은사를 사모하십시오. 그러면 하나님께서 반드시 주실 것입니다.

＜복습 및 나눔질문＞

1. 영적 지도자들의 설교나 예언, 혹은 권면에 대한 바른 판단 기준은 무엇일까요? (12:3)

2. 건강한 교회의 특성 가운데 한 가지는 은사의 다양성을 존중한다는 것입니다. 자신이 섬기는 교회가 은사의 다양성을 존중하는 교회인지 한 번 생각해 보십시오. 내가 섬기는 교회가 은사의 다양성을 존중하는 교회인지 어떻게 알 수 있을까요?(12:4-6)

3. 은사의 바른 사용과 오용의 예를 각각 들어보십시오(12:21-26).

4. 이 장을 읽으면서 내 마음에 가장 와 닿았던 문장은 어떤 것입니까? 그 이유가 무엇이라고 생각하십니까?

= 1 CORINTHIANS =
고린도전서

13장

고린도전서 13장을 바르게 이해하려면 12장에서 이어지는 문맥의 흐름을 잘 살펴야 합니다. "너희는 더욱 큰 은사를 사모하라 내가 또한 가장 좋은 길을 너희에게 보이리라(12:31)" 앞 장에서 말씀드렸지만 이 구절에서 큰 은사와 가장 좋은 길은 같은 것을 가리키는 것이 아닙니다. '큰 은사'는 복수형(plural)으로 12장 끝부분에서 다루었던 은사들을 가리키고, '가장 좋은 길'은 단수형(singular)으로 13장에서 다룰 사랑을 가리키는 말입니다. 그렇다면 왜 바울은 은사와 사랑을 나란히 다루고 있을까요? 그 이유는 고린도교회가 은사는 많은데 사랑이 없었기 때문입니다. 사랑은 성령의 9가지 열매 가운데 가장 대표적인 열매입니다. 진정한 성령 충만은 은사만 충만한 것이 아닙니다. 은사와 열매가 함께 충만해야 진정한 성령 충만이라고 할 수 있습니다. 그런데 고린도교회 교인들은 은사는 충만했는데 열매가 충만하지 못했습니다. 그 결과 교회 안에 분쟁이 생겼습니다. 그래서 바울은 은사를 다룬 후에 열매를 다룹니다. 사역을 위한 은사와 인격을 위한 열매가 균형을 이룰 때 진정한 성령 충만이 이루어지기 때문입니다.

1. 사랑이 없으면(13:1-3)

> [1] 내가 사람의 방언과 천사의 말을 할지라도 사랑이 없으면 소리 나는 구리와 울리는 꽹과리가 되고 [2] 내가 예언하는 능력이 있어 모든 비밀과 모든 지식을 알고 또 산을 옮길 만한 모든 믿음이 있을지라도 사랑이 없으면 내가 아무 것도 아니요 [3] 내가 내게 있는 모든 것으로 구제하고 또 내 몸을 불사르게 내줄지라도 사랑이 없으면 내게 아무 유익이 없느니라

1절 내가 사람의 방언과 천사의 말을 할지라도 사랑이 없으면 소리 나는 구리와 울리는 꽹과리가 되고 **2절** 내가 예언하는 능력이 있어 모든 비밀과 모든 지식을 알고 또 산을 옮길 만한 모든 믿음이 있을지라도 사랑이 없으면 내가 아무 것도 아니요 **3절** 내가 내게 있는 모든 것으로 구제하고 또 내 몸을 불사르게 내줄지라도 사랑이 없으면 내게 아무 유익이 없느니라

이 말씀에서 언급되는 것들은 주로 앞에서 다룬 은사들입니다. 사람의 방언과 천사의 말은 둘 다 방언의 은사들을 가리킵니다. 내게 방언의 은사가 있어도 사랑이 없으면 아무 것도 아니라는 말입니다. 12장에서는 방언의 은사가 거의 끝부분에 나왔는데 13장에서는 제일 먼저 등장합니다. 그 이유는 당시 고린도교회 성도들 가운데 방언의 은사를 지나치게 앞세워 방언의 은사가 은사들 중에 가장 중요한 것이라고 생각하는 사람들이 있었기 때문입니다. 그런 사람들에게 방언의 은사가 있어도 사랑이 없으면 아무것도 아니라는 사실을 가르쳐주기 위해 13장에서는 방언의 은사를 제일 먼저 언급하는 것입니다. 또한 예언의 은사가 있고 산을 옮길만한 믿음의 은사가 있어도 사랑이 없으면 아무것도 아니라고 말합니다. 또한 3절에서는 구제하고 섬기는 은사가 있어도 사랑이 없으면 아무 유익이 없다고 말합니다. 이와같이 1-3절에 있는 것들은 모두 12장에서 다루었던 은사들을 가리키는 것입니다. 은사가 중요한 것이지만 만약 사랑이 없다면 그런 은사들은 아무 유익이 없습니다.

그런데 왜 사랑이 없으면 이런 은사들이 아무 쓸모가 없을까요? 은사의 목적은 교회를 세우는 것입니다. 그런데 사랑이 없이 은사만 많으면 은사 때문에 오히려 교회가 분열됩니다. 왜 그렇습니까? 공동체를 사랑하는 마음이 있어야 은사를 바르게 사용할 수 있기 때문입니다. 만약 사랑이 없으면 은사를 교회 공동

체를 세우는 목적으로 사용하지 않고 오히려 자기 자랑하는 일에 사용하게 됩니다. 고린도교회가 좋은 예입니다. 고린도교회는 은사가 충만한 교회였습니다. 그런데 사랑이 없이 은사만 충만하다 보니 오히려 그 은사 때문에 교회 안에 분쟁이 생겼습니다.

예를 들어 보겠습니다. 어떤 사람에게 가르치는 은사는 있는데 성도들을 사랑하는 마음이 없다면 어떻게 되겠습니까? 그 사람은 학자가 될 수 있을지는 몰라도 교회를 세우는 목자가 될 수는 없습니다. 자신의 뛰어난 학문적 능력으로 지식을 가르칠 수는 있지만 교회 공동체를 그리스도의 몸으로 잘 세우기는 어렵습니다. 성도들의 영혼을 사랑하는 마음이 있어야 그 사람의 가르치는 은사가 교회 공동체를 그리스도의 몸으로 견고하게 세울 수 있습니다.

방언의 은사도 마찬가지입니다. 방언의 은사를 가진 사람이 성도들을 사랑하고 교회를 사랑하면 그의 은사를 가지고 다른 이를 위한 중보기도를 주로 하게 될 것입니다. 그러면 그 사람의 방언의 은사가 교회를 세우는 데 유익한 역할을 할 것입니다. 그러나 만약 성도들의 영혼을 사랑하지도 않고 교회를 사랑하지도 않는다면 그 사람은 자신의 방언의 은사를 자신의 영적 경험을 자랑하는 일에나 사용할 것입니다. 그렇게 되면 오히려 그 사람의 방언의 은사가 교회 공동체의 하나됨을 해치는 역할을 하게 됩니다. 1-3절은 바로 그 이야기를 하는 것입니다. 사랑이 없는 은사, 다시 말해서 열매가 없는 은사는 교회를 세우는 데 아무런 도움이 되지 못합니다. 사랑이 없으면 정말 아무 것도 아닙니다.

2. 사랑이란 무엇인가? (13:4-7)

> ⁴사랑은 오래 참고 사랑은 온유하며 시기하지 아니하며 사랑은 자랑하지 아니하며 교만하지 아니하며 ⁵무례히 행하지 아니하며 자기의 유익을 구하지 아니하며 성내지 아니하며 악한 것을 생각하지 아니하며 ⁶불의를 기뻐하지 아니하며 진리와 함께 기뻐하고 ⁷모든 것을 참으며 모든 것을 믿으며 모든 것을 바라며 모든 것을 견디느니라

4절 사랑은 오래 참고 사랑은 온유하며 시기하지 아니하며 사랑은 자랑하지 아니하며 교만하지 아니하며 5절 무례히 행하지 아니하며 자기의 유익을 구하지 아니하며 성내지 아니하며 악한 것을 생각하지 아니하며 6절 불의를 기뻐하지 아니하며 진리와 함께 기뻐하고 7절 모든 것을 참으며 모든 것을 믿으며 모든 것을 바라며 모든 것을 견디느니라

이 말씀들은 사랑에 대한 정의라기보다 사랑에 대한 묘사라고 보는 것이 타당할 것입니다. 이 말씀의 의미는 대부분 그냥 읽으면 알 수 있는 것들입니다. 한 마디로 이것은 그리스도인의 삶의 특징입니다. 이 말씀을 가만히 읽어보면 갈라디아서 5:22-23에 나오는 성령의 열매와 유사하다는 사실을 알 수 있습니다. 초반에 나오는 오래 참고 온유하다는 것은 정확히 성령의 열매와 일치합니다. 다른 내용들도 가만히 생각해 보면 내용상 성령의 열매와 관련이 깊습니다. 또한 이 말씀을 가만히 읽어보면 하나님의 사랑을 묘사하는 것 같은 생각이 듭니다. 인간의 사랑은 이기적이지만 하나님의 사랑은 이타적입니다. 여기에 나온 사랑은 결국 이타적인 하나님의 사랑을 묘사한 것입니다.

그렇다면 하나님의 사랑과 성령의 열매는 어떤 관계가 있을까요? 사실 성령

의 열매가 곧 하나님의 사랑입니다. 성령의 열매를 우리에게 가장 잘 보여주신 분이 바로 예수님이십니다. 예수님은 자신의 삶을 통해 성령의 열매를 온전히 우리에게 보여주셨습니다. 예수님은 십자가에서 죽으심으로 하나님의 사랑을 몸소 우리에게 보여주셨습니다. 그 하나님의 사랑이 바로 성령의 열매입니다. 예수님은 삼위 하나님과 하나가 되어 성령의 열매를 풍성히 맺으셨습니다.

그렇다면 오늘 우리는 어떻게 살아야 할까요? 오늘 우리도 마땅히 성령의 열매를 맺는 삶을 살아야 합니다. 어떻게 하면 성령의 열매를 맺을 수 있을까요? 성령의 열매를 맺는 길은 예수님과 연합하는 것입니다. 요한복음 15장에서 예수님은 포도나무와 가지의 비유를 통하여 우리에게 예수님과 연합하는 길을 보여주셨습니다. 예수님과 연합하는 길은 그의 말씀에 순종하며 사는 것입니다. 그의 말씀에 순종하는 자는 성령의 열매를 풍성히 맺게 됩니다. 사실 이 말씀에 나온 사랑의 열매는 우리 스스로의 힘으로 맺을 수 있는 것이 아닙니다. 오직 살아계신 주님과 연합하여 그 분의 말씀대로 순종할 때 이런 성령의 열매가 우리 안에서 나타날 것입니다. 그렇게 성령의 열매가 풍성히 나타나 우리의 인격이 온전히 주님을 닮은 모습으로 변화될 때 비로소 우리의 은사들이 주님의 교회를 세우는 데 귀하게 사용될 것입니다. 형제와 자매를 사랑하는 마음으로 은사를 사용할 때 주님의 몸인 교회 공동체가 건강하게 세워집니다.

3. 은사의 임시성과 사랑의 영속성(13:8-12)

> ⁸사랑은 언제까지나 떨어지지 아니하되 예언도 폐하고 방언도 그치고 지식도 폐하리라 ⁹우리는 부분적으로 알고 부분적으로 예언하니 ¹⁰온전한 것이 올 때에는 부분적으로 하던 것이 폐하리라 ¹¹내가 어렸을 때에는 말하는 것이 어린 아이와 같고 깨닫는 것이 어린 아이와 같고 생각하는 것이 어린 아이와 같다가 장성한 사람이 되어서는 어린 아이의 일을 버렸노라 ¹²우리가 지금은 거울로 보는 것 같이 희미하나 그 때에는 얼굴과 얼굴을 대하여 볼 것이요 지금은 내가 부분적으로 아나 그 때에는 주께서 나를 아신 것 같이 내가 온전히 알리라

8절 사랑은 언제까지나 떨어지지 아니하되 예언도 폐하고 방언도 그치고 지식도 폐하리라

사랑은 언제까지나 떨어지지 않는다는 말은 무슨 뜻일까요? 여기서 떨어진다는 단어는 갑자기 자격을 상실하고 무대에서 끌려 내려오는 것을 가리킵니다. 사랑은 어느 날 갑자기 시효를 다하고 무대에서 내려오는 그런 것이 아닙니다. 그러나 예언과 방언과 지식, 곧 은사들은 어느 날 폐할 것입니다. 결국 끝이 난다는 말입니다. 성령의 열매는 예수님이 재림하신 이후에도 계속될 것입니다. 그러나 성령의 은사들은 예수님이 재림하시고 역사의 종말이 완성되면 끝날 것입니다. 왜 그렇습니까? 은사는 하나님 나라를 완성하기 위한 도구들입니다. 그러므로 그 나라가 완성되면 더 이상 그런 은사들이 필요하지 않습니다. 그러나 열매는 하나님 나라의 특성입니다. 사랑은 하나님 나라의 삶을 보여주는 가장 대표적인 특징입니다. 그러므로 열매는 끝나지 않습니다. 은사는 임시적으로 존재하다가 하나님의 나라가 완성되면 끝나는 것이지만 열매는 하나님의 나라가 완성된 이후에 더욱 풍성히 존재하게 될 것입니다.

9절 우리는 부분적으로 알고 부분적으로 예언하니 **10절** 온전한 것이 올 때에는 부분적으로 하던 것이 폐하리라

이 말씀에서 부분적인 것과 온전한 것이 각각 무엇을 가리키는지에 관하여 첨예한 해석상의 논란이 있습니다. 이 말씀의 해석에 따라 신학적 입장이 달라집니다. 그러므로 이 말씀을 바르게 해석하는 것은 매우 중요한 문제입니다. 우리는 지금 부분적으로 알고 부분적으로 예언합니다. 여기서 알고 예언한다는 말은 지식의 은사와 예언의 은사를 가리킵니다. 그런데 온전한 것이 올 때에는 부분적으로 하던 것, 곧 은사들이 폐합니다. 그렇다면 여기서 온전한 것이란 무엇을 가리킬까요? 여기서 온전한 것을 성경의 완성이라고 보는 사람도 있고, 예수님의 재림이라고 보는 사람도 있습니다.

만약 여기에 나온 온전한 것을 성경의 완성이라고 본다면 1세기 말에 신약성경이 완성되었으므로 지금은 은사들이 이미 끝난 시대라고 보아야 합니다. 이런 입장을 따르는 사람들을 은사중지론자라고 부릅니다. 그들은 지금은 성령의 은사 가운데 방언이나 예언과 같은 은사들은 모두 폐했다고 주장합니다. 이런 입장에 따르면 지금 방언을 하는 사람들은 모두 진짜 성령의 은사가 아니고 가짜 사이비 방언을 하는 것이 됩니다. 반면에 여기에 나온 온전한 것을 예수님의 재림으로 본다면 지금은 아직 은사가 끝난 시대가 아닙니다. 예수님의 재림 이후에나 은사가 끝날 것이므로 아직은 은사가 존재하는 시대입니다. 이런 입장을 따르는 사람들을 은사지속론자라고 부릅니다. 이 입장을 따르는 사람들은 지금도 여전히 방언이나 예언 등이 존재한다고 믿습니다.

저는 은사지속론적 입장에 서 있습니다. 제가 그렇게 믿는 이유는 이 말씀에

대한 해석 때문입니다. 8절을 보면 사랑은 언제까지나 떨어지지 않지만 예언과 방언과 지식은 모두 폐한다고 했습니다. 8절을 보면 10절에 있는 온전한 것이란 예수님의 재림을 가리키는 것이 분명합니다. 어떻게 알 수 있습니까? 성령의 열매인 사랑은 당연히 영원토록 지속됩니다. 그러나 하나님 나라의 사역에 필요한 도구인 은사는 예수님이 재림하시고 하나님의 나라가 완성되면 당연히 끝납니다. 만약 10절에 있는 온전한 것을 성경의 완성이라고 본다면 방언만이 아니라 예언과 방언과 지식이 모두 끝났다고 보아야 합니다. 그러나 그것은 말이 되지 않습니다. 하나님 나라의 완성을 위한 사역은 지금도 계속 되고 있습니다. 따라서 여전히 우리에게는 은사들이 필요합니다. 또한 여러 은사 가운데 유독 방언의 은사에 대해서만 끝났다고 주장하는 것은 설득력이 없습니다. 온전한 것이 오면 부분적으로 하던 것이 폐한다는 말씀은 하나님의 나라가 완성되는 재림의 때가 되면 성령의 은사들은 더 이상 필요하지 않다는 뜻입니다.

11절 내가 어렸을 때에는 말하는 것이 어린 아이와 같고 깨닫는 것이 어린 아이와 같고 생각하는 것이 어린 아이와 같다가 장성한 사람이 되어서는 어린 아이의 일을 버렸노라 **12절** 우리가 지금은 거울로 보는 것 같이 희미하나 그 때에는 얼굴과 얼굴을 대하여 볼 것이요 지금은 내가 부분적으로 아나 그 때에는 주께서 나를 아신 것 같이 내가 온전히 알리라

이제 바울은 11절과 12절에서 두 개의 비유를 통해 지금까지 말한 내용을 좀 더 분명하게 강조합니다. 11절에 있는 것은 어린아이와 장성한 사람의 비유입니다. 어린아이는 말하는 것과 깨닫는 것과 생각하는 것이 모두 어린아이와 같습니다. 그렇지만 장성한 사람이 되면 어린아이의 일을 버립니다. 12절에 있는 것은 거울의 비유입니다. 당시 거울은 청동거울이었기 때문에 희미하게 보였습니

다. 그래서 이 땅에서 우리의 삶을 그런 거울에 비유한 것입니다. 지금은 거울로 보는 것처럼 희미하게 보지만 그 때에는 얼굴과 얼굴을 대하여 볼 것입니다. 지금은 부분적으로 알지만 그 때에는 주께서 나를 아신 것 같이 온전히 알 것입니다.

이 두 비유를 볼 때 여기서 말하는 장성한 때나 얼굴과 얼굴을 대하여 보는 때가 언제라고 생각됩니까? 만약 이것이 단순히 성경이 완성된 시대를 가리킨다면 지금 우리는 얼굴과 얼굴을 대하는 것 같이 온전히 알아야 합니다. 그러나 지금 우리는 그렇지 못합니다. 여기서 말하는 때는 결국 예수님께서 재림하신 때를 가리킵니다. 그 때가 되면 우리는 장성한 자가 되고, 얼굴과 얼굴을 대하는 것처럼 온전히 알게 될 것입니다. 그 때가 되면 지금 우리가 가진 은사들은 더 이상 필요하지 않을 것입니다. 그 때에는 오직 사랑과 같은 성령의 열매들만 계속될 것입니다.

4. 그 중에 제일은 사랑이라(13:13)

> [13] 그런즉 믿음, 소망, 사랑, 이 세 가지는 항상 있을 것인데 그 중의 제일은 사랑이라

13절 그런즉 믿음, 소망, 사랑, 이 세 가지는 항상 있을 것인데 그 중의 제일은 사랑이라

앞에서 언급한 은사들은 예수님이 재림하시고 하나님의 나라가 완성되면 끝이 납니다. 그러나 믿음과 소망과 사랑은 항상 존재합니다. 믿음이란 우리를 위

해 죽으시고 부활하신 예수 그리스도를 의지하는 것을 가리킵니다. 여기서 소망이란 그런 믿음을 가진 자들이 주 예수 그리스도의 재림 때에 이루어질 구원의 완성을 소망하는 것, 그 것을 가리킵니다. 그리고 사랑은 그런 믿음과 소망을 현재의 삶으로 표현한 것입니다. 이 세 가지는 지금 이 시대에도 존재하지만 예수님의 재림 이후에도 존재합니다. 재림 이후에도 우리는 여전히 하나님을 믿고, 그 분을 바라며(소망하며), 하나님을 사랑하고 형제와 자매들을 사랑하게 될 것입니다. 그러므로 믿음과 소망과 사랑은 항상 존재할 것입니다.

그렇다면 왜 그 중에 제일은 사랑일까요? 이것은 당시 고린도교회의 상황을 생각해 보면 쉽게 답을 찾을 수 있습니다. 당시 고린도교회는 은사가 넘치는 교회였습니다. 그런데 은사가 넘치는데도 불구하고 교회는 심각한 분열 양상을 보이고 있었습니다. 교회가 분열된다는 것은 교회의 본질을 제대로 알지 못한다는 뜻입니다. 교회는 마땅히 하나가 되어야 합니다. 교회는 그리스도를 머리로 모신 한 몸을 이루어야 합니다. 그런데 고린도교회는 이런 교회의 본질을 제대로 알지 못한 채 심각한 분열양상을 보이고 있었습니다.

이것은 사실 고린도교회만의 문제가 아닙니다. 오늘 우리 한국교회도 마찬가지입니다. 온갖 좋은 비전과 철학으로 무장한 교회가 막상 얼마 못가서 분열되는 경우가 있습니다. 왜 그런 안타까운 일이 벌어질까요? 그 교회의 비전이나 철학이 잘 못 되어서 그런 것이 아닙니다. 문제는 그 속에 사랑이 없기 때문입니다. 이상은 높은데 사랑이 없으면 오히려 그 높은 이상 때문에 교회가 분열됩니다. 환상을 가지고 교회를 시작했다가 환멸로 끝납니다. 이상은 앞서 가는데 막상 삶이 뒤따르지 못하면 하루아침에 환상이 환멸로 변합니다.

고린도교회는 은사가 충만한 교회였습니다. 그런데 성령의 열매인 사랑이 없었습니다. 그것은 곧 인격적으로 성숙하지 못한 채 사역하는 사람들이 많았다는 뜻입니다. 그렇게 되면 교회는 분열됩니다. 여전히 자기주장이 살아있는 채로 사역하기 때문입니다. 바울은 누구보다 이런 현실을 잘 알고 있기 때문에 은사를 가르치다가 갑자기 사랑을 강조하고 사랑이 없으면 아무것도 아니라고 말하는 것입니다. 사랑은 성령의 열매입니다. 성령의 열매는 우리 인격을 변화시킵니다. 반면에 은사는 사역의 능력을 제공하는 것입니다. 그렇다면 인격의 변화 없이 사역의 능력만 갖추면 어떻게 되겠습니까? 그렇게 되면 교회가 분열되는 것입니다. 왜냐하면 자기 이름과 자기 영광을 내고 싶어 하기 때문입니다. 그러므로 사랑이 제일 중요합니다. 왜냐하면 사랑이 없으면 이 모든 은사들이 다 헛된 것이 될 수밖에 없기 때문입니다.

그러므로 오늘 우리가 바른 신앙을 가지려면 은사와 열매를 균형 있게 추구해야 합니다. 은사를 받아 사역을 능력 있게 감당하고, 열매를 맺어 자신을 겸손하게 낮추어 주님의 영광만 드러내야 합니다. 그럴 때 교회는 예수님을 머리로 모신 한 몸이 되어 세상 가운데 그 영광을 드러내는 그리스도의 몸이 됩니다. 이 책을 읽는 분들의 교회가 이런 교회가 될 수 있기를 바랍니다.

<복습 및 나눔질문>

1. 성령의 은사와 성령의 열매의 관계를 서술해 보십시오. 그 둘의 관계를 통하여 자신에게 부족한 것이 무엇인지 돌아보십시오.

2. 요한복음 15:1-17을 읽어보고 어떻게 하면 성령의 열매를 풍성하게 맺을 수 있을지 서로 나누어 보십시오.

3. 유능한 목회자의 인도 아래 좋은 이상을 품은 성도들로 시작한 교회가 분열되는 이유가 무엇이라고 생각하십니까? 혹시 그런 사례를 직접적으로든 간접적으로든 경험한 일이 있다면 서로 나누어 보십시오.

4. 이 장을 읽으면서 내 마음에 가장 와 닿았던 문장은 어떤 것입니까? 그 이유가 무엇이라고 생각하십니까?

= 1 CORINTHIANS =
고린도전서

14장

당시 고린도교회는 세워진 지 얼마 되지 않은 어린 교회였습니다. 또한 성도들 가운데 많은 사람들이 이교도적인 배경 가운데 있다가 회심한 사람들이었습니다. 게다가 설립자인 바울은 멀리 떠나 있었습니다. 그런 상황이었기 때문에 당시 고린도교회는 크고 작은 여러 문제점들을 노출하고 있었습니다. 그 중에 하나가 방언의 남용이었습니다. 회중들이 다같이 모이는 공중예배에서 기도자가 방언의 은사를 자랑하기 위해 방언으로 기도하는 일이 있었습니다. 그 결과 교회 안에서 방언의 은사를 가진 사람과 그렇지 못한 사람 간에 갈등이 벌어졌습니다. 이런 문제를 극복하기 위해 바울은 방언의 은사와 예언의 은사를 비교하여 상세하게 설명합니다.

1. 방언과 예언(14:1-25)

[1]사랑을 추구하며 신령한 것들을 사모하되 특별히 예언을 하려고 하라 [2]방언을 말하는 자는 사람에게 하지 아니하고 하나님께 하나니 이는 알아듣는 자가 없고 영으로 비밀을 말함이라 [3]그러나 예언하는 자는 사람에게 말하여 덕을 세우며 권면하며 위로하는 것이요 [4]방언을 말하는 자는 자기의 덕을 세우고 예언하는 자는 교회의 덕을 세우나니 [5]나는 너희가 다 방언 말하기를 원하나 특별히 예언하기를 원하노라 만일 방언을 말하는 자가 통역하여 교회의 덕을 세우지 아니하면 예언하는 자만 못하니라 [6]그런즉 형제들아 내가 너희에게 나아가서 방언으로 말하고 계시나 지식이나 예언이나 가르치는 것으로 말하지 아니하면 너희에게 무엇이 유익하리요 [7]혹 피리나 거문고와 같이 생명 없는 것이 소리를 낼 때에 그 음의 분별을 나타내지 아니하면 피리 부는 것인지 거문고 타는 것인지 어찌 알게 되리요 [8]만일 나팔이 분명하지 못한 소리를 내면 누가 전투를 준비하리요 [9]이와 같이 너희도 혀로써 알아듣기 쉬운 말을

하지 아니하면 그 말하는 것을 어찌 알리요 이는 허공에다 말하는 것이라 [10]이같이 세상에 소리의 종류가 많으나 뜻 없는 소리는 없나니 [11]그러므로 내가 그 소리의 뜻을 알지 못하면 내가 말하는 자에게 외국인이 되고 말하는 자도 내게 외국인이 되리니 [12]그러므로 너희도 영적인 것을 사모하는 자인즉 교회의 덕을 세우기 위하여 그것이 풍성하기를 구하라 [13]그러므로 방언을 말하는 자는 통역하기를 기도할지니 [14]내가 만일 방언으로 기도하면 나의 영이 기도하거니와 나의 마음은 열매를 맺지 못하리라 [15]그러면 어떻게 할까 내가 영으로 기도하고 또 마음으로 기도하며 내가 영으로 찬송하고 또 마음으로 찬송하리라 [16]그렇지 아니하면 네가 영으로 축복할 때에 알지 못하는 처지에 있는 자가 네가 무슨 말을 하는지 알지 못하고 네 감사에 어찌 아멘 하리요 [17]너는 감사를 잘하였으나 그러나 다른 사람은 덕 세움을 받지 못하리라 [18]내가 너희 모든 사람보다 방언을 더 말하므로 하나님께 감사하노라 [19]그러나 교회에서 네가 남을 가르치기 위하여 깨달은 마음으로 다섯 마디 말을 하는 것이 일만 마디 방언으로 말하는 것보다 나으니라 [20]형제들아 지혜에는 아이가 되지 말고 악에는 어린 아이가 되라 지혜에는 장성한 사람이 되라 [21]율법에 기록된 바 주께서 이르시되 내가 다른 방언을 말하는 자와 다른 입술로 이 백성에게 말할지라도 그들이 여전히 듣지 아니하리라 하였으니 [22]그러므로 방언은 믿는 자들을 위하지 아니하고 믿지 아니하는 자들을 위하는 표적이나 예언은 믿지 아니하는 자들을 위하지 않고 믿는 자들을 위함이니라 [23]그러므로 온 교회가 함께 모여 다 방언으로 말하면 알지 못하는 자들이나 믿지 아니하는 자들이 들어와서 너희를 미쳤다 하지 아니하겠느냐 [24]그러나 다 예언을 하면 믿지 아니하는 자들이나 알지 못하는 자들이 들어와서 모든 사람에게 책망을 들으며 모든 사람에게 판단을 받고 [25]그 마음의 숨은 일들이 드러나게 되므로 엎드리어 하나님께 경배하며 하나님이 참으로 너희 가운데 계신다 전파하리라

1절 사랑을 추구하며 신령한 것들을 사모하되 특별히 예언을 하려고 하라

13장에서 설명했던 것처럼 사랑은 성령의 열매를 대표하는 것입니다. 그러므로 사랑을 추구하라는 말은 신자들은 기본적으로 성령의 열매를 맺는 삶을 추

구해야 한다는 뜻입니다. 또한 신령한 것들, 곧 성령의 은사들을 사모해야 합니다. 그런데 바울은 은사 가운데 특별히 예언의 은사를 사모하라고 했습니다. 그 이유는 2-4절에 나옵니다.

2절 방언을 말하는 자는 사람에게 하지 아니하고 하나님께 하나니 이는 알아듣는 자가 없고 영으로 비밀을 말함이라 **3절** 그러나 예언하는 자는 사람에게 말하여 덕을 세우며 권면하며 위로하는 것이요 **4절** 방언을 말하는 자는 자기의 덕을 세우고 예언하는 자는 교회의 덕을 세우나니

방언은 하나님께 기도하는 것이고, 예언은 하나님의 뜻을 풀어서 사람들에게 전하는 것입니다. 오늘날로 말하면 예언은 말씀을 풀어 전하는 설교의 은사와 같은 것입니다. 이처럼 방언과 예언은 근본적으로 지향하는 대상이 다릅니다. 방언은 하나님을 향한 것이고, 예언은 사람을 향한 것입니다. 방언은 자기의 덕을 세우고, 예언은 다른 사람의 덕을 세웁니다. 방언은 주로 기도하는 사람 본인의 신앙을 격려하는 역할을 하지만, 예언은 여러 성도들의 신앙을 격려하는 역할을 합니다.

5절 나는 너희가 다 방언 말하기를 원하나 특별히 예언하기를 원하노라 만일 방언을 말하는 자가 통역하여 교회의 덕을 세우지 아니하면 예언하는 자만 못하니라

바울은 고린도교회 교인들이 방언 말하기를 원하지만 특별히 더욱 예언하기를 원한다고 말합니다. 왜냐하면 지금 고린도교회는 교회의 덕을 세우지 못해서 문제가 되고 있기 때문입니다. 따라서 교회를 잘 세우려면 예언하는 사람들이 필요합니다. 말씀으로 덕을 세우는 자들이 필요합니다. 방언을 말하는 자가

통역하여 교회의 덕을 세우지 않으면 예언하는 자만 못합니다. 왜냐하면 기본적으로 은사의 목적은 교회의 덕을 세우는 것이기 때문입니다.

6절 그런즉 형제들아 내가 너희에게 나아가서 방언으로 말하고 계시나 지식이나 예언이나 가르치는 것으로 말하지 아니하면 너희에게 무엇이 유익하리요 7절 혹 피리나 거문고와 같이 생명 없는 것이 소리를 낼 때에 그 음의 분별을 나타내지 아니하면 피리 부는 것인지 거문고 타는 것인지 어찌 알게 되리요 8절 만일 나팔이 분명하지 못한 소리를 내면 누가 전투를 준비하리요 9절 이와 같이 너희도 혀로써 알아듣기 쉬운 말을 하지 아니하면 그 말하는 것을 어찌 알리요 이는 허공에다 말하는 것이라 10절 이같이 세상에 소리의 종류가 많으나 뜻 없는 소리는 없나니 11절 그러므로 내가 그 소리의 뜻을 알지 못하면 내가 말하는 자에게 외국인이 되고 말하는 자도 내게 외국인이 되리니 12절 그러므로 너희도 영적인 것을 사모하는 자인즉 교회의 덕을 세우기 위하여 그것이 풍성하기를 구하라 13절 그러므로 방언을 말하는 자는 통역하기를 기도할지니

이제 바울은 방언하는 자들에게 통역을 꼭 세우라고 권합니다. 그렇지 않으면 다른 사람이 알아들을 수 없으므로 다른 사람들에게 아무런 유익을 주지 못합니다. 그것은 마치 악기가 제 소리를 내지 못하고, 나팔이 제 소리를 내지 못하여 그 역할을 제대로 감당하지 못하는 것과 같습니다. 마찬가지로 공중 앞에서 통역 없이 방언하면 알아들을 수 없으므로 다른 사람들에게는 아무런 유익이 되지 못합니다. 그러므로 공중 앞에서 방언할 때는 반드시 통역을 세워야 합니다. 이런 권면은 당시 공예배에서 방언으로 기도한 사람들이 있었기 때문에 나온 것입니다.

14절 내가 만일 방언으로 기도하면 나의 영이 기도하거니와 나의 마음은 열매를 맺지

못하리라 `15절` 그러면 어떻게 할까 내가 영으로 기도하고 또 마음으로 기도하며 내가 영으로 찬송하고 또 마음으로 찬송하리라 `16절` 그렇지 아니하면 네가 영으로 축복할 때에 알지 못하는 처지에 있는 자가 네가 무슨 말을 하는지 알지 못하고 네 감사에 어찌 아멘 하리요 `17절` 너는 감사를 잘하였으나 그러나 다른 사람은 덕 세움을 받지 못하리라 `18절` 내가 너희 모든 사람보다 방언을 더 말하므로 하나님께 감사하노라 `19절` 그러나 교회에서 네가 남을 가르치기 위하여 깨달은 마음으로 다섯 마디 말을 하는 것이 일만 마디 방언으로 말하는 것보다 나으니라

내가 방언으로 기도하면 그것은 나의 영이 기도하는 것입니다. 그러나 내 마음은 그 내용을 알지 못합니다. 여기서 마음은 이성적인 측면을 가리킵니다. 방언은 영으로 드리는 기도이므로 이성적으로는 열매를 맺을 수 없다는 말입니다. 따라서 방언의 은사가 그 사람의 인격을 변화시키는 것은 아닙니다. 방언을 하게 되면 주님과 영적 교통을 한다는 기쁨이 있어서 열심히 신앙생활을 하게 되는 경우가 있습니다. 또한 기도의 힘을 얻고 더욱 열심히 기도할 수 있습니다. 그렇지만 방언 자체가 우리의 마음을 움직여서 우리의 인격을 변화시키는 것은 아닙니다. 만일 내가 혼자 방언으로 하나님께 감사기도를 드린다면 그것은 다른 사람들에게는 특별한 유익이 없습니다. 그래서 바울은 교회의 덕을 세운다는 측면에서 일만 마디 방언보다 다섯 마디 말로 권면하는 것이 더 낫다고 말하는 것입니다. 바울은 계속 교회의 덕을 세우는 측면에서 이런 말을 하고 있는 것입니다.

`20절` 형제들아 지혜에는 아이가 되지 말고 악에는 어린 아이가 되라 지혜에는 장성한 사람이 되라

이제 바울은 악에는 어린아이가 되고 지혜에는 장성한 사람이 되라고 권면합니다. 왜 바울은 갑자기 이런 말을 하고 있을까요? 당시 고린도교회에는 반지성적 신비주의가 있었습니다. 이런 사람들은 말씀의 의미를 바르게 아는 것에는 관심이 없고 오로지 방언과 같은 신비로운 은사만 추구하였습니다. 그 결과 교인들은 반지성적인 신비주의에 휩쓸리게 되었습니다. 그 결과 그들은 어린아이처럼 지혜롭지 못한 모습을 보였습니다. 그래서 악에는 어린아이가 되더라도 지혜에는 장성한 자가 되라고 권면하는 것입니다.

<u>21절 율법에 기록된 바 주께서 이르시되 내가 다른 방언을 말하는 자와 다른 입술로 이 백성에게 말할지라도 그들이 여전히 듣지 아니하리라 하였으니 22절 그러므로 방언은 믿는 자들을 위하지 아니하고 믿지 아니하는 자들을 위하는 표적이나 예언은 믿지 아니하는 자들을 위하지 않고 믿는 자들을 위함이니라</u>

21절 말씀은 이사야 28:11을 인용한 것입니다. 외국어, 곧 방언을 말하는 자를 통하여 이스라엘 백성들에게 말해도 이스라엘은 듣지 않을 것입니다. 이것은 곧 외국어로 말하는 것이 이스라엘 백성들의 불신앙에 대한 표적이라는 뜻입니다. 22절에서 방언이 믿지 않는 자들을 위하는 표적이라는 말은 긍정적인 의미가 아닙니다. 이사야서에 기초하여 본다면 방언은 심판의 의미로 주어진 표적입니다. 이해하지 못하는 방언을 듣는 사람들은 알아듣지 못하므로 아무런 반응을 하지 못합니다. 따라서 방언은 믿음으로 반응하지 않는 자들에게 심판의 표적으로 주어진 것입니다. 이 말은 믿지 않는 사람들은 방언을 들어도 알아들을 수 없고, 아무런 반응도 할 수 없다는 말입니다. 반면에 예언은 주로 믿는 자들을 위한 것입니다. 구약에서 선지자들의 예언은 주로 이스라엘 백성들에게 회개를 촉구하는 내용이었습니다.

23절 그러므로 온 교회가 함께 모여 다 방언으로 말하면 알지 못하는 자들이나 믿지 아니하는 자들이 들어와서 너희를 미쳤다 하지 아니하겠느냐 **24절** 그러나 다 예언을 하면 믿지 아니하는 자들이나 알지 못하는 자들이 들어와서 모든 사람에게 책망을 들으며 모든 사람에게 판단을 받고 **25절** 그 마음의 숨은 일들이 드러나게 되므로 엎드리어 하나님께 경배하며 하나님이 참으로 너희 가운데 계신다 전파하리라

23절에서 알지 못하는 자들이나 믿지 아니하는 자들은 둘 다 믿지 않는 자들을 가리키는 표현입니다. 만약 온 교회가 모여서 방언으로 기도하면 믿지 않는 자들은 미쳤다고 생각할 것입니다. 그러나 예언을 하면 믿지 않는 자들도 책망을 받고 회개하며 하나님을 경배하게 될 것입니다.

2. 차례를 따라 하라(14:26-40)

²⁶그런즉 형제들아 어찌할까 너희가 모일 때에 각각 찬송시도 있으며 가르치는 말씀도 있으며 계시도 있으며 방언도 있으며 통역함도 있나니 모든 것을 덕을 세우기 위하여 하라 ²⁷만일 누가 방언으로 말하거든 두 사람이나 많아야 세 사람이 차례를 따라 하고 한 사람이 통역할 것이요 ²⁸만일 통역하는 자가 없으면 교회에서는 잠잠하고 자기와 하나님께 말할 것이요 ²⁹예언하는 자는 둘이나 셋이나 말하고 다른 이들은 분별할 것이요 ³⁰만일 곁에 앉아 있는 다른 이에게 계시가 있으면 먼저 하던 자는 잠잠할지니라 ³¹너희는 다 모든 사람으로 배우게 하고 모든 사람으로 권면을 받게 하기 위하여 하나씩 하나씩 예언할 수 있느니라 ³²예언하는 자들의 영은 예언하는 자들에게 제재를 받나니 ³³하나님은 무질서의 하나님이 아니시요 오직 화평의 하나님이시니라 모든 성도가 교회에서 함과 같이 ³⁴여자는 교회에서 잠잠하라 그들에

게는 말하는 것을 허락함이 없나니 율법에 이른 것 같이 오직 복종할 것이요 ³⁵만일 무엇을 배우려거든 집에서 자기 남편에게 물을지니 여자가 교회에서 말하는 것은 부끄러운 것이라 ³⁶하나님의 말씀이 너희로부터 난 것이냐 또는 너희에게만 임한 것이냐 ³⁷만일 누구든지 자기를 선지자나 혹은 신령한 자로 생각하거든 내가 너희에게 편지하는 이 글이 주의 명령인 줄 알라 ³⁸만일 누구든지 알지 못하면 그는 알지 못한 자니라 ³⁹그런즉 내 형제들아 예언하기를 사모하며 방언 말하기를 금하지 말라 ⁴⁰모든 것을 품위 있게 하고 질서 있게 하라

26절 그런즉 형제들아 어찌할까 너희가 모일 때에 각각 찬송시도 있으며 가르치는 말씀도 있으며 계시도 있으며 방언도 있으며 통역함도 있나니 모든 것을 덕을 세우기 위하여 하라 27절 만일 누가 방언으로 말하거든 두 사람이나 많아야 세 사람이 차례를 따라 하고 한 사람이 통역할 것이요 28절 만일 통역하는 자가 없으면 교회에서는 잠잠하고 자기와 하나님께 말할 것이요

이제 바울이 방언에 대해 경계하는 이유가 명확히 나옵니다. 그것은 방언이 잘못된 은사라서 그런 것이 아닙니다. 그 이유는 고린도교회의 방언하는 사람들이 무질서하게 방언을 하여 교회의 덕을 세우지 못하고 있었기 때문입니다. 그래서 바울은 모든 것을 덕을 세우기 위하여 하라고 권면합니다. 27-28절에서는 구체적인 방안까지 제시합니다. 누가 방언으로 말하면 순서대로 하고 한 사람은 통역해야 합니다. 만일 통역하는 자가 없다면 공중예배에서는 방언으로 기도하지 말고 개인적으로만 방언으로 기도해야 합니다.

29절 예언하는 자는 둘이나 셋이나 말하고 다른 이들은 분별할 것이요 30절 만일 곁에 앉아 있는 다른 이에게 계시가 있으면 먼저 하던 자는 잠잠할지니라 31절 너희는 다 모든 사람으로 배우게 하고 모든 사람으로 권면을 받게 하기 위하여 하나씩 하나씩 예언

할 수 있느니라 32절 예언하는 자들의 영은 예언하는 자들에게 제재를 받나니 33절 하나님은 무질서의 하나님이 아니시요 오직 화평의 하나님이시니라 모든 성도가 교회에서 함과 같이

이제 바울은 예언하는 자들에게도 동일한 권면을 합니다. 방언이 방언통역과 한 쌍인 것처럼 예언과 분별도 한 쌍입니다. 방언을 하면 통역하는 사람이 필요한 것처럼 예언을 하면 그 예언이 참된 예언인지 분별하는 사람이 필요합니다. 그러므로 예언하는 자들도 순서를 따라 질서 있게 해야 합니다. 또한 영분별의 은사를 가진 사람은 그 예언이 참된 것인지 분별해야 합니다. 예언을 하는 사람이 이렇게 질서를 지켜야 하는 이유는 예언을 통하여 성도들을 잘 가르치고 권면하기 위해서입니다. 또한 예언하는 자들은 다른 예언하는 자들을 통하여 제재를 받아야 합니다. 왜냐하면 하나님은 무질서의 하나님이 아니고 오직 화평의 하나님이기 때문입니다.

34절 여자는 교회에서 잠잠하라 그들에게는 말하는 것을 허락함이 없나니 율법에 이른 것 같이 오직 복종할 것이요 35절 만일 무엇을 배우려거든 집에서 자기 남편에게 물을지니 여자가 교회에서 말하는 것은 부끄러운 것이라 36절 하나님의 말씀이 너희로부터 난 것이냐 또는 너희에게만 임한 것이냐

이 말씀의 의미를 바르게 이해하려면 당시 고린도의 상황을 헤아려야 합니다. 당시 이방신전에는 여자 사제들이 있었는데 이들은 말이 사제이지 실제로는 창녀들이었습니다. 남자 신도들은 여자 사제들과 성관계를 갖곤 하였습니다. 그런 상황이었기 때문에 당시로서는 신흥종교에 가까웠던 그리스도인들의 교회에서 여자들이 나설 경우 그런 타락한 이방종교처럼 취급당할 우려가 있었습니

다(크레이그 키너, 561). 또한 당시 여성들은 대체로 배우지 못한 상태였습니다. 그런데 교회에서 여성들이 방언을 받으면서 마치 자신들이 대단한 지도자가 된 것처럼 사람들을 가르치겠다고 나서서 문제를 일으키고 있었습니다. 그런 상황이었기 때문에 바울은 여성들을 향하여 잠잠하라고 명령한 것입니다(Craig Blomberg, 280). 사실 바울은 브리스길라나 뵈뵈, 루디아 등 많은 여성들과 좋은 동역자로 일했습니다. 이런 사실을 볼 때 바울이 여성 사역자를 금하거나 차별했다고 보기는 어렵습니다. 다만 훈련되지 않은 사람들이 가르치겠다고 나서서 문제를 일으키는 것을 보고 그들에게 잠잠하라고 권면한 것으로 이해해야 합니다.

37절 만일 누구든지 자기를 선지자나 혹은 신령한 자로 생각하거든 내가 너희에게 편지하는 이 글이 주의 명령인 줄 알라 **38절** 만일 누구든지 알지 못하면 그는 알지 못한 자니라 **39절** 그런즉 내 형제들아 예언하기를 사모하며 방언 말하기를 금하지 말라 **40절** 모든 것을 품위 있게 하고 질서 있게 하라

바울은 방언과 예언에 관한 권면을 마무리하면서 이 글이 주님의 명령이라고 밝힙니다. 만일 누구든지 은사를 받은 자라면 이 권면이 주님의 명령이라는 것을 알 것입니다. 만약 은사를 받았다고 말하면서 이 말씀이 주님의 명령이라는 것을 모르는 사람이라면 그런 사람은 하나님께 알려지지 않은 자입니다. 바울은 이 말씀을 주님께 받았습니다. 그런데 주님의 은사를 받았다고 하는 사람이 이 말씀을 부정한다면 그는 하나님을 무시하는 셈이 됩니다. 그러므로 그런 자는 하나님께 알려지지 않은 자입니다.

이제 바울은 39절에서 이 단락 전체를 결론짓는 권면을 합니다. 바울은 아주

분명하게 권합니다. 바울은 먼저 예언하기를 사모하라고 했습니다. 예언이란 말씀을 풀어 전하는 것입니다. 왜 말씀을 풀어 전하는 것을 사모해야 합니까? 그것은 곧 교회의 덕을 세우는 것이기 때문입니다. 동시에 방언을 금해서도 안 됩니다. 당시 방언하는 사람들이 교회를 어지럽혔기 때문에 바울은 방언에 대해 통제하는 발언을 했습니다. 그렇지만 그것이 곧 방언을 금한 것은 아닙니다. 바울은 성도들의 오해를 방지하기 위하여 방언을 금하지 말라고 명백하게 말합니다. 40절은 이 모든 내용을 한 마디로 정리합니다. "모든 것을 품위 있게 하고 질서 있게 하라" 은사는 교회를 세우기 위한 것입니다. 그러므로 은사를 받은 사람들은 항상 어떻게 하면 내 은사로 주님의 교회를 잘 세울 것인가를 생각해야 합니다. 그런 생각을 가지고 필요할 때는 은사를 절제할 줄도 알아야 합니다. 교회의 덕을 위해 주신 은사가 나의 어리석음 때문에 교회를 어지럽히는데 사용된다면 어찌 되겠습니까? 그래서 바울은 모든 것을 품위 있게 하고 질서 있게 하라고 권면하는 것입니다.

<복습 및 나눔질문>

1. 왜 사도 바울은 방언과 예언 가운데 예언을 더욱 사모하라고 했을까요?(14:1, 19)

2. 왜 바울은 여성들에게 "여자는 교회에서 잠잠하라"고 했을까요? 당시의 상황을 고려하여 설명하여 보십시오.

3. 이 장을 읽으면서 내 마음에 가장 와 닿았던 문장은 어떤 것입니까? 그 이유가 무엇이라고 생각하십니까?

= 1 CORINTHIANS =
고린도전서

15장

바울의 궁극적인 관심은 복음입니다. 고린도전서에서 바울은 그 복음을 전파하고 그 복음을 눈으로 보여주는 기관인 교회를 세우는 일에 온 정열을 다 쏟았습니다. 그 동안 분파의 문제와 은사의 남용에 관한 문제를 주로 다룬 이유도 복음을 전하는 기관인 교회를 바르게 세우기 위해서였습니다. 이제 바울은 부활에 관한 문제를 다룹니다. 그 동안 바울은 분파와 은사의 남용 같이 고린도교회에 존재했던 잘못된 문제들을 주로 다루었습니다. 그런 관점으로 본다면 바울이 지금 부활에 관한 문제를 다루는 이유도 역시 고린도교회에 부활교리에 대한 잘못된 사상이 있었기 때문일 것입니다. 이런 잘못된 교리가 교회를 그릇된 길로 이끌어 갈 수 있기 때문에 바울은 이 시점에서 부활에 대해 증거하고 있는 것입니다.

1. 그리스도의 부활(15:1-11)

¹형제들아 내가 너희에게 전한 복음을 너희에게 알게 하노니 이는 너희가 받은 것이요 또 그 가운데 선 것이라 ²너희가 만일 내가 전한 그 말을 굳게 지키고 헛되이 믿지 아니하였으면 그로 말미암아 구원을 받으리라 ³내가 받은 것을 먼저 너희에게 전하였노니 이는 성경대로 그리스도께서 우리 죄를 위하여 죽으시고 ⁴장사 지낸 바 되셨다가 성경대로 사흘 만에 다시 살아나사 ⁵게바에게 보이시고 후에 열두 제자에게와 ⁶그 후에 오백여 형제에게 일시에 보이셨나니 그 중에 지금까지 대다수는 살아 있고 어떤 사람은 잠들었으며 ⁷그 후에 야고보에게 보이셨으며 그 후에 모든 사도에게와 ⁸맨 나중에 만삭되지 못하여 난 자 같은 내게도 보이셨느니라 ⁹나는 사도 중에 가장 작은 자라 나는 하나님의 교회를 박해하였으므로 사도라 칭함 받기를 감당하지 못할 자니라 ¹⁰그러나 내가 나 된 것은 하나님의 은혜로 된 것이니 내게 주신 그

의 은혜가 헛되지 아니하여 내가 모든 사도보다 더 많이 수고하였으나 내가 한 것이 아니요 오직 나와 함께 하신 하나님의 은혜로라 ¹¹ 그러므로 나 그들이나 이같이 전파하매 너희도 이같이 믿었느니라

1절 형제들아 내가 너희에게 전한 복음을 너희에게 알게 하노니 이는 너희가 받은 것이요 또 그 가운데 선 것이라 2절 너희가 만일 내가 전한 그 말을 굳게 지키고 헛되이 믿지 아니하였으면 그로 말미암아 구원을 받으리라 3절 내가 받은 것을 먼저 너희에게 전하였노니 이는 성경대로 그리스도께서 우리 죄를 위하여 죽으시고 4절 장사 지낸 바 되셨다가 성경대로 사흘 만에 다시 살아나사 5절 게바에게 보이시고 후에 열두 제자에게와 6절 그 후에 오백여 형제에게 일시에 보이셨나니 그 중에 지금까지 대다수는 살아 있고 어떤 사람은 잠들었으며 7절 그 후에 야고보에게 보이셨으며 그 후에 모든 사도에게와 8절 맨 나중에 만삭되지 못하여 난 자 같은 내게도 보이셨느니라 9절 나는 사도 중에 가장 작은 자라 나는 하나님의 교회를 박해하였으므로 사도라 칭함 받기를 감당하지 못할 자니라 10절 그러나 내가 나 된 것은 하나님의 은혜로 된 것이니 내게 주신 그의 은혜가 헛되지 아니하여 내가 모든 사도보다 더 많이 수고하였으나 내가 한 것이 아니요 오직 나와 함께 하신 하나님의 은혜로라 11절 그러므로 나 그들이나 이같이 전파하매 너희도 이같이 믿었느니라

바울은 15장에서 자신이 전한 복음만 굳게 지키면 구원을 얻는다는 말을 하면서 부활을 강하게 변증합니다. 왜 이 시점에서 바울은 이런 말을 하고 있을까요? 2절에 있는 '내가 전한 복음만 굳게 지키고 헛되이 믿지 않았으면 구원을 얻으리라'는 말을 통해서 우리는 고린도교회에 어떤 문제가 있었다는 것을 짐작할 수 있습니다. 이 말을 바꾸어서 생각하면 고린도 교회 안에 바울이 전한 것

외에 다른 것으로 구원을 얻으려는 사람들이 있었다는 것입니다. 고린도전서 전체의 흐름을 생각해 보면 이들이 누구인지 쉽게 파악할 수 있습니다.

고린도전서의 문맥을 생각해 보십시오. 15장에서 부활의 문제를 다루기 전에 바울은 12-14장에서 은사의 문제를 다루었습니다. 은사의 남용은 당시 고린도교회에 심각한 문제를 일으켰습니다. 고린도교회 안에 있는 일부의 사람들은 성령의 은사를 경험하면서 지나치게 신비주의적으로 흘러갔습니다. 그들은 신비적인 것들을 경험한 후에 영적 경험만을 지나치게 강조하면서 몸을 열등한 것으로 여기기 시작했습니다. 이런 사상은 결국 몸의 부활을 부인하는 잘못된 신학으로 발전했습니다. 바울은 이 위기 앞에서 가장 기본적이고 본질적인 복음으로 돌아가서 그리스도의 죽음과 부활을 강력하게 설교합니다.

오늘날도 몸의 부활을 부인하려는 사람들이 있습니다. 마치 육체의 부활을 강조하면 하등종교인 것처럼 매도하는 사람들이 있습니다. 심지어 기독교인이라고 자처하면서도 육체의 부활을 부인하고 상징적인 의미만을 추구하는 사람들이 있습니다. 이 문제는 초대교회를 생각하면 쉽게 이해할 수 있습니다. 예수님이 승천하신 직후에 사도들이 증거한 내용은 거짓일 수가 없습니다. 왜냐하면 수없이 많은 목격자가 여전히 살아 있기 때문입니다(6절 참고). 목격자들이 살아있는데 죽어서 무덤에 묻혀 있는 분을 살아났다고 말한다면 누가 믿겠습니까? 당시 초대교회 사도들의 증거는 논리적인 것이 아니었습니다. 그냥 예수님이 살아나셨다고 단순하게 증거한 것입니다. 근거는 단 한 가지였습니다. 자신들이 직접 보았다는 것입니다. 보지 않은 것을 증거하려면 논리를 동원해야 할지 모르지만 직접 본 것은 너무나 충격적이고 생생하기 때문에 그냥 직접 보았다고 증거할 수밖에 없습니다. 항상 1세대들은 분명한 신앙고백을 따라 사는데 시간이 흐르면 다음 세대에서는 퇴색하는 경우가 많습니다. 그러므로 오늘 우리에게 필요한 것은 초대교회의 복음 선포를 회복하는 것입니다. 예수님은 분명히 죽으시고 부활하셨습니다. 이것은 양보하거나 타협할 문제가 아닙니다.

이제 복음과 부활의 관계에 대해 생각해 보겠습니다. 바울은 1절에서 복음을 강조하고, 3-4절에서 그리스도께서 우리를 위해 죽으시고 장사되었다가 사흘 만에 살아났다고 증거합니다. 사도행전에 있는 사도들의 설교의 핵심은 바로 이것이었습니다. 사도들은 그리스도께서 죽으시고 부활하셨다고 선포했습니다. 이것이 복음의 핵심중의 핵심입니다. 초대교회에서는 이 복음을 선포하고 그것을 믿는 자에게 세례(침례)의식을 행함으로 그리스도와 함께 죽고 함께 부활했다는 의미를 전했습니다. 이것이 다른 어떤 것과도 비교할 수 없는 복음중의 복음이었습니다.

바울은 부활의 증인들을 죽 열거한 후에 마지막에 자신의 경험을 첨가합니다. 부활의 증인들을 순서대로 기록하면 게바, 12제자, 오백 명의 형제들, 야고보, 모든 사도, 그리고 바울입니다. 바울은 객관적인 증인들을 열거한 후에 자신의 경험을 얘기합니다. 바울이 취하는 방식은 오늘 우리에게도 시사하는 바가 있습니다. 복음을 증거할 때는 다른 사람의 경험을 넘어선 자신의 경험이 있어야 합니다. 자신이 만난 부활의 주님에 대한 확신이 있어야 합니다. 9-10절에 있는 바울의 고백을 보십시오. "[9]나는 사도 중에 가장 작은 자라 나는 하나님의 교회를 박해하였으므로 사도라 칭함 받기를 감당하지 못할 자니라 [10]그러나 내가 나 된 것은 하나님의 은혜로 된 것이니 내게 주신 그의 은혜가 헛되지 아니하여 내가 모든 사도보다 더 많이 수고하였으나 내가 한 것이 아니요 오직 나와 함께 하신 하나님의 은혜로라" 이것이 바울의 확신이고 바울의 신앙고백입니다. 우리에게도 이런 고백이 있어야 합니다. 전도할 때 남의 이야기만으로 끝내지 말고 주님을 만난 자신의 경험과 자기 내면에 있는 구원의 확신을 전하십시오. 전도할 때 항상 마지막 마무리는 자신의 이야기를 증언해야 합니다.

2. 죽은 사람의 부활(15:12-34)

[12] 그리스도께서 죽은 자 가운데서 다시 살아나셨다 전파되었거늘 너희 중에서 어떤 사람들은 어찌하여 죽은 자 가운데서 부활이 없다 하느냐 [13] 만일 죽은 자의 부활이 없으면 그리스도도 다시 살아나지 못하셨으리라 [14] 그리스도께서 만일 다시 살아나지 못하셨으면 우리가 전파하는 것도 헛것이요 또 너희 믿음도 헛것이며 [15] 또 우리가 하나님의 거짓 증인으로 발견되리니 우리가 하나님이 그리스도를 다시 살리셨다고 증언하였음이라 만일 죽은 자가 다시 살아나는 일이 없으면 하나님이 그리스도를 다시 살리지 아니하셨으리라 [16] 만일 죽은 자가 다시 살아나는 일이 없으면 그리스도도 다시 살아나신 일이 없었을 터이요 [17] 그리스도께서 다시 살아나신 일이 없으면 너희의 믿음도 헛되고 너희가 여전히 죄 가운데 있을 것이요 [18] 또한 그리스도 안에서 잠자는 자도 망하였으리니 [19] 만일 그리스도 안에서 우리가 바라는 것이 다만 이 세상의 삶뿐이면 모든 사람 가운데 우리가 더욱 불쌍한 자이리라 [20] 그러나 이제 그리스도께서 죽은 자 가운데서 다시 살아나사 잠자는 자들의 첫 열매가 되셨도다 [21] 사망이 한 사람으로 말미암았으니 죽은 자의 부활도 한 사람으로 말미암는도다 [22] 아담 안에서 모든 사람이 죽은 것 같이 그리스도 안에서 모든 사람이 삶을 얻으리라 [23] 그러나 각각 자기 차례대로 되리니 먼저는 첫 열매인 그리스도요 다음에는 그가 강림하실 때에 그리스도에게 속한 자요 [24] 그 후에는 마지막이니 그가 모든 통치와 모든 권세와 능력을 멸하시고 나라를 아버지 하나님께 바칠 때라 [25] 그가 모든 원수를 그 발 아래에 둘 때까지 반드시 왕 노릇 하시리니 [26] 맨 나중에 멸망 받을 원수는 사망이니라 [27] 만물을 그의 발 아래에 두셨다 하셨으니 만물을 아래에 둔다 말씀

하실 때에 만물을 그의 아래에 두신 이가 그 중에 들지 아니한 것이 분명하도다 [28]만물을 그에게 복종하게 하실 때에는 아들 자신도 그 때에 만물을 자기에게 복종하게 하신 이에게 복종하게 되리니 이는 하나님이 만유의 주로서 만유 안에 계시려 하심이라 [29]만일 죽은 자들이 도무지 다시 살아나지 못하면 죽은 자들을 위하여 세례(침례)를 받는 자들이 무엇을 하겠느냐 어찌하여 그들을 위하여 세례(침례)를 받느냐 [30]또 어찌하여 우리가 언제나 위험을 무릅쓰리요 [31]형제들아 내가 그리스도 예수 우리 주 안에서 가진 바 너희에 대한 나의 자랑을 두고 단언하노니 나는 날마다 죽노라 [32]내가 사람의 방법으로 에베소에서 맹수와 더불어 싸웠다면 내게 무슨 유익이 있으리요 죽은 자가 다시 살아나지 못한다면 내일 죽을 터이니 먹고 마시자 하리라 [33]속지 말라 악한 동무들은 선한 행실을 더럽히나니 [34]깨어 의를 행하고 죄를 짓지 말라 하나님을 알지 못하는 자가 있기로 내가 너희를 부끄럽게 하기 위하여 말하노라

이제 바울은 부활을 부인하는 사람들의 주장을 논리적으로 반박합니다. 12-28절에서는 논리적으로 반박하고, 29-34절에서는 감성적으로 호소합니다.

12절 그리스도께서 죽은 자 가운데서 다시 살아나셨다 전파되었거늘 너희 중에서 어떤 사람들은 어찌하여 죽은 자 가운데서 부활이 없다 하느냐 **13절** 만일 죽은 자의 부활이 없으면 그리스도도 다시 살아나지 못하셨으리라 **14절** 그리스도께서 만일 다시 살아나지 못하셨으면 우리가 전파하는 것도 헛것이요 또 너희 믿음도 헛것이며 **15절** 또 우리가 하나님의 거짓 증인으로 발견되리니 우리가 하나님이 그리스도를 다시 살리셨다고 증언하였음이라 만일 죽은 자가 다시 살아나는 일이 없으면 하나님이 그리스도를 다시 살리지 아니하셨으리라 **16절** 만일 죽은 자가 다시 살아나는 일이 없으면 그리스도도 다시 살아나신 일이 없었을 터이요 **17절** 그리스도께서 다시 살아나신 일이 없으면 너희의 믿음도 헛되고 너희가 여전히 죄 가운데 있을 것이요 **18절** 또한 그리스도 안에서 잠자는 자도 망하였으리니 **19절** 만일 그리스도 안에서 우리가 바라는 것이 다만 이 세상의 삶뿐이면 모든 사람 가운데 우리가 더욱 불쌍한 자이리라

고린도교회 교인들은 그리스도의 부활을 부정한 것이 아니라 죽은 자들의 부활을 부정하였습니다. 그러나 그들의 주장은 논리적으로 말이 되지 않습니다. 만약 죽은 자의 부활이 없다면 그리스도도 살아나지 못했어야 합니다. 또한 그리스도께서 살아나지 못했다면 사도들이 전파하는 복음도 다 헛된 것입니다. 왜냐하면 사도들이 전파한 복음의 내용이 곧 그리스도의 죽음과 부활이었기 때문입니다. 또한 사도들이 전파한 복음이 헛된 것이면 고린도교회 성도들의 믿음도 헛된 것입니다. 동시에 사도들은 거짓 증인이 됩니다. 왜냐하면 사도들은 하나님이 그리스도를 다시 살리셨다고 거짓 증언을 한 셈이 되기 때문입니다. 죽은 자가 살아나는 일이 없다면 하나님께서 그리스도를 다시 살리시지도 않았을 것입니다. 만일 그리스도께서 다시 사시지 못했다면 그리스도의 부활에 기초한 그들의 믿음도 헛된 것입니다. 그들의 믿음이 헛된 것이라면 그들은 여전히 죄 가운데 있을 것입니다. 또한 그리스도 안에서 잠자는 자, 곧 죽은 자도 망한 것입니다. 부활의 소망 가운데 죽었는데 실제로는 부활이 없으므로 망한 것입니다. 만약 그리스도 안에서 우리가 바라는 것이 다만 이 세상뿐이라면 우리는 참으로 불쌍한 자입니다. 부활이 없다면 부활을 소망하면서 이 땅에서 박해받는 길을 택한 사도 바울은 얼마나 불쌍한 사람입니까?

20절 그러나 이제 그리스도께서 죽은 자 가운데서 다시 살아나사 잠자는 자들의 첫 열매가 되셨도다

이제 바울은 그리스도께서 살아나서 잠자는 자들의 첫 열매가 되었다고 선언하면서 고린도교회의 일부 교인들이 가지고 있던 모든 잘못된 생각을 단숨에 뒤집습니다. 그렇다면 그리스도께서 잠자는 자들의 첫 열매가 되었다는 말은 무슨 뜻입니까? 첫 열매라는 말은 농사의 의미와 제의적 의미, 두 가지 의미로

해석이 가능합니다. 먼저 농사짓는 농부의 입장에서 본다면 첫 열매가 생각처럼 쉽게 맺히지 않습니다. 그러다가 한 번 첫 열매가 맺히면 그 다음부터는 많은 열매가 맺힙니다. 이런 사실에 비추어보면 이 말씀은 예수 그리스도께서 부활의 첫 열매가 되셨으므로 이제 곧 많은 부활의 열매가 맺힐 것이라는 뜻입니다. 한편 제의적 의미에서 본다면 첫 열매는 하나님께 바쳐진 것입니다. 사실은 우리가 수확하는 모든 것이 다 하나님의 것입니다. 그런데 그 중에서 첫 열매를 바치면 하나님께서 나머지도 바친 것으로 간주하십니다(Marion Soards, 332). 이런 관점에서 본다면 예수님께서 부활의 첫 열매가 되셨으므로 다른 그리스도인들도 부활하게 될 것이라는 뜻입니다. 이와 같이 어떤 관점으로 보든지 그리스도께서 부활의 첫 열매가 되셨다는 말씀의 의미는 우리도 그리스도와 같이 부활할 것이라는 뜻입니다.

21절 사망이 한 사람으로 말미암았으니 죽은 자의 부활도 한 사람으로 말미암는도다 22절 아담 안에서 모든 사람이 죽은 것 같이 그리스도 안에서 모든 사람이 삶을 얻으리라 23절 그러나 각각 자기 차례대로 되리니 먼저는 첫 열매인 그리스도요 다음에는 그가 강림하실 때에 그리스도에게 속한 자요 24절 그 후에는 마지막이니 그가 모든 통치와 모든 권세와 능력을 멸하시고 나라를 아버지 하나님께 바칠 때라 25절 그가 모든 원수를 그 발 아래에 둘 때까지 반드시 왕 노릇 하시리니 26절 맨 나중에 멸망 받을 원수는 사망이니라 27절 만물을 그의 발 아래에 두셨다 하셨으니 만물을 아래에 둔다 말씀하실 때에 만물을 그의 아래에 두신 이가 그 중에 들지 아니한 것이 분명하도다 28절 만물을 그에게 복종하게 하실 때에는 아들 자신도 그 때에 만물을 자기에게 복종하게 하신 이에게 복종하게 되리니 이는 하나님이 만유의 주로서 만유 안에 계시려 하심이라

사망이 한 사람으로 말미암았다는 말은 아담 한 사람을 통하여 우리에게 사

망이 들어왔다는 말입니다. 마찬가지로 부활도 한 사람, 곧 예수 그리스도로 시작됩니다. 아담 안에서 모든 사람이 죽었다면 그리스도 안에서 모든 사람이 삶을 얻습니다. 그렇지만 부활에도 순서가 있습니다. 먼저 그리스도께서 부활하시고, 그 다음에 그리스도에게 속한 자, 곧 믿는 자들이 부활합니다. 그 다음에는 모든 통치와 권세와 능력을 멸하시고 나라를 아버지께 바치는 때가 옵니다. 이때가 최종적인 종말의 때입니다. 예수님은 원수를 그 발아래 둘 때까지 왕 노릇 하십니다. 이 말은 예수님의 왕 노릇이 한시적이라는 말입니다. 예수님은 사탄과 전쟁하는 기간 동안 한시적으로 왕권을 위임받아 수행하다가 마지막에는 왕권을 하나님께 넘겨드립니다.

29절 만일 죽은 자들이 도무지 다시 살아나지 못하면 죽은 자들을 위하여 세례(침례)를 받는 자들이 무엇을 하겠느냐 어찌하여 그들을 위하여 세례(침례)를 받느냐

이 구절에는 언뜻 잘 이해가 되지 않는 내용이 있습니다. 그것은 바로 죽은 자들을 위하여 세례(침례)를 받는다는 내용입니다. 이 말씀은 대표적인 난해구절입니다. 이 말씀을 난해구절이라고 하는 이유는 죽은 자를 위해 세례(침례)를 받는다는 사실이 비성경적이기 때문입니다. 그런데 문자적으로만 보면 이 구절은 그런 뜻처럼 보입니다. 그래서 난해구절이라고 하는 것입니다. 그렇지만 사실 당시에 있었던 일을 생각하면 무슨 말인지 알 수 있습니다. 초대교회에는 죽은 자들을 위하여 대신 세례(침례)를 받는 일이 있었습니다. 물론 비성서적인 일이고 잘못된 것입니다.

그렇다면 왜 이런 풍습이 생겼을까요? 초대교회는 세례(침례)를 부활신앙을 고백하는 매우 중요한 의식으로 생각했습니다. 그런데 나중에는 마치 세례(침

례)가 부활을 위해 필수적인 것처럼 변질되어 버렸습니다. 그러자 예수님을 믿었지만 사정상 세례(침례)를 받지 못하고 죽은 자들을 위해 대신 세례(침례)를 받는 의식이 생겨났습니다. 물론 바울은 그런 풍습을 지지하지 않습니다. 다만 바울은 그 사실을 통하여 부활신앙을 강조하는 것입니다. 비록 잘못된 풍습이지만 죽은 자들을 위해 세례(침례)를 받는 것은 일종의 부활신앙의 표현입니다. 그런데 지금 고린도교회 성도들은 그런 풍습을 행하면서도 막상 몸의 부활을 믿지 않습니다. 그것은 논리적으로 모순입니다. 바울은 그런 차원에서 죽은 자들을 위한 세례(침례)를 부활신앙의 예로 드는 것입니다.

30절 또 어찌하여 우리가 언제나 위험을 무릅쓰리요 31절 형제들아 내가 그리스도 예수 우리 주 안에서 가진 바 너희에 대한 나의 자랑을 두고 단언하노니 나는 날마다 죽노라 32절 내가 사람의 방법으로 에베소에서 맹수와 더불어 싸웠다면 내게 무슨 유익이 있으리요 죽은 자가 다시 살아나지 못한다면 내일 죽을 터이니 먹고 마시자 하리라 33절 속지 말라 악한 동무들은 선한 행실을 더럽히나니 34절 깨어 의를 행하고 죄를 짓지 말라 하나님을 알지 못하는 자가 있기로 내가 너희를 부끄럽게 하기 위하여 말하노라

만약 부활이 없다면 도대체 왜 바울을 비롯한 사도들은 언제나 위험을 무릅쓰고 복음을 전하겠습니까? 바울은 부활을 분명히 믿기 때문에 날마다 죽습니다. 32절에서 에베소에서 맹수와 더불어 싸웠다는 말은 실제일 수도 있고 상징일 수도 있습니다. 어떤 경우든 바울은 결코 인간적인 동기로 싸우지 않았습니다. 분명하게 부활을 믿기 때문에 그렇게 싸웠던 것입니다. 죽은 자의 부활이 없다면 그저 이 땅의 삶을 즐기는 편이 나을 것입니다. 33절은 당시 존재하던 격언을 인용한 것입니다. 부활을 부인하는 사람들은 고린도교회 교인들과 어울리면서 고린도교회 교인들을 타락시킬 수 있습니다. 그러므로 그들의 거짓 주장

에 속지 말라는 말입니다. 이제 고린도교회 성도들이 할 일은 영적으로 깨어 의를 행하는 것입니다. 이 말은 당시 은사만 추구하던 신비주의자들을 향하여 하는 말입니다. 이런 사람들은 영적으로 깨어서 의를 행하는 것에는 관심이 없고 그저 황홀경에 빠지는 신비로운 경험만 좋아했습니다. 그래서 바울은 그들을 향하여 신비주의에 빠져 있지 말고 영적으로 깨어서 의를 행하라고 권고합니다.

3. 몸의 부활(15:35-58)

> 35 누가 묻기를 죽은 자들이 어떻게 다시 살아나며 어떠한 몸으로 오느냐 하리니 36 어리석은 자여 네가 뿌리는 씨가 죽지 않으면 살아나지 못하겠고 37 또 네가 뿌리는 것은 장래의 형체를 뿌리는 것이 아니요 다만 밀이나 다른 것의 알맹이 뿐이로되 38 하나님이 그 뜻대로 그에게 형체를 주시되 각 종자에게 그 형체를 주시느니라 39 육체는 다 같은 육체가 아니니 하나는 사람의 육체요 하나는 짐승의 육체요 하나는 새의 육체요 하나는 물고기의 육체라 40 하늘에 속한 형체도 있고 땅에 속한 형체도 있으나 하늘에 속한 것의 영광이 따로 있고 땅에 속한 것의 영광이 따로 있으니 41 해의 영광이 다르고 달의 영광이 다르며 별의 영광도 다른데 별과 별의 영광이 다르도다 42 죽은 자의 부활도 그와 같으니 썩을 것으로 심고 썩지 아니할 것으로 다시 살아나며 43 욕된 것으로 심고 영광스러운 것으로 다시 살아나며 약한 것으로 심고 강한 것으로 다시 살아나며 44 육의 몸으로 심고 신령한 몸으로 다시 살아나나니 육의 몸이 있은즉 또 영의 몸도 있느니라 45 기록된 바 첫 사람 아담은 생령이 되었다 함과 같이 마지막 아담은 살려 주는 영이 되었나니 46 그러나 먼저는 신령한 사람이 아니요 육의 사람이요 그 다음에 신령한 사람이니라 47 첫 사람은 땅에서 났으니 흙에 속한 자이거니와 둘째 사람은 하늘에서 나셨느니라 48 무릇 흙에 속한 자들은 저 흙에 속한 자와 같고 무릇 하늘에 속한 자들은 저 하늘에 속한 이와 같으니 49 우리가 흙에 속한 자의 형상을 입은 것 같이 또한 하늘에 속한 이의 형상을 입

으리라 [50]형제들아 내가 이것을 말하노니 혈과 육은 하나님 나라를 이어 받을 수 없고 또한 썩는 것은 썩지 아니하는 것을 유업으로 받지 못하느니라 [51]보라 내가 너희에게 비밀을 말하노니 우리가 다 잠 잘 것이 아니요 마지막 나팔에 순식간에 홀연히 다 변화되리니 [52]나팔 소리가 나매 죽은 자들이 썩지 아니할 것으로 다시 살아나고 우리도 변화되리라 [53]이 썩을 것이 반드시 썩지 아니할 것을 입겠고 이 죽을 것이 죽지 아니함을 입으리로다 [54]이 썩을 것이 썩지 아니함을 입고 이 죽을 것이 죽지 아니함을 입을 때에는 사망을 삼키고 이기리라고 기록된 말씀이 이루어지리라 [55]사망아 너의 승리가 어디 있느냐 사망아 네가 쏘는 것이 어디 있느냐 [56]사망이 쏘는 것은 죄요 죄의 권능은 율법이라 [57]우리 주 예수 그리스도로 말미암아 우리에게 승리를 주시는 하나님께 감사하노니 [58]그러므로 내 사랑하는 형제들아 견실하며 흔들리지 말고 항상 주의 일에 더욱 힘쓰는 자들이 되라 이는 너희 수고가 주 안에서 헛되지 않은 줄 앎이라

35절 누가 묻기를 죽은 자들이 어떻게 다시 살아나며 어떠한 몸으로 오느냐 하리니 36절 어리석은 자여 네가 뿌리는 씨가 죽지 않으면 살아나지 못하겠고 37절 또 네가 뿌리는 것은 장래의 형체를 뿌리는 것이 아니요 다만 밀이나 다른 것의 알맹이 뿐이로되 38절 하나님이 그 뜻대로 그에게 형체를 주시되 각 종자에게 그 형체를 주시느니라 39절 육체는 다 같은 육체가 아니니 하나는 사람의 육체요 하나는 짐승의 육체요 하나는 새의 육체요 하나는 물고기의 육체라 40절 하늘에 속한 형체도 있고 땅에 속한 형체도 있으나 하늘에 속한 것의 영광이 따로 있고 땅에 속한 것의 영광이 따로 있으니 41절 해의 영광이 다르고 달의 영광이 다르며 별의 영광도 다른데 별과 별의 영광이 다르도다 42절 죽은 자의 부활도 그와 같으니 썩을 것으로 심고 썩지 아니할 것으로 다시 살아나며 43절 욕된 것으로 심고 영광스러운 것으로 다시 살아나며 약한 것으로 심고 강한 것으로 다시 살아나며 44절 육의 몸으로 심고 신령한 몸으로 다시 살아나나니 육의 몸이 있은즉 또 영의 몸도 있느니라

이제 바울은 몸의 부활을 설명하기 위해 두 가지 비유를 듭니다. 첫째는 씨의 비유입니다(36절). 우리가 땅에 뿌린 씨앗은 땅 속에서 썩어서 죽어야만 땅 위에서 새로운 생명체로 살아납니다. 마찬가지로 비록 우리 육신은 이 땅에서 죽지만 그리스도 안에서 죽은 자는 반드시 마지막 날 부활하여 영원토록 삽니다. 둘째는 다양한 육체의 비유입니다(37-44절). 우리가 이 땅에서 보는 육체의 종류만 해도 매우 다양합니다. 사람의 육체, 짐승의 육체, 새의 육체, 물고기의 육체 등이 있습니다. 마찬가지로 하늘에 속한 형체도 있고, 땅에 속한 형체도 있습니다. 우리가 이 땅에서 보는 육의 몸이 있으면 영적인 몸도 있습니다. 땅 속에 씨앗을 심으면 땅 위에서는 새로운 생명체가 사는 것처럼 육의 몸을 심으면 영적인 몸으로 다시 삽니다. 육의 몸이 있다면 영적인 몸도 있는 법입니다.

<u>45절 기록된 바 첫 사람 아담은 생령이 되었다 함과 같이 마지막 아담은 살려 주는 영이 되었나니 46절 그러나 먼저는 신령한 사람이 아니요 육의 사람이요 그 다음에 신령한 사람이니라 47절 첫 사람은 땅에서 났으니 흙에 속한 자이거니와 둘째 사람은 하늘에서 나셨느니라 48절 무릇 흙에 속한 자들은 저 흙에 속한 자와 같고 무릇 하늘에 속한 자들은 저 하늘에 속한 이와 같으니 49절 우리가 흙에 속한 자의 형상을 입은 것 같이 또한 하늘에 속한 이의 형상을 입으리라</u>

이제 바울은 몸의 부활을 설명하기 위해 아담과 그리스도의 비유를 듭니다. 첫 사람 아담이 '생령'(살아있는 영)이라면 마지막 아담은 '살려주는 영'입니다. 첫 사람 아담은 하나님이 불어넣어주신 호흡으로 생령이 되었습니다. 마지막 아담인 예수님은 우리에게 생명을 주는 영이 되셨습니다. 46절에서 먼저는 "육의 사람이요 그 다음에 신령한 사람"이라는 말은 아담이 먼저 왔고, 그 다음에 그리스도께서 오셨다는 말입니다. 첫 사람인 아담은 흙으로 지어진 흙에 속한

자입니다. 그러나 둘째 사람인 그리스도는 하늘에서 나신 분입니다. 예수님은 본래 하늘에 속한 자입니다. 흙에 속한 자, 곧 믿지 않는 자들은 아담처럼 흙에 속한 자로 그칩니다. 그러나 하늘에 속한 자들, 곧 예수님을 믿는 자들은 저 하늘에 속한 자, 곧 예수님과 같이 부활체를 입게 됩니다. 우리는 흙에 속한 자, 곧 아담의 형상을 입은 것처럼 또한 하늘에 속한 자, 곧 그리스도의 부활체를 입게 될 것입니다.

50절 형제들아 내가 이것을 말하노니 혈과 육은 하나님 나라를 이어 받을 수 없고 또한 썩는 것은 썩지 아니하는 것을 유업으로 받지 못하느니라 51절 보라 내가 너희에게 비밀을 말하노니 우리가 다 잠 잘 것이 아니요 마지막 나팔에 순식간에 홀연히 다 변화되리니 52절 나팔 소리가 나매 죽은 자들이 썩지 아니할 것으로 다시 살아나고 우리도 변화되리라 53절 이 썩을 것이 반드시 썩지 아니할 것을 입겠고 이 죽을 것이 죽지 아니함을 입으리로다 54절 이 썩을 것이 썩지 아니함을 입고 이 죽을 것이 죽지 아니함을 입을 때에는 사망을 삼키고 이기리라고 기록된 말씀이 이루어지리라 55절 사망아 너의 승리가 어디 있느냐 사망아 네가 쏘는 것이 어디 있느냐 56절 사망이 쏘는 것은 죄요 죄의 권능은 율법이라 57절 우리 주 예수 그리스도로 말미암아 우리에게 승리를 주시는 하나님께 감사하노니 58절 그러므로 내 사랑하는 형제들아 견실하며 흔들리지 말고 항상 주의 일에 더욱 힘쓰는 자들이 되라 이는 너희 수고가 주 안에서 헛되지 않은 줄 앎이라

부활에 관한 마지막 단락에서 바울은 하나님의 나라를 유업으로 받기 위해 우리가 해야 할 일을 권고합니다. 바울은 이 장 전체에서 부활교리를 믿는 것이 구원에 필수적이라는 사실을 계속 강조했습니다. 혈과 육은 하나님의 나라를 유업으로 받을 수 없으므로 우리는 반드시 썩지 않을 몸으로 변화되어야 합니다. 그러므로 우리는 부활하신 주님을 바라보고 주님과 연합하여 부활의 소망

을 품고 살아야 합니다. 부활하신 주님과 연합하는 자는 부활하게 될 것입니다. 그러나 만일 부활을 믿지 못하고 이 땅의 삶에만 집착한다면 그는 결코 부활체를 입을 수 없을 것입니다. 마지막 날 재림의 나팔소리가 울려 퍼지면 우리 믿는 자들은 홀연히 변화될 것입니다. 그 날이 되면 죽은 자들은 썩지 아니할 몸으로 다시 살아날 것입니다. 그 때까지 살아있는 자들은 부활체로 변화될 것입니다. 그 날이 되면 이 썩을 육신은 썩지 아니할 부활체를 입게 될 것입니다. 그 날은 사망이 사망당하는 날이 될 것입니다. 그래서 이제 바울은 자신있게 선언합니다. "사망아, 너의 승리가 어디 있느냐?" "사망아 네가 쏘는 것이 어디 있느냐?" 사망이 아무리 우리를 쏘아 없애려고 해도 우리는 우리 주 예수 그리스도로 말미암아 넉넉히 이깁니다. 이것이 바로 그리스도인의 확신입니다. 부활을 믿지 못하면 우리의 신앙은 결국 물거품이 되고 맙니다. 마지막 58절은 이런 부활신앙을 가진 자들을 향한 간절한 권고입니다. 견실하고, 흔들리지 말며, 항상 주의 일에 더욱 힘쓰시기를 바랍니다. 왜냐하면 여러분의 모든 수고가 결코 헛되지 않기 때문입니다.

<복습 및 나눔질문>

1. 부활은 복음과 어떤 관계를 갖고 있습니까?(15:3-4)

2. 만약 죽은 자의 부활이 없다면 어떤 문제가 벌어집니까?(15:12-19)

3. 부활을 믿는 그리스도인들은 이 땅에서 어떤 삶을 살아야 할까요?(15:58) 고린도전서 13:13과 연결하여 생각해 보십시오.

4. 이 장을 읽으면서 내 마음에 가장 와 닿았던 문장은 어떤 것입니까? 그 이유가 무엇이라고 생각하십니까?

= 1 CORINTHIANS =
고린도전서

16장

이제 바울은 그리스도인의 삶에 필요한 몇 가지 주제들을 다루면서 마지막 권면을 합니다.

1. 성도를 위하는 연보(16:1-4)

> ¹성도를 위하는 연보에 관하여는 내가 갈라디아 교회들에게 명한 것 같이 너희도 그렇게 하라 ²매주 첫날에 너희 각 사람이 수입에 따라 모아 두어서 내가 갈 때에 연보를 하지 않게 하라 ³내가 이를 때에 너희가 인정한 사람에게 편지를 주어 너희의 은혜를 예루살렘으로 가지고 가게 하리니 ⁴만일 나도 가는 것이 합당하면 그들이 나와 함께 가리라

당시 바울은 예루살렘교회가 당한 경제적 어려움 때문에 이방인 교회들에서 헌금을 모금하고 있었습니다. 이 문제에 대해서는 고린도후서 8-9장에서 좀 더 자세히 다룹니다.

1절 성도를 위하는 연보에 관하여는 내가 갈라디아 교회들에게 명한 것 같이 너희도 그렇게 하라

바울은 교회들에게 헌금을 모금한 것 때문에 많은 오해를 받았습니다. 본래 돈을 다루는 일이 참 어렵습니다. 잘못하면 오해를 받을 수 있기 때문입니다. 실제로 바울도 많은 오해를 받았습니다. 그런 오해에도 불구하고 바울은 이방인 교회에서 헌금을 모금하여 예루살렘교회를 돕는 것을 매우 중요한 사역으로 여겼습니다. 당시 예루살렘교회와 이방인교회간에는 갈등이 있었습니다. 아무래

도 예루살렘교회는 전통을 중시하는 보수적인 측면이 강했고, 이방인교회는 상대적으로 보다 개방적이고 개혁적이었습니다. 그런데 예루살렘교회가 흉년으로 경제적인 어려움을 당하자 바울은 이방인교회들에게 예루살렘교회를 돕자고 권면했습니다. 바울은 이것을 유대인과 이방인이 하나가 될 수 있는 좋은 기회라고 생각했습니다.

교회의 하나됨은 매우 중요한 문제입니다. 예수님은 그의 제자들이 하나가 되기를 간절히 기도하셨습니다. 바울도 성도들에게 자주 하나됨을 강조했습니다. 그런데 교회가 하나 되려면 신학적으로 하나가 되는 것과 동시에 사랑으로 하나가 되어야 합니다. 형제가 고통당할 때 조건 없이 섬기면 마음이 열리고 하나가 될 수 있습니다. 바울의 교회론이 가장 강조하고 있는 것은 바로 하나됨입니다. 유대인과 이방인이 하나가 되고, 남자와 여자가 하나가 되고, 종과 주인이 하나가 되어야 합니다. 그것이 교회입니다. 그렇게 서로 다른 사람들이 하나가 되면 세상은 그 교회를 통하여 하나님의 사랑을 경험하게 됩니다. 그래서 바울은 이방인교회들에게 예루살렘교회를 돕자고 간곡히 호소하고 있는 것입니다.

2절 매주 첫날에 너희 각 사람이 수입에 따라 모아 두어서 내가 갈 때에 연보를 하지 않게 하라

이제 바울은 헌금의 정신과 방법에 대해 구체적으로 교훈을 줍니다. 첫째는 '준비성의 원리'입니다. 매주 첫날에 드리라는 말은 헌금할 돈을 미리 준비해 두라는 말입니다. 예배당에 들어와서 헌금함을 보고 그 때 헌금을 생각해서는 안 됩니다. 한 주간 미리 생각하고 준비했다가 드려야 합니다. 둘째는 '공동체성의 원리'입니다. 각 사람이 수입에 따라 모아 두라는 말은 공동체성을 강조하는 것

입니다. 우선 이 말 속에는 모든 성도가 참여해야 한다는 의미가 담겨 있습니다. 헌금은 무슨 회비처럼 일률적으로 드릴 수 있는 것이 아닙니다. 왜냐하면 성도들마다 수입이 다르기 때문입니다. 무조건 헌금 액수가 많다고 칭찬해서도 안 됩니다. 예수님은 과부의 두 렙돈을 칭찬하셨습니다. 왜냐하면 그녀는 자신의 생활비 전부를 다 드렸기 때문입니다. 이런 말씀에는 공동체성이 담겨 있습니다. 성도들은 자신의 수입에 따라 다양하게 헌금을 드립니다. 교회는 그런 헌금을 귀하게 여겨야 합니다. 셋째는 '자발성의 원리'입니다. "내가 갈 때에 연보를 하지 않게 하라"는 말은 자발적으로 헌금하게 하라는 것입니다. 전혀 준비하지 않고 있다가 바울이 거두러 갔을 때 바울을 보고 하는 것은 자발적인 헌금이 아닙니다. 바울을 보고 억지로 헌금할 수 있기 때문입니다. 그래서 바울은 자신이 갔을 때 헌금하지 않게 하라고 권합니다. 하나님께서는 억지로 드리는 헌금을 기뻐하지 않으십니다. 하나님은 자원하여 드린 헌금을 귀하게 여기십니다.

3절 내가 이를 때에 너희가 인정한 사람에게 편지를 주어 너희의 은혜를 예루살렘으로 가지고 가게 하리니 **4절** 만일 나도 가는 것이 합당하면 그들이 나와 함께 가리라

이 구절은 헌금의 관리 및 사용에 관하여 교훈하고 있습니다. 바울은 먼저 고린도교회 교인들에게 그들 스스로 헌금을 전달할 자를 정하라고 합니다. "너희가 인정한 사람에게 편지를 주어" 헌금을 전달할 때는 교회가 인정한 사람에게 위임장을 써 주고 전달하게 하는 것이 좋습니다. 바울은 그런 대표자가 정해지면 자신도 또한 동참하겠다고 말합니다. 비록 간단한 말씀이지만 이 말씀에는 헌금관리에 관한 몇 가지 중요한 원리가 나옵니다. 첫째로, 헌금을 관리하는 사람을 세울 때는 믿을만한 사람으로 신중하게 세워야 합니다. 성도들에게 신뢰받지 못하는 사람을 세우면 안 됩니다. 둘째로, 헌금을 전달할 때는 투명성을 위

해 복수의 사람이 함께 하는 것이 좋습니다. 셋째로, 헌금은 가능하면 직접 전달하는 것이 좋습니다. 물론 요즘은 온라인 송금제도가 발달해서 온라인으로 송금하면 투명성이 확보되어서 좋은 측면이 있습니다. 그렇지만 어떤 때는 직접 전달하는 것이 좋을 때가 있습니다. 왜냐하면 직접 전달하면 단순히 돈만 전달되지 않고 사람과 사람 간에 사랑이 전달되기 때문입니다. 이렇게 하면 헌금 관리와 사용을 통하여 오히려 은혜를 더욱 많이 누리게 됩니다. 바울은 이 구절에서 헌금을 은혜라고 표현합니다. 그렇습니다. 헌금은 은혜입니다. 헌금은 돈이 많은 사람이 할 수 있는 것이 아닙니다. 헌금은 은혜가 풍성한 사람이 할 수 있는 것입니다. 하나님께서 주신 은혜에 감사하는 마음으로 헌금하면 그 은혜가 나를 통하여 이웃에게 흘러갑니다. 그것이 바로 헌금입니다. 그래서 헌금은 은혜입니다.

2. 바울의 여행 계획에 대한 설명(16:5-12)

> [5]내가 마게도냐를 지날 터이니 마게도냐를 지난 후에 너희에게 가서 [6]혹 너희와 함께 머물며 겨울을 지낼 듯도 하니 이는 너희가 나를 내가 갈 곳으로 보내어 주게 하려 함이라 [7]이제는 지나는 길에 너희 보기를 원하지 아니하노니 이는 만일 주께서 허락하시면 얼마 동안 너희와 함께 머물기를 바람이라 [8]내가 오순절까지 에베소에 머물려 함은 [9]내게 광대하고 유효한 문이 열렸으나 대적하는 자가 많음이라 [10]디모데가 이르거든 너희는 조심하여 그로 두려움이 없이 너희 가운데 있게 하라 이는 그도 나와 같이 주의 일을 힘쓰는 자임이라 [11]그러므로 누구든지 그를 멸시하지 말고 평안히 보내어 내게로 오게 하라 나는 그가 형제들과 함께 오기를 기다리노라 [12]형제 아볼로에 대하여는 그에게 형제들과 함께 너희에게 가라고 내가 많이 권하였으되 지금은 갈 뜻이 전혀 없으나 기회가 있으면 가리라

5절 내가 마게도냐를 지날 터이니 마게도냐를 지난 후에 너희에게 가서 **6절** 혹 너희와 함께 머물며 겨울을 지낼 듯도 하니 이는 너희가 나를 내가 갈 곳으로 보내어 주게 하려 함이라 **7절** 이제는 지나는 길에 너희 보기를 원하지 아니하노니 이는 만일 주께서 허락하시면 얼마 동안 너희와 함께 머물기를 바람이라 **8절** 내가 오순절까지 에베소에 머물려 함은 **9절** 내게 광대하고 유효한 문이 열렸으나 대적하는 자가 많음이라

바울은 고린도교회 성도들에게 자신이 에베소에 좀 더 머물고자 한다고 말합니다. 언뜻 생각하면 고린도교회에 헌금을 요청했으니 바로 고린도교회에 가야 할 것 같습니다. 바울은 실제로 고린도교회에 가서 성도들을 만나고 싶어 했습니다. 그래서 앞으로 고린도에 가면 그저 지나는 길에 잠시 들르는 것이 아니라 일정 기간 동안 머물고 싶다고 하였습니다. 그럼에도 불구하고 바울은 곧바로 고린도로 가지 않고 에베소에 머물겠다고 합니다. 왜 바울은 고린도로 바로 가지 않고 에베소에 더 머물고자 할까요? 그 이유는 에베소에서 한참 치열한 영적 전투가 벌어지고 있기 때문입니다. 주의 일을 하는 사람은 항상 우선순위를 바르게 정할 줄 알아야 합니다. 주의 일을 하는 사람은 영적인 측면에서 보다 중요하고 긴급한 필요가 있는 일을 우선해야 합니다. 고린도에 가는 일은 돈을 모금하러 가는 일입니다. 그 일이 중요하기는 하지만 영혼을 구하는 영적 전투보다 더 중요하지는 않습니다. 주의 일을 하는 사람은 돈에 매여 우선순위를 정하면 안 됩니다. 돈이 아무리 급해도 돈 문제는 하나님께 맡기고 영혼을 살리는 일을 우선해야 합니다. 광대하고 유효한 문이 열렸다는 말은 효과적인 사역의 문이 활짝 열렸다는 뜻입니다. 그런 곳에는 마귀의 대적도 또한 치열합니다. 바울은 그 일을 우선적으로 감당하기 위해 에베소에 좀 더 머물겠다고 말합니다.

10절 디모데가 이르거든 너희는 조심하여 그로 두려움이 없이 너희 가운데 있게 하라

이는 그도 나와 같이 주의 일을 힘쓰는 자임이라 **11절** 그러므로 누구든지 그를 멸시하지 말고 평안히 보내어 내게로 오게 하라 나는 그가 형제들과 함께 오기를 기다리노라 **12절** 형제 아볼로에 대하여는 그에게 형제들과 함께 너희에게 가라고 내가 많이 권하였으되 지금은 갈 뜻이 전혀 없으나 기회가 있으면 가리라

이 말씀에는 사역자를 키우는 원리가 잘 나타납니다. 당시 고린도교회 교인들은 바울이나 아볼로를 원했던 것 같습니다. 그런데 바울은 에베소 사역 때문에 갈 수 없었고, 아볼로도 어떤 이유 때문인지 갈 수 없는 상황이었습니다. 그래서 바울은 대신 디모데를 보냅니다. 사실 디모데는 아직 연소하고 사역자로 충분히 검증된 사람이 아니었습니다. 바울은 디모데의 장래성을 보고 그를 키우고 있습니다. 그래서 고린도교회에 디모데를 추천하면서 그를 존중하라고 부탁하는 것입니다. 사람을 키우려면 용납할 줄 알아야 합니다. 아직 부족한 면이 있더라도 그 사람의 장점을 보면서 용납해야 합니다. 누구나 그런 과정을 거쳐서 성장하는 것입니다.

3. 권면과 끝 인사(16:13-24)

13깨어 믿음에 굳게 서서 남자답게 강건하라 **14**너희 모든 일을 사랑으로 행하라 **15**형제들아 스데바나의 집은 곧 아가야의 첫 열매요 또 성도 섬기기로 작정한 줄을 너희가 아는지라 내가 너희를 권하노니 **16**이같은 사람들과 또 함께 일하며 수고하는 모든 사람에게 순종하라 **17**내가 스데바나와 브드나도와 아가이고가 온 것을 기뻐하노니 그들이 너희의 부족한 것을 채웠음이라 **18**그들이 나와 너희 마음을 시원하게 하였으니 그러므로 너희는 이런 사람들을 알아

주라 ¹⁹아시아의 교회들이 너희에게 문안하고 아굴라와 브리스가와 그 집에 있는 교회가 주 안에서 너희에게 간절히 문안하고 ²⁰모든 형제도 너희에게 문안하니 너희는 거룩하게 입맞춤으로 서로 문안하라 ²¹나 바울은 친필로 너희에게 문안하노니 ²²만일 누구든지 주를 사랑하지 아니하면 저주를 받을지어다 우리 주여 오시옵소서 ²³주 예수 그리스도의 은혜가 너희와 함께 하고 ²⁴나의 사랑이 그리스도 예수 안에서 너희 무리와 함께 할지어다

13절 깨어 믿음에 굳게 서서 남자답게 강건하라 **14절** 너희 모든 일을 사랑으로 행하라

이 두 구절은 내용상 서로 상반되는 말씀처럼 보입니다. 13절은 남성적인 역할을 강조하는 것 같고, 14절은 여성적인 역할을 강조하는 것처럼 보입니다. 그렇다면 왜 본문에서는 이 두 구절을 이어서 말하고 있을까요? 그것은 바로 우리 신앙의 균형을 위해서입니다. 바울은 평생 수많은 교회를 개척한 선교사이자 목회자입니다. 그런 바울이 지금 자신이 개척한 고린도교회 성도들을 향하여 두 가지 권면을 합니다. "깨어 남자답게 강건하라." "모든 일을 사랑으로 행하라."

"깨어 남자답게 강건하라"는 말은 본래 군인들에게 하는 말입니다. 군인은 늘 깨어서 경계를 해야 합니다. 그리스도인은 영적인 전쟁을 수행하는 영적 군사입니다. 그러므로 전쟁을 잘 수행하기 위해 늘 깨어 있어야 합니다. 교회 안에 잘못된 교리가 자리를 잡는 것은 아닌지, 혹은 세속적인 물결이 들어오지는 않는지 늘 깨어서 경계해야 합니다. 한편 "모든 일을 사랑으로 행하라"는 말은 아무리 좋은 일이라도 사랑 없이 행하지 말라는 뜻입니다. 깨어 경계하는 것은 필요한 일이지만 그것도 역시 사랑으로 해야 합니다. 깨어 경계한다고 해서 늘 전

투하듯 싸우기만 해서는 안 됩니다. 언제나 사랑이 기본이 되어야 합니다. 사실 이 둘의 균형을 완벽하게 이룬 사람은 많지 않습니다. 사람은 어느 정도 치우칠 수 있습니다. 그러므로 항상 자기를 돌아보아야 합니다. 다른 성도가 치우친 모습을 보면 자신도 치우친 면은 없는지 늘 자신을 돌아보아야 합니다. 그래서 할 수 있는대로 균형을 이루기 위해 힘써야 합니다.

<u>15절 형제들아 스데바나의 집은 곧 아가야의 첫 열매요 또 성도 섬기기로 작정한 줄을 너희가 아는지라 내가 너희를 권하노니 16절 이같은 사람들과 또 함께 일하며 수고하는 모든 사람에게 순종하라 17절 내가 스데바나와 브드나도와 아가이고가 온 것을 기뻐하노니 그들이 너희의 부족한 것을 채웠음이라 18절 그들이 나와 너희 마음을 시원하게 하였으니 그러므로 너희는 이런 사람들을 알아주라</u>

당시 고린도교회에는 지도자들을 제대로 인정하지 않는 잘못된 영적 분위기가 있었던 것 같습니다. 아마 분파 문제와도 관계가 있을 것 같습니다. 특정한 지도자를 지나치게 추종하다 보면 다른 지도자들을 제대로 인정하지 않게 됩니다. 그래서 바울은 특정한 사람의 이름을 언급하면서 그런 지도자들에게 순종하라고 가르칩니다. 스데바나의 집은 아가야의 첫 열매입니다. 아가야는 현재의 그리스 남부 지역을 가리킵니다. 스데바나는 그 아가야 지역의 첫 열매입니다. 게다가 그는 성도들을 섬기기로 작정한 자입니다.

성도들을 섬기기로 작정한 사람이라는 표현을 통해 우리는 그가 얼마나 섬기는 일에 헌신적인 사람인가를 알 수 있습니다. 교회 안에서 진정으로 존경받아야 하는 자는 섬기는 자입니다. 묵묵히 섬기는 사람들을 존중해야 합니다. 그런 교회가 건강한 교회입니다. 또한 그와 함께 일하며 수고하는 모든 자에게 순종하라고 말합니다. 주님의 교회를 위해 신실하게 일하고 성도들을 섬기는 자들을 존중해야 합니다. 그런 사람들을 지도자로 여기고 그들에게 순종해야 합니다. 그런 교회가 좋은 교회입니다.

19절 아시아의 교회들이 너희에게 문안하고 아굴라와 브리스가와 그 집에 있는 교회가 주 안에서 너희에게 간절히 문안하고 **20절** 모든 형제도 너희에게 문안하니 너희는 거룩하게 입맞춤으로 서로 문안하라

이 말씀은 그리스도인의 교제가 무엇인지 잘 보여줍니다. 여기서 아시아의 교회들은 당시 소아시아, 곧 지금의 터키 지역의 교회들을 가리킵니다. 아굴라와 브리스가는 본래 고린도교회의 교인이었습니다. 그런데 이 때 아굴라와 브리스가는 바울과 함께 있었습니다. 그래서 바울이 문안 인사를 하는 것입니다. 그 외에도 형제들이 문안합니다. 바울은 또한 서로 문안하라고 요청합니다. 비록 몸은 떨어져 있을지라도 우리는 한 형제와 자매입니다. 그러므로 이렇게 서로 문안하고 관심을 갖는 것이 마땅합니다.

21절 나 바울은 친필로 너희에게 문안하노니 **22절** 만일 누구든지 주를 사랑하지 아니하면 저주를 받을지어다 우리 주여 오시옵소서

편지를 마무리하기 전에 바울은 경각심을 일깨우는 말을 합니다. 마지막에 나오는 '우리 주여 오시옵소서'라는 말은 아람어로 '마라나타'라는 말입니다. 헬라어 성경에서도 그 말을 그대로 음역하여 실었습니다. 주님이 다시 오실 때가 가까이 오고 있으므로 성도들은 영적으로 깨어 있어야 합니다. 교회 안에 있다고 해서 모두가 구원받는 것이 아닙니다. 교회 안에 있어도 바른 믿음을 갖지 못하

면 구원받을 수 없습니다. 따라서 자주 교인들을 영적으로 각성시켜야 합니다. 바울은 지금 그런 차원에서 고린도교회 교인들을 각성시키고 있는 것입니다. 주님을 진실로 사랑하지 않는 사람은 참 믿음을 갖지 못한 자입니다. 그런 사람은 저주를 받을 수밖에 없습니다. 주님이 오실 때가 가까이 왔습니다. 그러므로 늘 깨어 있어야 합니다.

23절 주 예수 그리스도의 은혜가 너희와 함께 하고 **24절** 나의 사랑이 그리스도 예수 안에서 너희 무리와 함께 할지어다

바울은 마지막으로 주 예수 그리스도의 은혜가 그들과 함께 하기를 간구합니다. 사실 고린도전서 전체에서 바울이 계속 강조한 것이 바로 은혜입니다. 편지를 마무리하면서 바울은 그 은혜가 그들과 함께 하기를 기원합니다. 그런데 이 말씀에서 특이한 점은 바울이 주님의 사랑이라고 말하지 않고 나의 사랑이라고 말하고 있다는 점입니다. 그 말 속에서 우리는 고린도교회를 향한 바울의 사랑을 엿볼 수 있습니다. 바울은 고린도교회 성도들을 진심으로 사랑하여 그들을 말씀으로 양육하였습니다. 그렇게 말씀으로 양육하면서 그들을 사랑하였습니다. 그러므로 이 말은 결코 바울의 인간적인 사랑을 가리키는 것이 아닙니다. 그 다음에 '그리스도 예수 안에서'라는 말이 있는 것을 통해 우리는 그런 사실을 알 수 있습니다. 결국 이 말은 바울이 고린도교회 성도들에게 쏟은 그리스도 안에서의 사랑이 함께 하기를 기도하는 말입니다.

"주 예수 그리스도의 은혜가 너희와 함께 하고
나의 사랑이 그리스도 예수 안에서 너희 무리와 함께 할지어다."

<복습 및 나눔질문>

1. 바울이 가르치는 헌금의 세 가지 원리는 무엇입니까?(16:2) 현재 그런 원리에 따라 헌금생활을 하고 있는지 돌아보고 새롭게 깨닫고 적용할 것들을 나누어보십시오.

2. 복음전도자는 어떤 우선순위를 가지고 사역해야 할까요? 이 우선순위를 자신에게 적용하여 보고 어떻게 이런 우선순위를 따라 살 수 있을지 서로 나누어 보십시오(16:8-9).

3. 멀리 떨어져 있는 성도들의 소식을 전하는 바울의 모습을 통해 참된 복음안에서의 교제가 무엇인가를 생각해 보십시오(16:19-20). 현재 복음을 위해 헌신하고 있는 선교사들이나 목회자들과 어떻게 교제하고 있습니까?

4. 이 장을 읽으면서 내 마음에 가장 와 닿았던 문장은 어떤 것입니까? 그 이유가 무엇이라고 생각하십니까?

= 1 CORINTHIANS =
고린도전서
참고문헌

참고문헌

Blomberg, Craig. 1 Corinthians. NIV Application Commentary. Grand Rapids: Zondervan, 1994.

Carson, D. A. & Moo, Douglas J. & Morris, Leon. An Introduction to the New Testament. Grand Rapids: Zondervan, 1992.

Carson, D. A. & France, R. T. IVP성경주석 신약. 서울: 한국 IVP, 2005.

Fee, Gordon D. 1 Corinthians. NICNT. Grand Rapids: Eerdmans, 1987.

Keener, Craig. IVP성경배경주석 신약. 서울: 한국 IVP, 1998.

Soards, Marion L. 1 Corinthians. NIBC. Peabody: Hendrickson, 1999.

Stott, John. 로마서강해. 서울: 한국 IVP, 1996.

김세윤. 고린도전서강해. 서울: 두란노아카데미, 2007.

게르하르트 킷텔 & 게르하르트 프리드리히. 신약성서신학사전. 제프리 브라밀리 편역. 서울: 요단출판사, 1986

고린도전서 주해설교집
그래도 교회다

초판 1쇄 발행 2016년 8월 12일

지은이 안진섭

펴낸이 류수환

편집장 박여미

책임디자인 강윤정

디자인 및 펴낸 곳 그리심어소시에이츠

주소 대전광역시 유성구 은구비로2 명우빌딩 4층

전화 042.472.7145

팩스 042.472.7144

www.igrisim.com

정가 16,000원

ISBN 979-11-85627-11-3 13230

ⓒ저작자와의 협약 아래 인지는 생략되었습니다.
이 출판물은 저작권법에 의해 보호를 받는 저작물이므로 무단 전재와 무단 복제를 할 수 없습니다.